EINSTEIN

EINSTEIN

Mis ideas y visión del mundo

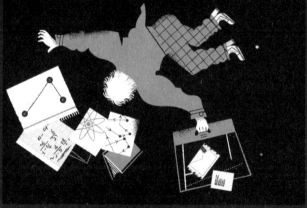

Traducción de **José M. Álvarez Flórez** y **Ana Goldar**
Ilustraciones de **Cinta Fosch**

ALMA ⟩ PENSAMIENTO ILUSTRADO

Título original: *Ideas and Opinions*

© de esta edición:
Editorial Alma
Anders Producciones S.L., 2023
www.editorialalma.com
 @almaeditorial

© Albert Einstein Archive, Jewish National and University
Library, Hebrew University of Jerusalem, Israel

© de la versión en español de Antoni Bosch, editor, S.A.U.
Traducción de José M. Álvarez Flórez y Ana Goldar,
cedida por Antoni Bosch, editor, S.A.U.

© De las ilustraciones: Cinta Fosch Pérez

Diseño de la colección: Estudi Miquel Puig
Diseño de cubierta: Estudi Miquel Puig
Realización editorial: La Letra, S.L.

ISBN: 978-84-18933-86-8
Depósito legal: B-481-2023

Impreso en España
Printed in Spain

Este libro contiene papel de color natural de alta
calidad que no amarillea (deterioro por oxidación) con
el paso del tiempo y proviene de bosques gestionados
de manera sostenible.

TABLA

En 1905 Albert Einstein publicaba un artículo en el que sentaba las bases de la teoría de la relatividad especial. Ese mismo año Robert Koch recibía el premio Nobel de Medicina por sus investigaciones y descubrimientos en torno a la tuberculosis. Ambos fueron grandes científicos de nuestra historia más reciente y, sin embargo, a cualquiera de nosotros le suena hoy el nombre e incluso la imagen del primero y apenas unos pocos saben nada del segundo.

La razón de esta diferencia radica en la excepcionalidad de Einstein, que rebasó absolutamente las fronteras de la ciencia. No fue solo un gran investigador, sino también un hombre comprometido y un testigo extraordinario del tiempo que le tocó vivir: la primera mitad del siglo xx, aquella que algunos llamaron, con razón, «nuestra era convulsa».

Nacido en 1879 en el seno de una familia judía de Ulm, en pleno Imperio Alemán, se trasladó a Zurich para estudiar Física, donde se graduó en 1900. Entre 1902 y 1909, mientras trabajaba en la oficina de patentes de Berna, realizó sus estudios de doctorado y dio a luz una serie de artículos entre los que se encontraba la citada teoría de la relatividad, de la que se deducía una de las ecuaciones más populares (la equivalencia masa-energía, o $E=Mc^2$), y que perfeccionaría hacia 1915 como teoría de la relatividad general (véase pp. 282-287). Esta última reformulaba el concepto de gravedad y permitía el estudio del origen y evolución del universo, es decir, lo que actualmente conocemos como cosmología. Poco después, en 1919 ciertas observaciones de un eclipse solar confirmaban las predicciones einsteinianas de la curvatura de la luz y aquello marcaba un antes y un después. La noticia dio la vuelta al mundo y el científico comenzó a gozar de una gran proyección mediática. Para entonces también el entorno académico le había abierto las puertas y, así, en 1909 obtenía una plaza de profesor en la universidad de Berna, en 1913 ingresaba en la Academia de Ciencias de Prusia y en 1921 obtenía el Premio Nobel de Física por, entre otros, sus trabajos sobre el efecto fotoeléctrico.

Naturalmente las nuevas propuestas no fueron universalmente aceptadas por todos sin suscitar discusión. Pero lo relevante fue que en el Berlín de los años veinte donde entonces residía nuestro autor, entre las razones del debate comenzaron a colarse veladas acusaciones a su condición judía. El partido nazi en auge había iniciado su campaña de hostigamiento hacia los intelectuales «sospechosos» o críticos, que se vieron incluso apartados de sus cargos (por ejemplo, el profesor Gumbel, véase pp. 125-126). Ante la persecución general, sin embargo, Einstein no se arredró. Al contrario, elevó su voz para defender la libertad de pensamiento y hacerse oír en todos los foros posibles.

Aquí es donde radica, quizá, el mayor de los logros einsteinianos y aquello que otorgó mayor singularidad a su figura. Sin duda su trayectoria científica respondió a una curiosidad innata: «lo importante es no dejar de hacerse preguntas», diría. Pero también a una fortísima creencia en lo que él consideró que era su «papel» ante la sociedad: la responsabilidad intelectual respecto a sus semejantes, algo que, como el resto de sus ideas, expuso en multitud de artículos, discursos, cartas, conferencias...

La presente antología es una recopilación de sus declaraciones más significativas. Las hemos agrupado en cuatro partes, conforme a los que pueden considerarse cuatro principales ejes temáticos del pensamiento de Einstein. En primer lugar ofrecemos los escritos que describen su particular visión del mundo. A continuación, como deriva directa de esta exposición general, los que versan sobre la preocupación religiosa (parte segunda) y los que muestran su acérrima defensa de la paz y la libertad (parte tercera). Por último, cierran el libro las páginas en donde él mismo explicita los avances fundamentales de su investigación científica.*

Si bien el lector encontrará más detalle en las notas introductorias a cada una de estas secciones, merece la pena detenerse en «El mundo tal como yo lo veo» (pp. 21-25), el texto que inaugura estas páginas y quizá el que mejor condensa el pensamiento de nuestro físico. Su punto de partida, la base filosófica fundamental, es la idea de que el ser humano es social («uno existe para otras personas») y que, como tal, su vida y sus decisiones se encuentran constreñidas por lo comunitario: no es posible, por tanto, la libertad humana en sentido absoluto, pues todos actuamos «bajo presión externa (...) y necesidad interna» (p. 21). La cuestión no es solo que estén obligadas por lo común, sino que *deben* estarlo. Cada individuo tiene que pensar en los demás. Y, en ese sentido, quienes han sido privilegiados con ciertos dones intelectuales deben poder tomar las riendas del conjunto y colaborar entre sí para ha-

---

* El conjunto se extrae de *Ideas and Opinions*, la última compilación publicada en vida del autor (1954), que ofrecía los textos ya aparecidos en ediciones similares anteriores (*The World as I See It*, de 1934, *Out of My Later Years*, de 1950, y *Mein Weltbild*, de 1953), además de nuevos materiales inéditos reunidos con la ayuda del biógrafo Carl Seelig, la editorial suiza Europa y el propio profesor Einstein.

cer que la sociedad progrese y mejore. Einstein añora, por ejemplo, el «paraíso perdido» del siglo XVII, cuando los sabios y artistas de Europa cooperaban entre sí y estaban unidos por un ideal y una lengua comunes (véase p. 25). La élite intelectual es, así, un elemento importantísimo para que la humanidad avance por el camino de la prosperidad.

En la práctica, este concepto va a llevar a nuestro autor a participar en casi todas las iniciativas que durante las primeras décadas del siglo XX intentaron fomentar la colaboración internacional, comenzando por la Sociedad de Naciones.

Construida sobre las ruinas que el final de la Primera Guerra Mundial había dejado tras de sí, esta se había fundado en enero de 1920 y pretendía apostar por un multilateralismo que superara los intereses nacionales que habían desembocado en la primera catástrofe bélica de ámbito mundial (y que, según Einstein, también habían destruido la necesaria «comunidad intelectual», pp. 25 y 37). A partir de aquí, algunos miembros de la nueva entidad apoyaron la idea de una cooperación erudita asimismo beneficiosa, incluso indispensable, para el mantenimiento e instauración de la paz. De aquí surgió en 1922 la Comisión Internacional de Cooperación Intelectual, que tres años más tarde fundaría el Instituto Internacional para la Cooperación Intelectual y en el que Einstein depositó grandes esperanzas (pp. 32-33). El organismo estableció normas, acogió encuentros, publicó diversos trabajos... de los que surgió una de las obras más célebres de su momento, *¿Por qué la guerra?*, la correspondencia cruzada entre Einstein y Sigmund Freud, en la que ambos reflexionaban sobre los conflictos armados y sobre su papel para evitarlos (véase pp. 36-38). Aquellas conversaciones no tuvieron un éxito directo pues, como desgraciadamente sabemos todos, apenas unos años más tarde estalló un nuevo conflicto de orden mundial. Pero la experiencia creó el caldo de cultivo necesario para que en 1945 surgiera la UNESCO que pervive hasta nuestros días con el propósito de «contribuir a la paz y a la seguridad en el mundo mediante la educación, la ciencia y la cultura».

De otra parte, ese objetivo final solo podría conseguirse a través de la democracia. Siguiendo con la idea de sociedad que sostiene Einstein, este es el único sistema político posible. Aquel en el que cada uno podrá ser tratado como individuo, sin convertir a nadie «en ídolo» (p. 23), y cuyo dirigente será elegido, jamás impuesto a la fuerza. En la cuneta de esta declaración, por tanto, quedaba todo aquello que no podía someterse a la concordia ni a la razón. En primer lugar, lo militar, «el peor producto de la vida de rebaño» (p. 24).

El no a las armas resulta fundamental para nuestro autor y en su favor abogará tanto defendiendo una objeción de conciencia que acabara con el servicio militar obligatorio (p. 141) como participando en las conversaciones previas a la Conferencia para el Desarme de 1932 (véase pp. 137-143), que reunió en Ginebra a los miembros de la Sociedad de Naciones, a Estados Unidos y a la URSS con el fin de restablecer la calma mundial. «Matar en una guerra no es mejor que cometer un asesinato común», llega a asegurar (p. 182).

En el anverso de la moneda se encuentra asimismo la firme apuesta por la paz, que Einstein sostiene con vehemencia, casi de modo beligerante. La búsqueda de la concordia, según él, necesita de un pacifismo activo, en la línea de la no violencia con la que Gandhi acaba de sorprender al mundo y por quien nuestro autor profesa una gran admiración (véase pp. 154 o 182-183).

Es cierto que estos valores de paz, cooperación y entendimiento mutuo pueden encontrarse en la base de la mayoría de las grandes religiones. Y en este sentido, como código cultural, moral y de conducta, Einstein se siente ligado al judaísmo en el que ha sido educado. Así las cosas, cuando en la década de los veinte las manifestaciones antisemitas recorran Europa, nuestro autor no solo defenderá la libertad de pensamiento, en general, sino también el sionismo en particular. En 1921 aceptará la invitación del profesor Chaim Weizmann para visitar Nueva York y reunir fondos para el Jewish National Fund y la Universidad Hebrea de Jerusalén (fundada en 1918). Poco después, en febrero de 1923, pisará por primera vez tierra judía y conocerá de primera mano Jerusalén, como huésped del comisionado británico en la zona, el vizconde Herbert Samuel. Sin embargo, abogará siempre por la creación de una Palestina común, en donde los judíos puedan convivir pacíficamente con los árabes (pp. 96-100 y 110-111) y no perderá nunca la esperanza de entendimiento. Ni siquiera cuando, ya en 1949 (pp. 114-117), la realidad política le dé la espalda y la paz se encuentre rota en tierras palestinas.

A esa primera visita a tierras americanas le siguieron dos viajes más a principios de la década de 1930. El regreso a Europa, sin embargo, fue bien amargo: su casa de campo había sido allanada por los nazis. El científico entonces tomó una drástica decisión: renunció a la ciudadanía alemana y nunca más volvió a pisar su país natal. A finales de 1932 se estableció en Princeton y ocho años después obtuvo la nacionalidad estadounidense.

Por entonces también hay que situar la célebre carta que dirigió a Roosevelt. En ella advertía al presidente de que Alemania podría estar desarrollando un arma nuclear, ante lo que sugería la idea de promover «experimentos a gran escala para explorar las posibilidades de producción de una bomba atómica» (véase p. 182). Poco después nacía el llamado Comité Briggs, germen del conocido Proyecto Manhattan. Einstein quedó totalmente fuera de ese plan, pero la misiva con su firma tuvo un gran eco en la prensa y cuando en 1945 las bombas atómicas fueron arrojadas sobre Hiroshima y Nagasaki, muchos ojos se volvieron contra el científico pacifista. Se le consideró el «padre de la bomba» e incluso se le tachó de asesino. Él respondió explicando cómo solo pretendía impedir que los «enemigos de la humanidad» actuaran antes. Sus razones, sin embargo, se quedaron cortas, y la amargura de verse relacionado con aquel acto atroz, tan contrario a sus propias creencias, le persiguió hasta el final de sus días. «Fue el gran error de mi vida: firmar aquella carta», afirmaba aún en 1954, cinco meses antes de morir.

Hace hoy apenas una década, Stephen Hawking daba nuevos pasos de gigante en nuestro conocimiento del universo. Dios ya no es necesario, sostenía. Por fin bastaban las leyes de la física para comprender el inicio de la vida. Reconocemos aquí el final de un viaje. Un recorrido iniciado por Albert Einstein cien años atrás. Y reconocemos aquí también una misma actitud: la búsqueda de explicación para el «misterio de la belleza y la eternidad de la vida» (p. 25).

Hoy que volvemos a encontrarnos en un contexto convulso, enredados en guerras, intereses particulares y supersticiones de todo tipo, recordemos qué hizo Einstein en un entorno parecido. Recordemos que fue siempre fiel a sus principios y creencias. Que nada le hizo dejar de defender la libertad de pensamiento, la paz y el interés común. Que nunca dejó de buscar respuestas ni de exigirse a sí mismo responder ante la sociedad y el progreso. Porque, por encima de todo, «Mirar y comprender es el mejor don que nos ha dado la Naturaleza» (p. 193). Debemos estarle agradecidos.

CONCEPCIÓN

Parte 1
DEL MUNDO

INTRODUCCIÓN

Los escritos reunidos en esta primera parte ofrecen las ideas principales del pensamiento einsteiniano. Son los que resume el artículo que abre la sección: «el mundo tal como yo lo veo» (véase nuestra Presentación). Lo hacen de forma muy genérica, y en eso se distinguen fundamentalmente del resto del volumen. Einstein añora el «paraíso perdido» de siglos anteriores, cuando los sabios y artistas de Europa estaban unidos bajo una lengua común (p. 25), defiende la importancia de la cultura y la idea de una élite intelectual que ocupe los principales organismos internacionales, dialoga con Freud para conocer su opinión al respecto, expone su opinión respecto de Russell y la filosofía en torno a la idea de conocimiento, debate sobre el socialismo como sistema ideal y defiende un mundo sin armas, donde la paz prime por encima de cualquier otra consideración.

EL MUNDO TAL COMO YO LO VEO

Publicado por primera vez en *Forum and Century*, vol. 84 (1930), pp. 193-194, número 13 de la serie Forum, «Filosofías actuales». Incluido también en *Living Philosophies*, Simon & Schuster, Nueva York, 1931, pp. 3-7.

¡Qué extraña suerte la de nosotros los mortales! Estamos aquí por un breve período; no sabemos con qué propósito, aunque a veces creemos percibirlo. Pero no hace falta reflexionar mucho para saber, en contacto con la realidad cotidiana, que uno existe para otras personas: en primer lugar para aquellos de cuyas sonrisas y de cuyo bienestar depende totalmente nuestra propia felicidad, y luego, para muchos otros que nos son desconocidos, pero a cuyos destinos estamos ligados por lazos de afinidad. Me recuerdo a mí mismo cien veces al día que mi vida interior y mi vida exterior se apoyan en los trabajos de otros hombres, vivos y muertos, y que debo esforzarme para dar en la misma medida en que he recibido y aún sigo recibiendo. Me atrae profundamente la vida frugal y suelo tener la agobiante certeza de que acaparo una cuantía indebida del trabajo de mis semejantes. Las diferencias de clase me parecen injustificadas y, en último término, basadas en la fuerza. Creo también que es bueno para todos, física y mentalmente, llevar una vida sencilla y modesta.

No creo en absoluto en la libertad humana en el sentido filosófico. Todos actuamos no solo bajo presión externa, sino también en función de la necesidad interna. La frase de Schopenhauer, «Un hombre puede hacer lo que quiera, pero no querer lo que quiera», ha sido para mí, desde mi juventud, una auténtica inspiración. Ha sido un constante consuelo en las penalidades de la vida, de la mía y de las de los demás, y un manantial inagotable de tolerancia.

Comprender esto mitiga, por suerte, ese sentido de la responsabilidad que fácilmente puede llegar a ser paralizante, y que impide tomarnos a nosotros y tomar a los demás excesivamente en serio; conduce a un enfoque de la vida que, en concreto, da al humor el puesto que se merece.

Siempre me ha parecido absurdo, desde un punto de vista objetivo, buscar el significado o el objeto de nuestra propia existencia o de la de todas las criaturas. Y, sin embargo, todos tenemos ciertos ideales que determinan la dirección de nuestros esfuerzos y nuestros juicios. En tal sentido, nunca he perseguido la comodidad y la felicidad como fines en sí mismos..., llamo a este planteamiento ético el ideal de la pocilga. Los ideales que han iluminado mi camino y me han proporcionado una y otra vez nuevo valor para afrontar la vida alegremente, han sido Belleza, Bondad y Verdad. Sin un sentimiento de comunidad con hombres de mentalidad similar, sin ocuparme del mundo objetivo, sin el eterno inalcanzable en las tareas del arte y de la ciencia, la vida me habría parecido vacía. Los objetivos triviales de los esfuerzos humanos (posesiones, éxito público, lujo) me han parecido despreciables.

Mi profundo sentido de la justicia social y de la responsabilidad social ha contrastado siempre, curiosamente, con mi notoria falta de necesidad de un contacto directo con otros seres humanos y otras comunidades humanas. Soy en verdad un «viajero solitario» y jamás he pertenecido a mí país, a mi casa, a mis amigos, ni siquiera a mi familia inmediata, con todo mi corazón. Frente a todos estos lazos, jamás he perdido el sentido de la distancia y una cierta necesidad de estar solo..., sentimientos que crecen con los años. Uno toma clara conciencia, aunque sin lamentarlo, de los límites del entendimiento y la armonía con otras personas. No hay duda de que con esto uno pierde parte de su inocencia y de su tranquilidad; por otra parte, gana una gran independencia respecto a las opiniones, los hábitos y los juicios de sus semejantes y evita la tentación de apoyar su equilibrio interno en tan inseguros cimientos.

Mi ideal político es la democracia. Que se respete a cada hombre como individuo y que no se convierta a ninguno de ellos en ídolo. Es una ironía del destino el que yo mismo haya sido objeto de excesiva admiración y reverencia por parte de mis semejantes, sin culpa ni mérito míos. La causa de esto quizá sea el deseo, inalcanzable para muchos, de comprender las pocas ideas a las que he llegado con mis débiles fuerzas gracias a una lucha incesante. Tengo plena conciencia de que para que una sociedad pueda lograr sus objetivos es necesario que haya alguien que piense y dirija y asuma, en términos generales, la responsabilidad. Pero el dirigente no debe imponerse mediante la fuerza, sino que los hombres deben poder elegir a su dirigente. Soy de la opinión que un sistema autocrático de coerción degenera muy pronto. La fuerza atrae siempre a hombres de escasa moralidad, y considero regla invariable el que a los tiranos de talento sucedan siempre pícaros y truhanes. Por esta razón, me he opuesto siempre apasionadamente a sistemas como los que hay hoy en Italia y en Rusia. Las causas del descrédito de la forma de democracia que existe hoy en Europa no deben atribuirse al principio democrático en cuanto tal, sino a la falta de estabilidad de los gobiernos y al carácter impersonal del sistema electoral.

Creo, a este respecto, que los Estados Unidos han encontrado el camino justo. Tienen un presidente a quien se elige por un período lo bastante largo y con poder suficiente para ejercer adecuadamente su cargo. Por otra parte, lo que yo valoro en el sistema político alemán es que ampara mucho más ampliamente al individuo en caso de necesidad o enfermedad. Lo que es realmente valioso en el espectáculo de la vida humana no es, en mi opinión, el Estado político, sino el individuo sensible y creador, la personalidad; solo eso crea lo noble y lo sublime, mientras que el rebaño en cuanto tal se mantiene torpe en el pensamiento y torpe en el sentimiento.

Este tema me lleva al peor producto de la vida de rebaño, al sistema militar, el cual detesto. Que un hombre pueda disfrutar desfilando a los compases de una banda es suficiente para que me resulte despreciable. Le habrán dado su gran cerebro solo por error; le habría bastado con médula espinal desprotegida. Esta plaga de la civilización debería abolirse lo más rápidamente posible. Ese culto al héroe, esa violencia insensata y todo ese repugnante absurdo que se conoce con el nombre de patriotismo. ¡Con qué pasión los odio!

¡Qué vil y despreciable me parece la guerra! Preferiría que me descuartizasen antes de tomar parte en actividad tan abominable. Tengo tan alta opinión del género humano que creo que este espantajo habría desaparecido hace mucho si los intereses políticos y comerciales, que actúan a través de los centros de enseñanza y de la prensa, no corrompiesen sistemáticamente el sentido común de las gentes. La experiencia más hermosa que tenemos a nuestro alcance es el misterio. Es la emoción fundamental que está en la cuna del verdadero arte y de la verdadera ciencia. El que no la conozca y no pueda ya admirarse, y no pueda ya asombrarse ni maravillarse, está como muerto y tiene los ojos nublados. Fue la experiencia del misterio (aunque mezclada con el miedo) la que engendró la religión. La certeza de que existe algo que no podemos alcanzar, nuestra percepción de la razón más profunda y la belleza más deslumbradora, a las que nuestras mentes solo pueden acceder en sus formas más toscas..., son esta certeza y esta emoción las que constituyen la auténtica religiosidad. En este sentido, y solo en este, es en el que soy un hombre profundamente religioso. No puedo imaginar a un dios que recompense y castigue a sus criaturas, o que tenga una voluntad parecida a la que experimentamos dentro de nosotros mismos. Ni puedo ni querría imaginar que el individuo sobreviva a su muerte física; dejemos que las almas débiles, por miedo o por absurdo egoísmo, se complazcan en estas ideas. Yo me doy por satisfecho con el misterio de la eternidad de la vida y con la conciencia de un vislumbre de la estructura maravillosa del mundo real, junto con el esfuerzo decidido por abarcar una parte, aunque sea muy pequeña, de la Razón que se manifiesta en la naturaleza.

PARAÍSO PERDIDO

Escrito poco después de fundarse la Sociedad de Naciones en 1919 y publicado originalmente en francés. Incluido también en *Mein Weltbild*, Querido Verlag, Amsterdam, 1924.

En el siglo XVII, los sabios y artistas de toda Europa estaban aún tan estrechamente unidos por el lazo de un ideal común que los acontecimientos políticos apenas afectaban su cooperación mutua. El uso general de la lengua latina fortalecía aún más su unidad.

Hoy contemplamos aquella situación como un paraíso perdido. Las pasiones nacionalistas han destruido esta comunidad intelectual, y el latín, que en tiempos unió todo aquel mundo, ha muerto. Los intelectuales y los hombres de ciencia han pasado a ser representantes de las tradiciones nacionales más extremas y han perdido aquella idea de comunidad intelectual.

Nos enfrentamos hoy con el triste hecho de que los políticos y los hombres de negocios se han convertido en exponentes de las ideas internacionales. Son ellos quienes han creado la Sociedad de Naciones.

MIS PRIMERAS IMPRESIONES
DE ESTADOS UNIDOS

Entrevista para *Nieuwe Rotterdamsche Courant*, 1921. Publicada en *Berliner Tageblatt*, 7 de julio de 1921.

He de cumplir mi promesa de comentar mis impresiones sobre este país. No me resulta nada fácil. No es fácil adoptar la actitud de observador imparcial cuando le reciben a uno con tanta amabilidad y con un respeto tan inmerecido como se me ha recibido a mí en Norteamérica. En primer lugar, he de decir algo a este respecto.

El culto al individuo es siempre, en mi opinión, injustificado. La naturaleza distribuye, sin duda, sus dones irregularmente entre sus hijos. Pero, gracias a Dios, hay gran cantidad de sujetos bien dotados y estoy firmemente convencido de que la mayoría de ellos viven tranquila y modestamente. Me parece injusto, e incluso de mal gusto, escoger a algunos de ellos para tributarles una admiración sin límites, atribuyéndoles una capacidad mental y una fuerza de carácter sobrehumanas. Ese ha sido mi destino, y el contraste entre la idea generalizada de mi capacidad y mis éxitos y la realidad, es sencillamente grotesco. La conciencia de esta extraña situación resultaría insoportable si no fuese por un agradable consuelo: es un síntoma esperanzador el que una época a la que suele tacharse de materialista transforme en héroes a hombres cuyos objetivos se centran exclusivamente en la esfera moral e intelectual. Esto demuestra que para un gran sector de la especie humana el conocimiento y la justicia están por encima de la riqueza y el poder. Mi experiencia me enseña que esta visión idealista está generalizada en Norteamérica, país acusado de ser muy materialista. Tras esta digresión, pasaré al tema enunciado con la esperanza de que no se conceda a mi modesto comentario más peso del que merece.

Lo primero que sorprende al visitante es la superioridad de este país en tecnología y organización. Los objetos de uso normal son más sólidos que en Europa, las casas están proyectadas de un modo mucho más práctico. Todo está enfocado a ahorrar trabajo humano. El trabajo es caro, porque el país está poco poblado para sus recursos naturales. El elevado precio del trabajo fue el estímulo que provocó el maravilloso desarrollo de nuevos métodos de trabajo y nuevos instrumentos técnicos. Un ejemplo del extremo opuesto es la superpoblada China, o la India, donde el bajo precio de la fuerza de trabajo ha obstaculizado el desarrollo de la maquinaria. Europa ocupa una posición intermedia. Cuando la máquina adquiere un desarrollo suficientemente grande, acaba siendo más barata que el trabajo barato. Que no olviden esto los fascistas de Europa, que desean, con mezquinos objetivos políticos, que sus países estén más densamente poblados. Sin embargo, el meticuloso cuidado con que Estados Unidos impide la entrada de artículos extranjeros por medio de aranceles prohibitivos, constituye un extraño contraste, sin duda, con el cuadro general... Pero no debe esperarse que un inocente visitante se devane demasiado los sesos; además, a fin de cuentas, no es absolutamente seguro que cada interrogante planteado admita una respuesta racional.

La segunda cosa que sorprende al visitante es la actitud alegre y positiva hacia la vida. Las caras sonrientes en las fotos son símbolo de uno de los grandes valores de los norteamericanos. El norteamericano es cordial, optimista, confía en sí mismo... y no tiene envidias. A los europeos les resulta fácil y agradable, en general, la relación con los norteamericanos.

Comparado con el norteamericano, el europeo es más crítico, más tímido, menos amable y solícito, más retraído, más selecto en sus diversiones y lecturas, y tiende, en general, a ser un poco pesimista.

Se concede aquí gran importancia a las comodidades materiales de la vida, y a ellas se sacrifican el sosiego, la tranquilidad y la seguridad. El norteamericano vive aún más para sus objetivos, para el futuro, que el europeo. La vida para él siempre está llegando a ser, nunca es. A este respecto, está aún más alejado de los rusos y los asiáticos que el europeo.

Pero hay un aspecto en el que se parece más a los asiáticos que a los europeos: es menos individualista que los europeos..., es decir, desde el punto de vista psicológico, no del económico.

Se hace más hincapié en el «nosotros» que en el «yo». Como consecuencia natural de esto, las costumbres y convenciones sociales tienen mucha fuerza, y hay mucha más uniformidad, tanto en el enfoque de la vida como en las ideas estéticas y morales, entre los norteamericanos que entre los europeos. Este hecho es causa principal de la superioridad de Norteamérica sobre Europa. La cooperación y la división del trabajo resultan más fáciles y producen menos fricciones que en Europa. Tanto en la fábrica y en la universidad como en la beneficencia privada. Este sentido social quizá se deba en parte a la tradición inglesa. En aparente contradicción con lo dicho destaca el hecho de que las actividades del Estado son relativamente limitadas si comparamos con Europa. El europeo se sorprende al descubrir que el telégrafo, el teléfono, los ferrocarriles y la enseñanza están predominantemente en manos privadas. Esto es posible aquí por esa actitud más social del individuo que he mencionado. Otra consecuencia de esta actitud es que la distribución extremadamente desigual de la propiedad no genera una miseria intolerable. La conciencia social de los ricos está mucho más desarrollada que en Europa. El individuo se considera obligado, como algo natural, a poner una gran parte de su riqueza, y a menudo también de sus propias energías, a disposición de la comunidad; se lo exige imperiosamente la opinión pública, esa fuerza todopoderosa. Por eso pueden dejarse en manos de la iniciativa privada las funciones culturales más importantes y el papel jugado por el gobierno en este país es relativamente limitado.

El prestigio del gobierno ha descendido considerablemente, sin duda, con la legislación anti-alcohólica. Nada destruye más el respeto por el gobierno y por la ley de un país que la aprobación de leyes que no pueden ponerse en ejecución. Es un secreto a voces que el peligroso aumento de la delincuencia en este país se relaciona estrechamente con este hecho.

Creo que además esta legislación socava de otro modo la autoridad del gobierno. Los bares y tabernas son lugares que proporcionan a la gente la oportunidad de intercambiar puntos de vista e ideas sobre cuestiones públicas. Por lo que he podido ver, en este país se carece de tal posibilidad, y el resultado es que la prensa, controlada en su mayoría por intereses encubiertos, ejerce una influencia excesiva sobre la opinión pública.

La sobreestimación del dinero es aún mayor en este país que en Europa, aunque creo que está disminuyendo. Al menos está empezando a comprenderse que para llevar una vida feliz y satisfactoria no es necesario poseer grandes riquezas.

Respecto a las cuestiones artísticas, me ha impresionado mucho el buen gusto que demuestran los edificios modernos y los objetos de uso corriente. Aunque las artes visuales y la música ocupan muy poco espacio en la vida de la nación, en comparación con Europa.

Siento una profunda admiración por los logros de los institutos de investigación científica norteamericanos. Somos injustos al intentar atribuir la creciente superioridad del trabajo de investigación norteamericano solo a una mayor riqueza de medios; en su éxito juegan un papel importante la dedicación, la paciencia, el espíritu de camaradería y la capacidad de cooperación.

Una observación más, para terminar. Estados Unidos es hoy el país más poderoso entre los técnicamente avanzados del mundo.

Su influencia en la configuración de las relaciones internacionales es inmensa. Pero es un país grande y sus habitantes no han mostrado hasta ahora mucho interés por los grandes problemas internacionales, entre los que ocupa un primer lugar el del desarme. Esto debe cambiar, aunque solo sea por los propios intereses de Norteamérica. La última guerra ha demostrado que ya no hay barreras entre los continentes y que los destinos de todos los pueblos están estrechamente entrelazados. Los habitantes de este país deben comprender que tienen una gran responsabilidad en la esfera de la política internacional. La actitud de espectador pasivo es indigna de este país y puede llevar, a la larga, a un desastre generalizado.

UNA DESPEDIDA

Carta escrita por Einstein en 1923, cuando dimitió de la Comisión de Cooperación Intelectual de la Sociedad de Naciones. En 1924, para contrarrestar el uso interesado que los nacionalistas alemanes habían hecho de su decisión anterior, volvió a ingresar en dicho comité. Publicado en *Mein Weltbild*, Querido Verlag, Amsterdam, 1934.

Al representante alemán en la Sociedad de Naciones, distinguido señor Dufour-Feronce:[1]

---

1. Albert Dufour-Feronce fue desde 1927 subsecretario general de la Sociedad de Naciones, donde dirigía la Comisión de Cooperación Intelectual. (*A menos que se indique lo contrario, todas las notas son del editor.*)

No puedo dejar de contestar a su amable carta, pues de no hacerlo podría usted interpretar erróneamente mi actitud. El motivo por el que decidí no volver a Ginebra es el siguiente: la experiencia me ha enseñado, por desgracia, que la Comisión, en su conjunto, no se propone seriamente ningún objetivo concreto en la tarea de mejorar las relaciones internacionales. Me parece más que nada una encarnación del principio *ut aliquid fieri videatur*.[2] La Comisión me resulta incluso peor, en este sentido, que la propia Sociedad de Naciones.

Fue precisamente porque deseo trabajar con todas mis fuerzas en la creación de una organización supranacional capaz de regular y arbitrar asuntos internacionales, y por serme tan caro ese objetivo, por lo que me vi obligado a abandonar la Comisión.

La Comisión ha dado su apoyo a la opresión de las minorías culturales de todos los países, haciendo que se organizase en cada uno de ellos una Comisión Nacional, como su canal único de comunicación con los intelectuales del país. Ha abandonado, en consecuencia, deliberadamente, la tarea de prestar apoyo moral a las minorías nacionales en su lucha contra la opresión cultural.

Además, la actitud de la Comisión en la lucha contra las tendencias chauvinistas y militaristas que impregnan la educación en diversos países ha sido tan tibia que no puede esperarse de ella ningún resultado apreciable en esta importantísima cuestión.

La Comisión se ha abstenido siempre de dar apoyo moral a quienes se han lanzado sin reservas a trabajar por un orden internacional radicalmente nuevo y contra todo sistema militar.

La Comisión nunca ha hecho tentativa alguna de oponerse al nombramiento de miembros con opiniones contrarias a las que, en cumplimiento de sus obligaciones, deberían defender.

2. Dar la impresión de que se está haciendo algo.

No quiero aburrirlo con más razones, pues considero que con estas breves aclaraciones comprenderá usted ya de sobra los motivos de mi resolución. No es cosa mía redactar un pliego de cargos; solo pretendo explicar mi postura. Puede usted estar seguro de que si albergase aún alguna esperanza, actuaría de otro modo.

EL INSTITUTO PARA LA COOPERACIÓN INTELECTUAL

Escrito probablemente en 1926 con motivo de la inauguración en París del Instituto para la Cooperación Intelectual, dependiente de la Comisión anteriormente mencionada, y al que la UNESCO en 1945. Publicado en *Mein Weltbild*, Querido Verlag, Amsterdam, 1934.

Los políticos europeos más destacados han sacado este año por primera vez las lógicas conclusiones, tras comprender que nuestro continente solo puede recuperar su prosperidad si cesa la lucha latente entre las naciones. Hay que fortalecer la organización política de Europa, acabando poco a poco con las barreras aduaneras. Este gran objetivo no puede lograrse solo con tratados entre países. Ante todo hay que preparar la mentalidad de la gente. Hemos de procurar despertar poco a poco un sentimiento de solidaridad que no se detenga, como hasta ahora, en las fronteras. Fue con este propósito con el que la Sociedad de Naciones creó la Commission de Coopération Intellectuelle. Esta organización debía ser un organismo estrictamente internacional y sin ningún contenido político, encargado de poner en contacto a los intelectuales de todas las naciones, aislados por la guerra. La tarea resultó difícil; he de admitir, desgraciadamente, que (al menos en los países que yo conozco mejor) los artistas e intelectuales se dejan arrastrar por pasiones nacionalistas mucho más que los hombres de negocios.

Esta Comisión se ha reunido hasta ahora dos veces por año. Para dar mayor eficacia a su labor, el gobierno francés ha decidido fundar un Instituto para la Cooperación Intelectual permanente, que acaba de inaugurarse. Es un acto generoso del gobierno francés y merece, por ello, el agradecimiento de todos.

Es una tarea cómoda y grata alegrarse y alabar y no decir nada sobre lo que uno lamenta o desaprueba. Pero solo la sinceridad puede hacer que nuestra tarea progrese y, en consecuencia, quiero añadir a mi felicitación una crítica:

He tenido a diario ocasión de observar que el mayor obstáculo que ha de afrontar nuestra Comisión en su tarea es la falta de confianza en su imparcialidad política. Hemos de hacer todo lo posible por fortalecer esta confianza y evitar todo lo que pueda dañarla.

En consecuencia, si el gobierno francés crea y sostiene, en París, un instituto con fondos públicos como órgano permanente de la Comisión, con un francés como director, lo natural es que se piense que predomina en la Comisión la influencia francesa. Esta impresión se ve fortalecida aún más por el hecho de que hasta ahora el presidente de la propia Comisión ha sido también un francés. Aunque se trata de hombres del mayor prestigio, respetados y estimados en todas partes, la impresión persiste.

Dixi et salvavi animam meam. Deseo de todo corazón que el nuevo Instituto, en coordinación constante con la Comisión, logre alcanzar sus fines comunes y se granjee la confianza y el reconocimiento de los intelectuales de todo el mundo.

DISCURSO ANTE UNA ASAMBLEA DE ESTUDIANTES PACIFISTAS

Pronunciado ante un grupo de estudiantes pacifistas alemanes hacia 1930. Publicado en *Mein Weltbild*, Querido Verlag, Amsterdam, 1934.

Las generaciones que nos precedieron nos han transmitido una ciencia y una tecnología muy avanzada, don valiosísimo que aporta la posibilidad de que nuestra vida sea más libre y bella de lo que ninguna generación anterior haya logrado. Pero este don también trae consigo peligros para nuestra existencia, que tampoco habían sido igualados en el pasado.

El destino de la humanidad civilizada depende más que nunca de las fuerzas morales que sea capaz de generar. En consecuencia, las tareas con que se enfrenta nuestra época no son, en modo alguno, más fáciles que las que culminaron con éxito nuestros inmediatos predecesores.

Hoy podemos producir, con muchísimas menos horas de trabajo, el suministro necesario de alimentos y bienes de consumo. En cambio, se ha hecho mucho más difícil el problema de la distribución del trabajo y de los bienes manufacturados. Todos creemos que el libre juego de las fuerzas económicas, el afán individual incontrolado de riqueza y de poder, ya no conduce automáticamente a una solución aceptable de estos problemas. Hay que organizar la producción, el trabajo y la distribución, siguiendo un plan definido, para evitar que se pierdan valiosas energías productivas y que grandes sectores de la población se empobrezcan y desmoralicen.

Si el sagrado egoísmo sin limitaciones tiene graves consecuencias en la vida económica, es aún peor como criterio para las relaciones internacionales. El desarrollo de métodos mecánicos de guerra ha alcanzado tal nivel que, si no descubrimos pronto un medio de impedir la guerra, la vida humana resultará insoportable. La importancia de este objetivo solo es comparable a la ineficacia de los esfuerzos emprendidos para lograrlo.

Se intenta aminorar el peligro limitando los armamentos e introduciendo normas bélicas restrictivas. Pero la guerra no es un juego de salón en el que los jugadores se atengan dócilmente a las reglas. Cuando están en juego la vida y la muerte, normas y obligaciones se tiran por la borda. Lo único que puede servir de algo en este caso es el rechazo absoluto de la guerra. No basta con crear un tribunal internacional de arbitraje. Hay que llegar a tratados que garanticen que todas las naciones, de común acuerdo, harán efectivas las decisiones de ese tribunal. Sin tal garantía, las naciones jamás tendrán el valor de iniciar un desarme en serio.

Supóngase, por ejemplo, que los gobiernos norteamericanos, inglés, alemán y francés instasen al gobierno japonés a paralizar de inmediato sus operaciones bélicas en China, con la amenaza de un boicot económico total. ¿Creéis acaso que el gobierno japonés, fuese cual fuese, estaría dispuesto a correr el riesgo de lanzar a su país a la peligrosa aventura de desafiar tal orden? ¿Por qué no se hace, entonces? ¿Por qué han de temer los individuos y las naciones por su existencia? Porque cada cual busca su propia y mísera ventaja momentánea y se niega a subordinarla al bienestar y al progreso de la comunidad.

Por eso empecé diciendo que el destino del género humano depende más que nunca de su vigor moral. El camino de una existencia gozosa y feliz pasa siempre por la renuncia y el dominio de sí mismo.

¿De dónde puede venir la fuerza para tal proceso? Solo de los que han tenido la posibilidad de fortalecer su inteligencia en sus años jóvenes y de ampliar su visión mediante el estudio. Por eso nosotros, los miembros de la generación más vieja, pensamos en vosotros y esperamos que luchéis con todas vuestras fuerzas y logréis lo que a nosotros nos fue negado.

A SIGMUND FREUD

Carta personal escrita hacia 1931 o principios de 1932. La respuesta de Freud, de septiembre de 1932, constaba de treinta y siete páginas (véase nuestra Prsentación, pp. 7-12). Publicada en *Mein Weltbild*, Querido Verlag, Amsterdam, 1934.

Estimado señor Freud:

Es admirable cómo su anhelo por captar la verdad ha superado en usted cualquier otro anhelo. Usted ha mostrado con asombrosa lucidez lo inseparablemente unidos que están en la psique humana los instintos agresivos y destructores y los de amor y vida. Pero, al mismo tiempo, a través de sus argumentos, de su lógica poderosa, alumbra un profundo anhelo de lograr el gran objetivo de que la humanidad se libere de la guerra, tanto interna como externamente. Han perseguido este gran objetivo todos los que han sobresalido moral e intelectualmente, por encima de las limitaciones de su época y su país; de todos, sin excepción, desde Jesucristo a Goethe y a Kant. ¿No es significativo el que tales hombres fueran reconocidos por todos como maestros, aunque sus esfuerzos para moldear el curso de las relaciones humanas tuviesen solo un éxito reducido?

Estoy seguro de que los grandes hombres, aquellos cuyos logros en cualquier esfera, por limitada que sea, les sitúan por encima de sus semejantes, comparten en asombrosa medida el mismo ideal. Pero tienen poca influencia en el curso de los acontecimientos políticos. Parece casi como si el destino de las naciones haya de cederse inevitablemente a la violencia y a la irresponsabilidad de los dirigentes políticos.

Estos y los gobiernos deben en parte sus investiduras a la fuerza y en parte a la elección popular. No pueden considerarse representativos de los mejores elementos, desde un punto de vista moral o intelectual, de sus respectivas naciones. En estos tiempos, la élite intelectual no tiene ninguna influencia directa en la historia de los pueblos; su falta de cohesión le impide tomar parte activa en la solución de los problemas contemporáneos. ¿No cree usted que podría lograrse un cambio en este estado de cosas mediante una asociación libre de individuos cuyas obras y acciones constituyan una garantía de su capacidad y pureza de ánimo? Esta asociación de carácter internacional, cuyos miembros habrían de mantenerse en contacto mediante un intercambio constante de opiniones, podría, definiendo su actitud en la prensa (la responsabilidad correspondería siempre a los signatarios en cada ocasión) ejercer una influencia moral saludable y considerable en la solución de los problemas políticos. Una asociación de este género sería, sin duda, víctima de todos los males que suelen destruir las asociaciones culturales, peligros inseparablemente ligados a las imperfecciones de la naturaleza humana. Pero ¿no hay que intentarlo pese a todo? Para mí, tal empresa es un deber imperativo.

Si pudiera formarse una comunidad intelectual de tal categoría, a través de ella se debería hacer un gran esfuerzo para movilizar a las organizaciones religiosas en la lucha contra la guerra. Sería un estímulo para muchos cuyas buenas intenciones quedan paralizadas hoy por una resignación melancólica. Creo, por último, que una asociación de este género, una asociación de personas que gozasen de gran estima en su propio campo, podría muy bien prestar un valioso apoyo moral a los sectores de la Sociedad de Naciones que se consagran al gran objetivo que está en la base de la existencia de esa institución.

He preferido exponerle a usted estos planes antes que a ningún otro intelectual del mundo porque usted es, entre todos los hombres, el menos propenso a ser víctima de sus propios deseos porque su juicio crítico se apoya en un altísimo sentido de la responsabilidad.

EL SIGNIFICADO DE LA VIDA

Mein Weltbild, Querido Verlag, Amsterdam, 1934.

¿Qué significado tiene la vida del hombre, o, en realidad, la de cualquier criatura? Tener una respuesta a esta pregunta significa ser religioso. Tú preguntas: «¿Tiene algún sentido, pues, plantear esta pregunta?». Yo contesto: «Aquel que considera su vida y la de sus semejantes carente de sentido, no solo es desdichado, sino poco hecho para la vida».

EL AUTÉNTICO VALOR DEL SER HUMANO

Mein Weltbild, Querido Verlag, Amsterdam, 1934.

El auténtico valor de un ser humano depende, en principio, de en qué medida y en qué sentido haya logrado liberarse del yo.

BIEN Y MAL

Mein Weltbild, Amsterdam, Querido Verlag, 1934.

Es justo, en principio, que los más estimados sean aquellos que más han contribuido a elevar al género humano y a elevar la vida humana. Pero si uno pasa a preguntar quiénes son, se encuentra con dificultades nada desdeñables. En el caso de los caudillos políticos, e incluso religiosos, resulta a menudo sumamente dudoso si han hecho más bien que mal. En consecuencia, creo, con toda sinceridad, que el mejor servicio que uno puede prestar al prójimo es el de proporcionarle un trabajo que le estimule positivamente y le eleve así de modo indirecto. Esto se aplica sobre todo a los grandes artistas, pero también, en menor grado, al científico. No son, desde luego, los frutos de la investigación científica los que elevan al hombre y enriquecen su personalidad, sino el deseo de comprender, el trabajo intelectual, creador o receptivo. No sería razonable, pues, juzgar el valor del Talmud, por ejemplo, por sus frutos intelectuales.

SOBRE LA RIQUEZA

Mein Weltbild, Querido Verlag, Amsterdam, 1934.

Estoy absolutamente convencido de que no hay riqueza en el mundo que pueda ayudar a la humanidad a progresar, ni siquiera en manos del más devoto partidario de tal causa. Solo el ejemplo de los individuos grandes y puros puede llevarnos a pensamientos y acciones nobles. El dinero solo apela al egoísmo e invita irresistiblemente al abuso.

¿Puede alguien imaginarse a Moisés, Jesús o Gandhi armados con las bolsas de dinero de Carnegie?

SOCIEDAD Y PERSONALIDAD

Mein Weltbild, Querido Verlag, Amsterdam, 1934.

Cuando revisamos nuestras vidas y afanes, pronto advertimos que casi todas nuestras acciones y deseos están ligados a la existencia de otros seres humanos. Percibimos que nuestro carácter es muy parecido al de los animales sociales. Comemos alimentos que otros han producido, vestimos ropas que otros han hecho, vivimos en casas que han construido otros. La mayor parte de nuestros conocimientos y creencias nos han sido comunicados por otras personas por medio de un lenguaje que otros han creado. Nuestra capacidad mental sería pobre, en verdad, sin el idioma; sería comparable a la de los animales superiores. Hemos de admitir, en consecuencia, que debemos nuestra principal ventaja sobre los animales al hecho de vivir en sociedad. Si se dejase solo al individuo desde el nacimiento, se mantendría en un estado primitivo similar al de los animales, en sus pensamientos y sentimientos, hasta un grado difícilmente imaginable. El individuo es lo que es y tiene la importancia que tiene no tanto en virtud de su individualidad como en virtud de su condición de miembro de una gran comunidad humana, que dirige su existencia espiritual y material de la cuna al sepulcro.

El valor de un hombre para la comunidad depende, en principio, de la medida en que dirija sus sentimientos, pensamientos y acciones a promover el bien de sus semejantes. Podemos llamarle bueno o malo según su posición a este respecto. Parece, a primera vista, como si nuestra valoración de un hombre dependiese por completo de sus cualidades sociales.

Y, sin embargo, tal actitud sería errónea. Es fácil ver que todos los logros valiosos, materiales, espirituales y morales que recibimos de la sociedad, han sido elaborados por innumerables generaciones de individuos creadores. Alguien descubrió en determinado momento el uso del fuego. Otros, el cultivo de plantas comestibles. Otro, la máquina de vapor.

Solo el individuo puede pensar (y crear así nuevos valores para la sociedad) e incluso establecer nuevas normas morales a las que se adapta la vida de la comunidad. Sin personalidades creadoras capaces de pensar y crear con independencia, el progreso de la sociedad es tan inconcebible como la evolución de la personalidad individual sin el suelo nutricio de la comunidad.

La salud de la sociedad depende, pues, tanto de la independencia de los individuos que la forman como de su íntima cohesión social. Se ha dicho muy razonablemente que la base misma de la cultura greco-europeo-americana, y en particular de su brillante florecer en el Renacimiento italiano, que puso fin al estancamiento de la Europa medieval, fue la liberación y la relativa independencia del individuo.

Pensemos ahora en la época en que vivimos. ¿Cómo va la sociedad? ¿Y el individuo? La población de los países civilizados es extremadamente densa si la comparamos con épocas anteriores. Hay en Europa hoy tres veces más personas que hace cien años. Pero el número de personalidades destacadas ha disminuido desproporcionadamente. Las masas solo conocen a unos cuantos individuos por sus logros creadores. La organización ha ocupado en cierto modo el lugar de esas personalidades destacadas, sobre todo en la esfera técnica, pero también, de modo muy patente, en la científica.

La falta de figuras destacadas es particularmente notable en el campo del arte. La pintura y la música han degenerado claramente y han perdido en gran medida su atractivo popular. En la política no solo faltan dirigentes, sino que han disminuido en gran medida el espíritu independiente y el sentido de justicia del ciudadano. El régimen parlamentario democrático, que se basa en esa independencia de espíritu, se ha visto socavado en varios lugares; han surgido dictaduras que son toleradas porque ya no es suficientemente fuerte el sentido de la dignidad y de los derechos del individuo. En cuestión de dos semanas, los periódicos pueden sumergir a las masas borreguiles de cualquier país en un estado de nerviosa furia en que todos están dispuestos a vestir uniforme y matar y morir, en defensa de los sórdidos fines de unos cuantos grupos interesados. El servicio militar obligatorio me parece el síntoma más desdichado de esa falta de dignidad personal que padece hoy la humanidad civilizada. No es extraño que haya tantos profetas que anuncien el inminente eclipse de nuestra civilización. No soy yo tan pesimista; creo que se acercan tiempos mejores. Permitidme que exponga brevemente las razones en las que baso tal confianza.

Estas manifestaciones actuales de decadencia se explican, en mi opinión, por el hecho de que la evolución económica y tecnológica ha intensificado de modo notable la lucha por la existencia, en detrimento, sobre todo, del libre desarrollo del individuo. Pero la evolución de la tecnología significa que el individuo necesita trabajar cada vez menos para satisfacer las necesidades comunitarias. Se hace cada vez más acuciante una división planificada del trabajo, división que producirá la seguridad material del individuo. Esta seguridad y el ahorro de tiempo y energía de que dispondrá el individuo pueden enfocarse hacia el desarrollo de su personalidad. De este modo, la comunidad puede recuperar la salud, y esperamos que futuros historiadores expliquen los síntomas mórbidos de la sociedad actual como enfermedades infantiles de una humanidad en ascenso, debidos enteramente a la velocidad excesiva a la que avanzaba la civilización.

PRODUCCIÓN Y TRABAJO

Respuesta a un informe. Publicado en *Mein Weltbild*, Querido Verlag, Amsterdam, 1934.

El problema fundamental es, a mi juicio, la libertad casi ilimitada del mercado de trabajo junto al extraordinario progreso de los métodos de producción. No se precisa todo el trabajo disponible para satisfacer las necesidades del mundo actual. El resultado es el paro y una perniciosa competencia entre los trabajadores, cosas ambas que reducen el poder adquisitivo y desorganizan, en consecuencia, todo el sistema económico.

Sé que los economistas liberales sostienen que todo ahorro de trabajo viene compensado por un aumento de la demanda. Yo no lo creo. Pero aunque así fuese, los factores mencionados operarían siempre forzando el nivel de vida de una gran parte del género humano a un descenso antinatural.

Comparto también vuestra convicción de que es necesario tomar medidas que hagan posible y necesario que los jóvenes participen en el proceso productivo. Además, las personas de edad avanzada deberían quedar excluidas de ciertos tipos de trabajo (el que yo llamo trabajo «no cualificado»), recibiendo a cambio una pensión por haber trabajado ya bastante en bien de la sociedad.

Soy también partidario de acabar con las grandes ciudades, pero no de asentar a individuos de determinado tipo, por ejemplo los ancianos, en poblaciones concretas. Esta idea me parece, francamente, horrible.

Creo también que deben evitarse las fluctuaciones de valor del dinero, sustituyendo el patrón oro por otro basado en determinados tipos de bienes, seleccionados según las condiciones del consumo, tal como propuso hace tiempo Keynes, si no me equivoco.[3] Con este sistema, sería admisible cierta «inflación», en comparación con la situación monetaria actual, si fuese posible creer que el Estado iba realmente a dar un uso racional a su consiguiente beneficio.

La debilidad de su plan reside, según mi opinión, en los aspectos psicológicos, o más bien en su olvido de ellos. No es accidental que el capitalismo haya traído un progreso no solo de la producción, sino también de la ciencia. El egoísmo y la competencia son,

---

3. John Maynard Keynes (1883-1945) se mostró contrario a la política de reparación establecida en el Tratado de Versalles (1919). Propuso también el «destronamiento del oro» y la intervención en el sistema monetario para estabilizar el nivel de los precios.

por desgracia, fuerzas más poderosas que el espíritu cívico y el sentido del deber. Dicen que en Rusia es imposible conseguir un pedazo decente de pan... Quizá sea demasiado pesimista respecto al Estado y a otras formas de asociación comunitaria, pero espero muy poco de ellos. La burocracia es la muerte del progreso. He visto y percibido demasiados avisos aterradores, incluso en un país comparativamente modélico como Suiza.

Soy de la opinión de que el Estado solo puede prestar un servicio real a la industria como fuerza reguladora y restrictiva. Debe procurar que la competencia entre los trabajadores se mantenga dentro de límites saludables, que todos los niños tengan posibilidad de una educación sólida, y que los salarios sean lo bastante altos para que puedan consumirse los bienes producidos. Pero su función reguladora puede ser decisiva si sus normas de control son elaboradas por especialistas objetivos y políticamente independientes.

SOBRE LA EDUCACIÓN

De un discurso pronunciado en Albany, Nueva York, en la celebración del tricentenario del inicio de la enseñanza superior en Norteamérica, el 15 de octubre de 1936. Publicado en *Out of My Later Years*, Philosophical Library, Nueva York, 1950.

Los aniversarios suelen dedicarse más que nada a visiones retrospectivas, sobre todo a evocar el recuerdo de personajes que se han destacado en especial por el fomento de la vida cultural. No hay que menospreciar, desde luego, este homenaje amistoso a nuestros predecesores, sobre todo considerando que este recuerdo de lo mejor del pasado estimula a quienes en el presente se hallan bien dispuestos para un valeroso esfuerzo en el mismo sentido. Pero esto debería hacerlo alguien que, desde su juventud, haya estado en contacto con este país y esté familiarizado con su pasado, no un individuo que, como un gitano, ha andado siempre vagando de un lugar a otro y acumulando experiencias de todo tipo de países.

No me queda, pues, más opción que hablar de algo que, ahora y siempre, con independencia del tiempo y del espacio, está relacionado con la educación. No puedo pretender ser una autoridad en esto, sobre todo cuando personas inteligentes y bien intencionadas de todos los tiempos han abordado los problemas educativos y han expresado clara y repetidamente sus puntos de vista sobre ellos. ¿De dónde puedo obtener el valor yo, que soy en parte lego en el campo de la pedagogía, para exponer opiniones sin más fundamento que mi experiencia y mis creencias personales? Si se tratase de una cuestión científica, sin duda me sentiría inclinado a guardar silencio.

Pero la cuestión es distinta tratándose de asuntos de hombres en activo. Aquí no basta solo el conocimiento de la verdad; por el contrario, este conocimiento debe renovarse continuamente mediante esfuerzos incesantes. Es como una estatua de mármol que se alza en el desierto y a la que la arena amenaza con sepultar. Las manos serviciales deben trabajar continuamente para que el mármol siga brillando a la luz del sol. Estas manos mías forman también parte de todas esas manos serviciales.

La enseñanza ha sido siempre el medio más importante de transmitir el tesoro de la tradición de una generación a la siguiente. Esto sucede hoy aún en mayor grado que en tiempos anteriores, pues debido al desarrollo moderno de la vida económica se ha debilitado la familia en cuanto portadora de la tradición y de la educación. La continuidad y la salud de la humanidad depende, en consecuencia, en grado aún mayor que antes, de las instituciones de enseñanza.

A veces, uno solo ve la escuela como instrumento para transmitir el máximo de conocimientos a la generación en desarrollo. Pero esto no es correcto. El conocimiento está muerto; la escuela, sin embargo, sirve a los vivos. Deberían cultivarse en los individuos jóvenes cualidades y aptitudes valiosas para el bien común. Pero eso no significa que haya que destruir la individualidad y que el individuo se convierta en mero instrumento de la comunidad, como una abeja o una hormiga. Una comunidad de individuos cortados con el mismo patrón, sin originalidad ni objetivos propios sería una comunidad pobre, sin posibilidades de evolución. El objetivo ha de ser, por el contrario, formar individuos que actúen y piensen con independencia y que consideren, sin embargo, su interés vital más importante el servir a la comunidad. Por lo que he podido ver, el sistema de educación inglés es el que más se aproxima a este ideal.

Pero ¿cómo alcanzar este ideal?

¿Debe intentarse moralizando, quizá? En modo alguno. Las palabras son y siguen siendo un sonido vacío, y el camino de la perdición siempre ha estado sembrado de fidelidad verbal a un ideal. Las grandes personalidades no se forman con lo que se oye y se dice, sino con el trabajo y la actividad.

En consecuencia, el mejor método de educación ha sido siempre aquel en que se urge al discípulo a la realización de tareas concretas. Esto es aplicable tanto a las primeras tentativas de escribir del niño de primaria como a una tesis universitaria, o a la simple memorización de un poema, a escribir una composición, a interpretar o traducir un texto, a resolver un problema matemático o a la práctica de un deporte.

Pero detrás de cada triunfo está la motivación que constituye su cimiento y que a su vez se ve fortalecida y nutrida por la consecución del de la empresa. Ahí están las principales diferencias, de importancia básica para el valor educativo de la escuela. El mismo esfuerzo puede nacer del miedo y la coacción, del deseo ambicioso de autoridad y honores, o de un interés afectivo por el objeto y un deseo de verdad y comprensión, y, en consecuencia, de esa curiosidad divina que todo niño sano posee, pero que tan a menudo se debilita prematuramente. La influencia educativa que puede ejercer sobre el alumno la ejecución de un trabajo, puede ser muy distinta, según nazca del miedo al castigo, la pasión egoísta o el deseo de placer y satisfacción, y nadie sostendrá, supongo, que la administración del centro de enseñanza y la actitud de los profesores no influye en la formación de la psicología de los alumnos.

Para mí, lo peor es que la escuela utiliza fundamentalmente el miedo, la fuerza y la autoridad artificial. Este tratamiento destruye los sentimientos sólidos, la sinceridad y la confianza del alumno en sí mismo. Crea un ser sumiso. No es raro que tales escuelas sean norma en Alemania y Rusia. Sé que los centros de enseñanza de este país están libres de este mal, que es el peor de todos; lo mismo sucede en Suiza y probablemente en todos los países con un gobierno democrático. Es relativamente fácil liberar los centros de enseñanza de este pésimo mal. El poder del maestro debe basarse lo menos posible en medidas coercitivas, de modo que la única fuente del respeto del alumno hacia el profesor sean las cualidades humanas e intelectuales de este.

El motivo que enumeramos en segundo lugar, la ambición o, dicho en términos más moderados, la busca del respeto y la consideración de los demás, es algo que se halla firmemente enraizado en la naturaleza humana. Si faltase un estímulo mental de este género, sería totalmente imposible la cooperación entre seres humanos. El deseo de lograr la aprobación del prójimo es, sin duda, uno

de los poderes de cohesión más importantes de la sociedad. En este complejo de sentimientos, yacen estrechamente unidas fuerzas constructivas y destructivas. El deseo de aprobación y reconocimiento es un estímulo sano; pero el deseo de que le reconozcan a uno como mejor, más fuerte o más inteligente que el prójimo o el compañero de estudios, fácilmente conduce a una actitud psicológica excesivamente egoísta, que puede resultar danosa para el individuo y para la comunidad. En consecuencia, la institución de enseñanza y el profesor deben guardarse de emplear el fácil método de fomentar la ambición individual para impulsar a los alumnos al trabajo diligente.

Muchas personas han citado la teoría de la lucha por la vida y de la selección natural de Darwin a este respecto como una autorización para fomentar el espíritu de lucha. Han intentado algunos también de ese modo demostrar seudocientíficamente que es necesaria la destructiva lucha económica fruto de la competencia entre individuos. Pero esto es un error, pues el hombre debe su fuerza en la lucha por la vida al hecho de ser un animal que vive socialmente. Al igual que la lucha entre las hormigas de un mismo hormiguero impediría la supervivencia de este, la lucha entre los miembros de una misma comunidad humana atenta contra la supervivencia de esa comunidad.

En consecuencia, hemos de prevenirnos contra quienes animan a los jóvenes hacia el éxito, en el sentido habitual, como objetivo de la vida. Pues el hombre que triunfa es el que recibe mucho de sus semejantes, normalmente muchísimo más de lo que corresponde al servicio que les presta. El valor de un hombre debería juzgarse en función de lo que da y no de lo que es capaz de recibir.

La motivación más importante del trabajo, en la escuela y en la vida, es el placer que proporciona el trabajo mismo, el placer que proporcionan sus resultados y la certeza del valor que tienen estos resultados para la comunidad. Para mí, la tarea más importante de la enseñanza, es despertar y fortalecer estas fuerzas psicológicas en el joven.

Este cimiento psicológico genera por sí solo un deseo gozoso de lograr la posesión más valiosa que pueda alcanzar un ser humano: conocimiento y destreza artística.

Despertar estos poderes psicológicos productivos es, claro está, más difícil que el uso de la fuerza o que despertar la ambición individual, pero resulta mucho más valioso. Todo consiste en estimular la inclinación de los niños por el juego y el deseo infantil de reconocimiento y guiar al niño hacia campos que sean importantes para la sociedad; la educación se fundamenta así principalmente en el deseo de una actividad fecunda y de reconocimiento. Si la escuela logra estimular con éxito tales enfoques, se verá honrada por la nueva generación y las tareas que asigne esa escuela serán aceptadas como si fueran un regalo. He conocido a niños que preferían la escuela a las vacaciones.

Una escuela así exige que el maestro sea una especie de artista en su campo. ¿Qué puede hacerse para que impere este espíritu en la escuela? Es muy difícil dar aquí con una solución universal que satisfaga a todos. Pero hay, sin duda, condiciones fijas que deben cumplirse. En primer lugar, hay que formar a los propios profesores en escuelas así. En segundo, debe darse amplia libertad al profesor para seleccionar el material de enseñanza y los métodos pedagógicos que quiera emplear. Pues también en su caso se aplica lo de que el placer de la organización del propio trabajo se ve asfixiado por la fuerza y la presión exteriores.

Si han seguido hasta aquí atentamente mis reflexiones, puede que se pregunten una cosa. He hablado extensamente del espíritu en que debe educarse, según mi criterio, a la juventud. Pero nada he dicho aún sobre la elección de las disciplinas a enseñar, ni sobre el método de enseñanza. ¿Debe predominar el idioma o la formación técnica en la ciencia?

A lo cual contesto: en mi opinión, todo esto es de una importancia secundaria. Si un joven ha entrenado sus músculos y su resistencia física andando y haciendo gimnasia, podrá más tarde realizar cualquier trabajo físico. Lo mismo sucede con el adiestramiento de la inteligencia y el ejercicio de la capacidad mental y manual. No se equivocaba, pues, quien definió así la educación: «Educación es lo que queda cuando se olvida lo que se aprendió en la escuela». Por tal motivo, no me interesa en absoluto tomar partido en la lucha entre los partidarios de la educación clásica filológico-histórica y los de la educación más orientada a las ciencias naturales.

Quiero atacar, por otra parte, la idea de que la escuela deba enseñar directamente ese conocimiento especial y esas habilidades especiales que se han de utilizar posteriormente y de forma directa en la vida. Las exigencias de la vida son demasiado múltiples para que resulte posible esta formación especializada en la escuela. Y aparte de esto, considero criticable tratar al individuo como una herramienta inerte. La escuela siempre debe plantearse como objetivo el que el joven salga de ella con una personalidad armónica, y no como un especialista. En mi opinión, esto es aplicable en cierto sentido, incluso a las escuelas técnicas, cuyos alumnos se dedicarán a una profesión totalmente definida. Lo primero debería ser, siempre, desarrollar la capacidad general para el pensamiento y el juicio independientes y no la adquisición de conocimientos especializados. Si un individuo domina los fundamentos de su disciplina y ha aprendido a pensar y a trabajar con independencia, hallará sin duda su vía y además será mucho más hábil para adaptarse al progreso y a los cambios, que el individuo cuya formación consista básicamente en la adquisición de unos conocimientos detallados.

Por último, deseo subrayar una vez más que lo dicho aquí de forma un poco categórica no pretende ser más que la opinión de un hombre, *únicamente* basada en su propia experiencia personal como alumno y como profesor.

COMENTARIOS A LA TEORÍA DEL
CONOCIMIENTO DE BERTRAND RUSSELL

De *The Philosophy of Bertrand Russell*, ed. de Paul Arthur Schilpp, Harper & Row, Nueva York, 1944.

Cuando el recopilador de este volumen me pidió que escribiese algo sobre Bertrand Russell, mi admiración y respeto por ese autor me indujeron de inmediato a decir que sí. Debo innumerables horas de satisfacción a la lectura de las obras de Russell, cosa que no puedo decir de ningún otro escritor científico contemporáneo, con la excepción de Thorstein Veblen.[4] Pronto descubrí, sin embargo, que era más fácil hacer la promesa que cumplirla. Yo había prometido decir algo sobre Russell como filósofo y epistemólogo. Tras empezar a hacerlo, muy confiado, advertí enseguida en qué terreno resbaladizo me había aventurado, pues hasta entonces me había limitado, cautelosamente, por falta de experiencia, al campo de la física. Las actuales dificultades de su ciencia obligan al físico a afrontar problemas filosóficos en grado muy superior a lo que sucedía en anteriores generaciones. Aunque no hablaré aquí de esas dificultades, fue mi preocupación por ellas, más que nada, lo que me llevó a la posición esbozada en este ensayo.

En la evolución del pensamiento filosófico a través de los siglos, ha jugado un papel decisivo la siguiente cuestión: ¿qué conocimiento puede proporcionar el pensamiento puro con independencia de

---

4. El estadounidense Thorstein Veblen (1857-1929), fundador del institucionalismo en las ciencias sociales, fue sobre todo conocido a partir de la publicación de sus libros *Teoría de la clase ociosa* (1899) y *Teoría de la empresa de negocios* (1904), en donde criticaba apasionadamente la evolución de la sociedad y la economía de su país.

la percepción sensorial? ¿Existe tal conocimiento? Si no existe, ¿cuál es exactamente la relación entre nuestro conocimiento y la materia prima que proporcionan las impresiones sensoriales? A estas preguntas, y a algunas otras íntimamente relacionadas con ellas, se corresponde un caos casi infinito de opiniones filosóficas. No obstante, en esta serie de tentativas relativamente estériles pero heroicas, es visible una tendencia evolutiva sistemática que podemos definir como un creciente escepticismo respecto a cualquier tentativa de descubrir, por medio del pensamiento puro, algo sobre el «mundo objetivo», sobre el mundo de las «cosas» frente al mundo de los meros «conceptos e ideas». Digamos entre paréntesis que, lo mismo que haría un verdadero filósofo, utilizo aquí comillas para introducir un concepto ilegítimo, que pido al lector que admita de momento, aunque sea sospechoso a los ojos de la policía filosófica.

Durante la infancia de la filosofía, se creía, en general, que era posible descubrir todo lo cognoscible por medio de la simple reflexión. Era una ilusión fácilmente comprensible si, por un momento, olvidamos lo que hemos aprendido de la filosofía posterior y de las ciencias naturales; no debe sorprendernos el que Platón concediese mayor realidad a las «ideas» que a las cosas empíricamente experimentables. Incluso en Spinoza, y hasta en un filósofo tan moderno como Hegel, fue este prejuicio la fuerza vitalizadora que parece haber jugado el papel decisivo. Alguien podría, sin duda, plantear incluso la cuestión de si, sin participar de esta ilusión, puede lograrse algo realmente grande en el reino del pensamiento filosófico..., pero nosotros no deseamos analizar esta cuestión.

Esta ilusión más aristocrática respecto a la capacidad ilimitada de penetración del pensamiento tiene como contrapartida la ilusión más plebeya del realismo ingenuo, la de que las cosas «son» lo que percibimos que son por nuestros sentidos. Esta ilusión domina la vida diaria de hombres y animales. Es además el punto de partida de todas las ciencias, sobre todo de las ciencias naturales.

Estas dos ilusiones no pueden superarse independientemente. La superación del realismo ingenuo ha sido relativamente fácil. En la introducción a su libro *Investigación sobre el significado y la verdad*, Russell ha delineado este proceso con maravillosa concisión:

> Todos partimos del «realismo ingenuo», es decir, la doctrina de que las cosas son lo que parecen. Creemos que la hierba es verde, las piedras duras y la nieve fría. Pero la física nos asegura que el verdor de la hierba, la dureza de las piedras y la frialdad de la nieve no son el verdor, la dureza y la frialdad que conocemos por nuestra propia experiencia, sino algo muy distinto. El observador, cuando piensa que está observando una piedra, está observando en realidad, si hemos de creer a la física, los efectos de la piedra sobre él. La ciencia parece, pues, en guerra consigo misma: cuanto más objetiva pretende ser, más hundida se ve en la subjetividad, en contra de sus deseos. El realismo ingenuo lleva a la física y la física, si es auténtica, muestra que el realismo ingenuo es falso. En consecuencia, el realismo ingenuo, si es verdadero, es falso. En consecuencia, es falso.

Aparte de la magistral formulación, estas líneas dicen algo que a mí nunca se me había ocurrido. En un análisis superficial, el pensamiento de Berkeley y el de Hume parecen oponerse a la forma de pensamiento de las ciencias naturales. Sin embargo, el citado comentario de Russell descubre una conexión: si Berkeley se basa en el hecho de que no captamos directamente las «cosas» del mundo exterior a través de nuestros sentidos, sino que solo llegan a nuestros órganos sensoriales acontecimientos que tienen una conexión causal con la presencia de las «cosas»,[5] nos encontramos con que

5. Es la idea fundamental del idealismo subjetivo o inmaterialismo que defendió George Berkeley (1685-1753): la sustancia material no existe, las cosas son solo ideas que percibe la mente.

esta es una consideración cuya fuerza persuasiva emana de nuestra confianza en la forma de pensamiento de la física. En consecuencia, si uno duda de la forma de pensamiento de la física, incluso en sus características más generales, no hay ninguna necesidad de interpolar entre el objeto y el acto de la visión algo que separe objeto de sujeto y haga problemática la «existencia del objeto».

Fue, sin embargo, la misma forma de pensamiento de la física y sus éxitos prácticos quienes socavaron la confianza en la posibilidad de entender las cosas y sus relaciones a través del pensamiento puramente especulativo. Poco a poco, fue admitiéndose la idea de que todo conocimiento de las cosas es exclusivamente una elaboración de la materia prima proporcionada por los sentidos. En esta forma general (y un tanto vagamente formulada a propósito) es muy probable que esta frase sea hoy de aceptación general. Pero no se basa esta idea en el supuesto de que alguien haya llegado a demostrar concretamente la imposibilidad de conocer la realidad por medio de la especulación pura, sino más bien en el hecho de que el procedimiento empírico (en el sentido antes mencionado) ha demostrado que puede por sí solo constituir una fuente de conocimiento. Galileo y Hume fueron los primeros en sostener este principio con absoluta claridad y precisión.

Hume vio que los conceptos que debemos considerar básicos, como por ejemplo la conexión causal, no pueden obtenerse a partir del material que nos proporcionan los sentidos. Esta idea le llevó a una actitud escéptica hacia cualquier tipo de conocimiento. Al leer los libros de Hume uno se asombra de que muchos filósofos posteriores a él, a veces filósofos muy estimados, hayan sido capaces de escribir tantas cosas oscuras e intrincadas e incluso hallar lectores agradecidos. Hume ha influido permanentemente en la evolución de los mejores filósofos posteriores a él. Se le percibe al leer los análisis filosóficos de Russell, cuya inteligencia y sencillez de expresión me lo han recordado muchas veces.

El hombre tiene un profundo anhelo de certeza en sus conocimientos. Por eso parecía tan devastador el claro mensaje de Hume: la materia prima sensorial, la única fuente de nuestro conocimiento, puede llevarnos, por hábito, a la fe y a la esperanza, pero no al conocimiento, y aún menos a la captación de relaciones expresables en forma de Leyes. Luego, salió a escena Kant con una idea que, aunque ciertamente insostenible en la forma en que él la expuso, significaba un paso hacia la solución del dilema de Hume: todo lo que en el conocimiento sea de origen empírico nunca es seguro (Hume). En consecuencia, si tenemos conocimientos ciertos definidos, han de basarse en la razón misma. Así sucede, por ejemplo, con las proposiciones de la geometría y con el principio de causalidad. Estos tipos de conocimiento y otros tipos determinados son, como si dijésemos, una parte de los instrumentos del pensamiento y no han, en consecuencia, de obtenerse previamente a partir de los datos sensoriales. Es decir, son conocimiento *a priori*. Hoy, todo el mundo sabe ya que los mencionados conceptos no contienen nada de la certeza, de la inevitabilidad intrínseca, que les había atribuido Kant. Considero, sin embargo, que de la exposición que hace Kant del problema es correcto lo que sigue. Al pensar, utilizamos, con cierta «corrección», conceptos a los que no hay ningún acceso partiendo de los materiales de la experiencia sensible, si se enfoca la situación desde el punto de vista lógico.

Estoy convencido, en realidad, de que puede afirmarse aún mucho más: los conceptos que surgen en nuestro pensamiento y en nuestras expresiones lingüísticas son todos (cuando se enfocan lógicamente) creaciones libres del pensamiento que no pueden inducirse a partir de experiencias sensoriales. Esto no se advierte fácilmente porque tenemos el hábito de combinar ciertos conceptos y relaciones conceptuales (proposiciones) tan definidamente con ciertas experiencias sensitivas que no nos damos cuenta del abismo (insalvable desde un punto de vista lógico) que separa el mundo de las experiencias sensibles del mundo de los conceptos y de las proposiciones.

Así, por ejemplo, la serie de los números enteros es sin lugar a duda un invento del pensamiento humano, un instrumento autocreado que simplifica la ordenación de ciertas experiencias sensoriales. Pero no hay manera alguna de que podamos hacer crecer, como si dijésemos, este concepto directamente de experiencias sensoriales. He elegido deliberadamente el concepto de número, porque pertenece al pensamiento precientífico y porque, a pesar de este hecho, su carácter constructivo es de todos modos fácilmente visible. Pero cuanto más analizamos los conceptos más primitivos de la vida cotidiana, más difícil resulta identificar el concepto entre la masa de hábitos inveterados como una creación independiente del pensamiento. Fue así como pudo surgir la fatídica concepción (fatídica, quiero decir, para una comprensión de las condiciones aquí existentes), según la cual los conceptos nacen de la experiencia a través de la «abstracción», es decir, a través de la omisión de una parte de su contenido. Quiero explicar ahora por qué me parece a mí tan fatídico este concepto.

En cuanto uno se familiariza con la crítica de Hume, puede fácilmente verse inducido a creer que todos los conceptos y proposiciones que no pueden deducirse de la materia prima sensorial deben eliminarse del pensamiento por su carácter «metafísico», pues un pensamiento solo adquiere contenido material a través de su relación con ese material sensorial. Considero totalmente válida esta última proposición, pero sostengo que la norma de pensamiento que se basa en ella es falsa. Pues nos lleva (si se aplica coherentemente) a rechazar por completo cualquier género de pensamiento por «metafísico».

Con el fin de que el pensamiento no pueda degenerar en «metafísica», o en vana palabrería, basta que haya suficientes proposiciones del sistema conceptual lo bastante firmemente conectadas a experiencias sensoriales y que el sistema conceptual, por su función de ordenador y supervisor de la experiencia sensitiva, muestre la máxima unidad y parquedad posibles. Además de esto, sin embargo, el «sistema» es (respecto a la lógica) un juego libre con símbolos que siguen unas normas arbitrariamente establecidas (desde el punto de vista lógico). Todo esto es válido tanto (y del mismo modo) para el pensamiento de la vida diaria como para el pensamiento de las ciencias, elaborado de modo más consciente y sistemático.

Se verá así claramente lo que quiero decir si hago la siguiente afirmación: por su incisiva crítica, no solo imprimió Hume un decisivo avance a la filosofía, sino que además (aun sin culpa suya) creó un peligro para esta disciplina, pues, a causa de su crítica, surgió un fatídico «miedo a la metafísica» que ha llegado a convertirse en una enfermedad de la filosofía empírica contemporánea. Esta enfermedad es la contrapartida del antiguo filosofar en las nubes, que creía poder menospreciar y prescindir de lo que aportaban los sentidos.

Por mucho que uno pueda admirar el agudo análisis que Russell nos aporta en su último libro, *Significado y verdad,* pienso que incluso en este caso se percibe el peso negativo del espectro del miedo metafísico. Este miedo me parece, por ejemplo, la causa de que se conciba el «objeto» como una «masa de cualidades», «cualidades» que deben tomarse de la materia prima sensorial. Ahora bien, el hecho de que se diga que dos cosas sean una y la misma, si coinciden en todas sus cualidades, nos obliga a suponer que las relaciones geométricas entre las cosas son cualidades de estas. (De otro modo, siguiendo a Russell, nos veríamos obligados a considerar «una misma cosa» la Torre Eiffel de París y un rascacielos neoyorquino.) No veo, sin embargo, ningún peligro «metafísico» en tomar el objeto, el objeto en el sentido de la física, como un concepto independiente dentro del sistema junto con la estructura espacio-temporal adecuada.

Teniendo todo esto en cuenta, me siento particularmente complacido por el hecho de que, en el último capítulo del libro, resulta por fin que uno no puede, en realidad, arreglárselas sin «metafísica». Lo único que puedo reprochar a este respecto es la mala conciencia intelectual que se percibe entre líneas.

UNA INTELIGENCIA MATEMÁTICA

Jacques Hadamard, matemático francés, realizó un estudio psicológico con matemáticos para determinar sus procesos mentales. Transcribimos a continuación la pregunta que planteó a Albert Einstein, seguida de la respuesta de este. Jacques S. Hadamard, *An Essay on the Psychology on Invention in the Mathematical Field*, Princeton University Press, Princeton, 1945.

Sería de gran ayuda para la investigación psicológica saber qué imágenes internas o mentales, qué genero de «palabras internas» utilizan los matemáticos; si son motrices, auditivas, visuales o mixtas, según el tema que estén estudiando. Concretamente en el proceso de investigación, ¿las palabras internas, o las imágenes mentales, se presentan a plena conciencia o en el umbral de la conciencia?

Mi querido colega:

Intento contestar a continuación, brevemente, sus preguntas en la medida en que soy capaz de hacerlo. No me satisfacen mis respuestas y estoy dispuesto a contestar a más preguntas si cree usted que sería útil para la tarea, tan interesante y difícil, que se ha propuesto.

a) Las palabras o el lenguaje, tal como se escriben o hablan, no parecen jugar ningún papel en mi mecanismo mental. Las entidades físicas que al parecer sirven como elementos de pensamiento son ciertos signos y ciertas imágenes más o menos claras, que pueden reproducirse y combinarse «voluntariamente».

Existe, desde luego, una cierta conexión entre esos elementos y conceptos lógicos relevantes. Es evidente también que el deseo de llegar en último término a conceptos relacionados lógicamente es la base emotiva de este juego, más bien vago, con los elementos mencionados. Pero desde un punto de vista psicológico, este juego combinatorio parece ser la característica esencial del pensamiento productivo antes de que haya conexión alguna con una elaboración lógica en palabras u otro tipo de signo comunicable a los demás.

b) Los elementos mencionados son, en mi caso, de tipo visual y algunos de tipo muscular. Los términos convencionales, u otros signos, han de buscarse, trabajosamente, ya en una etapa secundaria, una vez bien establecido el juego asociativo referido, cuando puede entonces reproducirse a voluntad.

c) De acuerdo con lo dicho, el juego con los mencionados elementos tiende a ser análogo a ciertas conexiones lógicas que uno busca.

d) Elementos visuales y motores. Cuando intervienen las palabras, estas son, en mi caso, puramente auditivas, pero solo intervienen en una segunda etapa, como ya he citado.

e) Creo que lo que usted llama conciencia plena es un caso límite que nunca puede alcanzarse totalmente. Esto me parece relacionado con el hecho llamado «estrechez de conciencia» (*Enge des Bewusst seins*).

Una observación: el profesor Max Wertheimer se ha propuesto estudiar la diferencia entre mera asociación o combinación de elementos reproductibles y la comprensión (*organisches Begreifen*); no puedo juzgar hasta qué punto su análisis psicológico capta la cuestión esencial.

¿POR QUÉ EL SOCIALISMO?

De *Monthly Review*, Nueva York, mayo de 1949.

¿Es aconsejable que una persona inexperta en temas económicos y sociales exprese sus puntos de vista acerca del socialismo? Por muchas razones creo que lo es.

En primer término, consideremos el problema desde el punto de vista del conocimiento científico. Podría parecer que no existieran diferencias metodológicas esenciales entre la astronomía y la economía: en ambos campos los científicos tratan de descubrir leyes de validez general por las que se puedan comprender las conexiones que existen dentro de un determinado grupo de fenómenos. Pero en realidad existen diferencias metodológicas. En el campo de la economía el descubrimiento de unas leyes generales está dificultado por el hecho de que los fenómenos económicos observados están a menudo bajo la influencia de muchos factores que resulta complejo evaluar por separado. Además, la experiencia acumulada desde el comienzo del llamado período civilizado de la historia humana se ha visto influenciada y limitada —como es bien sabido— por causas que no pueden definirse como exclusivamente económicas en su naturaleza. Por ejemplo: la mayoría de los estados más importantes de la historia debieron su existencia a un proceso de conquista. Los pueblos conquistadores se constituyeron a sí mismos, legal y económicamente, como una clase privilegiada dentro del país conquistado. Se apropiaron del monopolio de las tierras y establecieron un clero salido de sus propias filas. Los sacerdotes, dueños del control de la educación, hicieron que la división de clases sociales se convirtiera en una institución permanente y crearon un sistema de valores que en adelante, y de manera hasta cierto punto inconsciente, delimitó el comportamiento social del pueblo.

Pero la tradición histórica data, por así decirlo, de ayer; en ningún momento hemos superado de verdad lo que Thorstein Veblen ha llamado la «fase depredadora» del desarrollo humano. Los hechos económicos observables pertenecen a esa fase y las leyes que podamos deducir de ellos no son aplicables a otras fases. Dado que el verdadero objetivo del socialismo es, precisamente, superar y avanzar más allá de la fase depredadora del desarrollo humano, la ciencia de la economía, en su estado actual, puede arrojar muy poca luz sobre la sociedad socialista del futuro.

En segundo término, el socialismo se encamina hacia un fin social y ético. La ciencia, a su vez, no puede crear fines y, mucho menos, inculcarlos en los seres humanos. A lo sumo la ciencia puede aportar los medios por los cuales se pueda acceder a ciertos fines. Pero los fines en sí mismos son concebidos por personalidades poseedoras de ideales éticos encumbrados y —si esos fines no son endebles, sino vitales y vigorosos— son adoptados y servidos por las masas de seres humanos que, de manera semi-inconsciente, determinan la lenta evolución de la sociedad.

Por estas razones tendremos que guardarnos muy bien de otorgar excesiva validez a la ciencia y a los métodos científicos cuando están en juego problemas humanos. Y no habrá que suponer que los expertos son los únicos que tienen derecho a expresar sus criterios sobre problemas que afectan a la organización de la sociedad.

Muchas son las voces que desde hace cierto tiempo se alzan para decir que la sociedad humana atraviesa una crisis, que su estabilidad está seriamente quebrantada. Una característica de esta situación es que los individuos se sienten indiferentes y aun hostiles ante el grupo al que pertenecen, por grande o pequeño que sea. A fin de ilustrar este concepto, quiero traer a colación una experiencia personal. Hace poco tiempo, discutía yo con un hombre inteligente y bien dispuesto la amenaza de una nueva guerra, que en mi opinión pondría en serio peligro la existencia de la humanidad. Al respecto, señalé que solo una organización supranacional podría ofrecer una protección adecuada ante ese peligro. Después de escucharme, mi visitante, con toda calma y frialdad, me dijo: «¿Por qué se opone usted con tanto empeño a la desaparición de la raza humana?».

Estoy seguro de que hace un siglo nadie hubiera formulado con tal ligereza una pregunta así. En ella está implícito el juicio de un hombre que ha luchado en vano para lograr un equilibrio dentro de sí mismo y, poco más o menos, ha perdido toda esperanza de lograrlo. Se trata de la expresión del duro aislamiento y soledad que acosan a mucha gente en estos días. ¿Cuál es la causa? ¿Hay alguna vía de escape?

Es fácil plantear estas preguntas, pero muy difícil responder a ellas con cierta seguridad. No obstante, en la medida de mis posibilidades, debo tratar de hacerlo, aun cuando soy muy consciente de que nuestros sentimientos y nuestra lucha son a menudo contradictorios y oscuros, y de que no pueden ser expresados mediante fórmulas sencillas y fáciles.

A un mismo tiempo, el hombre es una criatura solitaria y social. Como ser solitario trata de proteger su propia existencia y la de aquellos que están más cercanos a él, intenta satisfacer sus deseos personales y desarrollar sus habilidades innatas. Como ser social busca el reconocimiento y el afecto de sus congéneres, quiere compartir sus placeres, confortar a los demás en sus penurias y mejorar las condiciones de vida de los otros. Solo la existencia de estos esfuerzos diversos, y a menudo contradictorios, da razón del carácter especial de un hombre, y la forma concreta de esos intentos determina el punto hasta el cual un individuo puede lograr su equilibrio interior y la medida en que será capaz de contribuir al bienestar de la sociedad. Es muy posible que la fuerza relativa de esos dos impulsos esté, en lo primordial, fijada por la herencia. Pero la personalidad que, por último, ha de imponerse está formada, en su mayor parte, por el entorno en el que el hombre se ha encontrado en el momento de su desarrollo, por las estructuras de la sociedad en la que se desenvuelve, por las tradiciones de esa sociedad y por su valoración de unos tipos particulares de comportamiento. Para el ser humano individual, el concepto abstracto de «sociedad» significa la suma total de sus relaciones directas e indirectas con sus contemporáneos y con todos los integrantes de las generaciones anteriores. El individuo está en condiciones de pensar, sentir, luchar y trabajar por sí mismo; pero, en su existencia física, intelectual y emocional, depende tanto de la sociedad que es imposible pensar en él o comprenderle fuera del marco de aquella. La «sociedad» abastece al hombre de su comida, su vestido, un hogar, las herramientas de trabajo, el lenguaje, las formas de pensamiento y la mayor parte de los contenidos del pensamiento; la vida del hombre es posible a través del trabajo y de los logros de muchos millones de personas del pasado y del presente, ocultas en la simple palabra «sociedad».

Por lo tanto, resulta evidente que la dependencia del individuo ante la sociedad es un hecho de la naturaleza que no puede ser abolido, tal como en el caso de las hormigas y de las abejas. Sin embargo, en tanto que todo el proceso vital de las hormigas y de las abejas está determinado, hasta en sus mínimos detalles, por rígidos instintos hereditarios, la estructura social y las interrelaciones de los seres humanos son muy variables y susceptibles de cambio. La me-

66

moria, la capacidad de hacer nuevas combinaciones, el don de la comunicación oral han abierto, entre los seres humanos, la posibilidad de ciertos desarrollos que no están dictados por necesidades biológicas. Estos desarrollos se manifiestan a través de las tradiciones, las instituciones y las organizaciones, en la literatura, en la ciencia y en los logros de la ingeniería, en las obras de arte. Esto explica que, en cierto sentido, el hombre sea capaz de influir en su vida a través de su propia conducta y que jueguen un papel en este proceso el pensamiento y el deseo conscientes.

En el momento de nacer, a través de la herencia, el hombre adquiere una constitución biológica que podemos considerar fija e inalterable, en la que están incluidos los impulsos naturales que son característicos de la especie humana. Junto a esto, a lo largo de su vida, el ser humano adquiere una constitución cultural que obtiene de la sociedad mediante la comunicación y muchos otros tipos de influencias. Con el correr del tiempo, esta constitución cultural está sujeta a cambio y determina, en amplia medida, la relación entre individuo y sociedad. A través de la investigación comparativa de las llamadas culturas primitivas, la antropología moderna nos ha enseñado que el comportamiento social de los seres humanos puede diferenciarse profundamente, de acuerdo con los esquemas culturales y los tipos de organización que predominen en la sociedad. En esto han fijado sus esperanzas quienes luchan para mejorar el destino del hombre: los seres humanos *no* están condenados por su constitución biológica a aniquilarse los unos a los otros ni a ser presa de un hado cruel fabricado por ellos mismos.

Si nos preguntamos cómo se puede cambiar la estructura de la sociedad y la actitud cultural del hombre para hacer que la vida humana sea lo más satisfactoria posible, tendremos que tener en cuenta en todo momento que existen ciertas condiciones que somos incapaces de modificar. Como ya hemos visto, la naturaleza biológica del hombre, en un sentido práctico, no está sujeta a cambio. Además, los desarrollos tecnológicos y demográficos de los últimos siglos han creado condiciones que perdurarán. En núcleos de población relativamente densos, en los cuales los bienes de consumo son indispensables para una existencia continuada, se hace por completo necesaria una total división del trabajo y un aparato productivo centralizado por entero. Aunque al mirar hacia atrás parezca tan idílico, ha desaparecido para siempre el tiempo en el que los individuos o unos grupos pequeños podían aspirar al auto-abastecimiento completo. Apenas si se exagerará al decir que la humanidad constituye hoy una comunidad planetaria de producción y consumo.

En este punto de mi exposición, debo indicar, en forma breve, lo que para mí constituye la esencia de la crisis de nuestro tiempo. La cuestión reside en la relación entre el individuo y la sociedad. El individuo ha tomado conciencia, más que nunca, de su situación de dependencia ante la sociedad. Pero no considera que esa dependencia sea un hecho positivo, un nexo orgánico, una fuerza protectora, sino que la ve como una amenaza a sus derechos naturales e incluso a su existencia económica. Por otra parte, su posición dentro de la sociedad hace que sus impulsos egoístas se vayan acentuando de manera constante, mientras que sus impulsos sociales —que son más débiles por naturaleza— se vayan deteriorando progresivamente. Sea cual fuere su posición en la sociedad, todos los seres humanos sufren este proceso de deterioro. Prisioneros de su propio egoísmo sin saberlo, se sienten inseguros, solitarios y despojados del goce ingenuo, simple y directo de la vida. El hombre ha de hallar el significado de su vida —por estrecho y peligroso que sea— solo a través de una entrega de sí mismo a la sociedad.

La anarquía económica de la sociedad capitalista tal como existe hoy es, en mi opinión, la verdadera fuente de todos los males. Vemos alzarse ante nosotros una inmensa comunidad de productores, cuyos miembros luchan sin cesar para despojarse unos a otros de los frutos del trabajo colectivo, no ya por la fuerza, sino con el apoyo total de unas reglas legalmente establecidas. En este plano, es importante comprender que los medios de producción (es decir, toda la capacidad productiva que se necesita para producir tanto bienes de consumo como bienes de inversión) pueden ser, en forma legal —y de hecho en su mayoría lo son—, de propiedad privada de ciertos individuos.

En bien de la simplicidad, en la exposición que sigue utilizaré el vocablo «trabajador» para designar a quienes no comparten la propiedad de los medios de producción, aunque esto no corresponda con el uso habitual del término. El propietario de los medios de producción está en condiciones de comprar la capacidad laboral del trabajador. Mediante el uso de los medios de producción, el trabajador produce nuevos bienes que se convierten en propiedad del capitalista. El punto esencial de este proceso es la relación existente entre lo que el trabajador produce y lo que recibe como paga, ambos elementos medidos en términos de su valor real. En la medida en que el contrato laboral es «libre», lo que el trabajador recibe está determinado no por el valor real de los bienes que produce, sino por sus necesidades mínimas y por la cantidad de mano de obra solicitada por el sistema en relación con el número de trabajadores que compiten por un puesto de trabajo. Es importante comprender que, incluso en teoría, la paga del trabajador no está determinada por el valor de su producto.

El capital privado tiende a concentrarse en unas pocas manos, en parte a causa de la competencia entre los capitalistas y en parte a causa del desarrollo tecnológico y de la creciente división de la clase obrera, hechos que determinan la formación de unidades mayores de producción, en detrimento de las unidades menores. El resultado es una oligarquía del capital privado, cuyo enorme poder no puede ser eficazmente controlado ni siquiera por una sociedad política organizada según principios democráticos. Esto es así porque los miembros de los cuerpos legislativos son seleccionados por los partidos políticos, que reciben fuertes influencias y amplia financiación de los capitales privados que, en la práctica, separan al electorado de la legislatura. La consecuencia es que los representantes del pueblo no protegen con la debida eficacia y en la medida suficiente los intereses de los sectores menos privilegiados de la población. En las circunstancias actuales, además, los capitales privados controlan, inevitablemente, en forma directa o indirecta, las principales fuentes de información (prensa, radio, educación). De modo que es muy difícil, e incluso en la mayoría de casos casi imposible, que el ciudadano llegue a conclusiones objetivas y pueda hacer un uso inteligente de sus derechos políticos. La situación predominante en una economía basada en la propiedad privada del capital se caracteriza por dos principios básicos: primero, los medios de producción (el capital) son propiedad privada y sus propietarios disponen de ellos como juzguen conveniente; segundo, el contrato laboral es libre. Desde luego que no existe una sociedad capitalista *pura,* en este sentido. En particular, notemos que los trabajadores, mediante largas y acerbas luchas políticas, han logrado obtener una cierta mejoría del «contrato laboral libre» para ciertas categorías de trabajadores. Pero considerada en su conjunto, la economía del presente no difiere demasiado del capitalismo «puro».

El objetivo de la producción es el beneficio, no su consumo. No se prevé que todos aquellos que sean capaces de trabajar y quieran hacerlo tengan siempre la posibilidad de conseguir un empleo; casi siempre existe, en cambio, un «ejército de parados». El trabajador se ve acosado por el temor constante de perder su plaza. Dado que los trabajadores sin trabajo y mal pagados no dan lugar a un mercado lucrativo, la producción de bienes de consumo se reduce con sus duras consecuencias. El progreso tecnológico a menudo desencadena mayor proporción de paro, en lugar de aliviar la carga laboral para todos. El interés por el lucro, conjugado con la competencia entre los capitalistas, es responsable de la inestabilidad del ritmo de acumulación y utilización del capital, que conduce a severas y crecientes depresiones. La competencia ilimitada conduce a un derroche de trabajo y a amputar la conciencia social de los individuos, fenómeno del que ya he hablado antes.

Creo que el peor daño que ocasiona el capitalismo es el deterioro de los individuos. Todo nuestro sistema educativo se ve perjudicado por ello. Se inculca en los estudiantes una actitud competitiva exagerada; se los entrena en el culto al éxito adquisitivo como preparación para su futura carrera.

Estoy convencido de que existe un camino para eliminar estos graves males, que pasa por el establecimiento de una economía socialista, acompañada por un sistema educativo que esté orientado hacia objetivos sociales. Dentro de ese sistema económico, los medios de producción serán propiedad del grupo social y se utilizarán según un plan. Una economía planificada que regule la producción de acuerdo con las necesidades de la comunidad, distribuirá el trabajo que deba realizarse entre todos aquellos capaces de ejecutarlo y garantizará la subsistencia a toda persona, ya sea hombre, mujer o niño. La educación de los individuos, además de promover sus propias habilidades innatas, tratará de desarrollar en ellos un sentido de responsabilidad ante sus congéneres, en lugar de preconizar la glorificación del poder y del éxito, como ocurre en nuestra actual sociedad. De todas maneras, hay que recordar que una economía planificada no es todavía el socialismo. Una economía planificada podría ir unida a la esclavización completa de la persona. La realización del socialismo exige resolver unos problemas socio-políticos de gran dificultad: dada la centralización fundamental del poder político y económico, ¿cómo se podrá impedir que la burocracia se convierta en una entidad omnipotente y arrogante? ¿Cómo se pueden proteger los derechos del individuo para así asegurar un contrapeso democrático que equilibre el poder de la burocracia?

LA CULTURA HA DE SER UNA DE LAS BASES
DE LA COMPRENSIÓN MUNDIAL

Del *Correo de la Unesco*, diciembre de 1951.

A fin de abarcar la plena significación de la Declaración Universal de los Derechos del Hombre, es útil conocer a fondo la situación mundial que ha dado origen a las Naciones Unidas y a la Unesco. La devastación ocasionada por las guerras en estos últimos cincuenta años ha hecho que todo el mundo comprendiera que, con el actual nivel tecnológico, la seguridad de las naciones solo puede estar basada en instituciones supranacionales y en estrictas normas de conducta. Ya se ha aceptado que, a largo plazo, una conflagración mundial solo puede ser evitada si se instituye una federación mundial de naciones. Y así, a modo de modesto comienzo del orden internacional, se fundaron las Naciones Unidas. Sin embargo, esta institución no es más que el lugar en que se reúnen los delegados de los gobiernos y no los representantes de los pueblos actuando con independencia, sobre la base de sus propias convicciones. Además, las decisiones de las Naciones Unidas no tienen fuerza ejecutiva para ningún gobierno nacional, ni existen medios concretos a través de los cuales se pueda exigir el cumplimiento de una decisión.

La eficacia de las Naciones Unidas está más reducida aún por el hecho de que se ha negado la participación a ciertas naciones: excluirlas afecta de manera negativa el carácter mundial de este organismo. No obstante, considerado en sí mismo, el que se planteen y discutan abiertamente los problemas internacionales favorece la solución pacífica de los conflictos. La existencia de una plataforma supranacional de discusión vale para que los pueblos se acostumbren gradualmente a la idea de que los intereses nacionales deben ser defendidos mediante las negociaciones pertinentes y no por la fuerza bruta. Considero que la característica más valiosa de las Naciones Unidas es este efecto psicológico o educativo. Una federación mundial presupone una nueva clase de lealtad por parte del hombre, un sentido de la responsabilidad que no se desvanece en las fronteras nacionales. Para alcanzar una verdadera eficacia, esa lealtad tendrá que abarcar algo más que objetivos políticos. Será imprescindible agregar la comprensión entre los distintos grupos culturales, la ayuda mutua económica y cultural.

Solo un esfuerzo en este sentido dará origen a un sentimiento de confianza estable, hoy perdida a causa de los efectos psicológicos de las guerras y minada por la estrecha filosofía del militarismo y de la política de grandes potencias. Sin comprensión y sin cierta dosis de confianza recíproca ninguna institución que vele por la seguridad colectiva de las naciones tendrá eficacia.

A las Naciones Unidas se agregó la Unesco, organismo cuya función es trabajar en bien de las tareas culturales. Este ha sido capaz de evitar la influencia paralizadora de la política de grandes potencias, al menos en mayor grado que las Naciones Unidas.

Solo pueden establecerse unas relaciones internacionales sanas entre pueblos formados por personas sanas que gocen de cierta independencia; sobre la base de esta convicción, las Naciones Unidas han elaborado una Declaración Universal de los Derechos del Hombre, adoptada por la Asamblea General el 10 de diciembre de 1948.

La Declaración estipula una serie de principios básicos universales, que tienden a asegurar la protección del individuo, a evitar la explotación económica del hombre y a salvaguardar el libre desarrollo de sus actividades dentro de la sociedad. Divulgar estos principios entre los Estados miembros de las Naciones Unidas es un objetivo de gran importancia. De modo que la Unesco dedica este tercer aniversario a formular una amplia llamada de atención para que estas aspiraciones fundamentales sean una base sobre la que restaurar la salud política de los pueblos.

Era difícil evitar que la Declaración estuviera redactada bajo la forma de un documento legal, que por su rigidez puede conducir a discusiones interminables. Resulta imposible que un texto de esa naturaleza abarque la gran diversidad de condiciones de vida en los distintos países miembros de la organización; también es inevitable que esta clase de texto admita muy distintas interpretaciones de detalle. La tendencia general de la Declaración, sin embargo, es inequívoca y proporciona una base adecuada y aceptable para el juicio y la acción.

Reconocer formalmente ciertos principios y adoptarlos como líneas de acción a despecho de todas las adversidades de una situación cambiante son dos cosas bien diferentes, tal como cualquier observador imparcial puede comprobar a través de la historia de las instituciones religiosas. La Declaración, pues, ejercerá una verdadera influencia única y exclusivamente cuando las Naciones Unidas demuestren con sus decisiones y sus hechos que encarnan *de facto* el espíritu de este documento.

LITERATURA CLÁSICA

Escrito para *Jungkaufmann*, publicación mensual del «Schweizerischer Kaufmaennischer Verein, Jugendbund», de febrero de 1952.

Una persona que lee solo periódicos y como mucho libros de autores contemporáneos, dice que soy como un miope que se burlase de las gafas. Él depende por completo de los prejuicios y modas de su época, puesto que nunca llega a ver ni oír otra cosa. Y lo que una persona piensa por su cuenta, sin el estímulo de los pensamientos y experiencias de los otros es, aun en el mejor de los casos, bastante mezquino y monótono.

Solo hay unas cuantas personas ilustradas con una mente lúcida y un buen estilo en cada siglo. Lo que ha quedado de su obra es uno de los tesoros más preciados de la humanidad. A unos cuantos escritores de la Antigüedad debemos el que las gentes de la Edad Media se libraran poco a poco de las supersticiones y de la ignorancia que habían ensombrecido la vida durante más de cinco siglos.

No hay nada mejor para superar la presuntuosidad modernista.

EDUCACIÓN Y PENSAMIENTO INDEPENDIENTE

Del *New York Times*, 5 de octubre de 1952.

No basta con enseñar a un hombre una especialidad. Aunque esto pueda convertirle en una especie de máquina útil, no tendrá una personalidad armoniosamente desarrollada. Es esencial que el estudiante adquiera una comprensión de los valores y una profunda afinidad hacia ellos. Debe adquirir un vigoroso sentimiento de lo bello y de lo moralmente bueno. De otro modo, con la especialización más parecerá un perro bien adiestrado que una persona armoniosamente desarrollada. Debe aprender a comprender las motivaciones de los seres humanos, sus ilusiones y sus sufrimientos, para lograr una relación adecuada con su prójimo y con la comunidad.

Estas cosas preciosas se transmiten a las generaciones más jóvenes mediante el contacto personal con los que enseñan, no (o al menos no básicamente) a través de libros de texto. Es esto lo que constituye y conserva básicamente la cultura. Es en esto en lo que pienso cuando recomiendo el «arte y las letras» como disciplinas importantes, y no solo el árido y estéril conocimiento especializado en los campos de la historia y de la filosofía.

La insistencia en el sistema competitivo y la especialización prematura basada en la utilidad inmediata matan el espíritu fundamental de la vida cultural, incluido el conocimiento especializado.

Es también vital para una educación fecunda que se desarrolle en el joven una capacidad de pensamiento crítico independiente, desarrollo que corre graves riesgos si se lo sobrecarga con muchas y variadas disciplinas. Este exceso conduce a la superficialidad. La enseñanza debería ser de tal naturaleza que lo que ofreciese se recibiera como un don valioso y no como un penoso deber.

SÍNTOMAS DE DECLIVE CULTURAL

Bulletin of Atomic Scientists, vol. VIII, n.º 7, octubre de 1952.

Un intercambio de ideas y conclusiones científicas libre y amplio es necesario para el adecuado desarrollo de la ciencia, tal como sucede en todas las esferas de la vida cultural. No cabe duda de que la intervención de las autoridades políticas de este país en el libre intercambio de conocimientos ya ha tenido efectos significativamente dañinos. En primer lugar, el daño se manifiesta en el ámbito del trabajo científico propiamente dicho y, pasado un tiempo, se hace visible en la tecnología y en la producción industrial.

La intrusión de las autoridades políticas en la vida científica de nuestro país es muy evidente en la obstrucción de los viajes de los científicos e investigadores americanos hacia el extranjero y del acceso a este país de científicos de otras naciones. Este comportamiento mezquino por parte de un país poderoso no es más que un síntoma periférico de una dolencia que tiene raíces mucho más profundas. La interferencia en la libertad de comunicar por escrito u oralmente los resultados científicos, la generalizada actitud de desconfianza política que está sostenida por una inmensa organización policial, la timidez y la ansiedad que las personas ponen para evitar todo aquello que pueda ser motivo de sospecha y que amenace su posición económica; todo esto no son sino síntomas, aun cuando revelen con claridad el carácter amenazante de la enfermedad.

Sin embargo, a mi parecer, el verdadero mal reside en la actitud que ha creado la Segunda Guerra Mundial y que domina todas nuestras acciones. En especial, la creencia de que en tiempos de paz debemos organizar toda nuestra vida y nuestro trabajo de modo que, en caso de guerra, podamos estar seguros de la victoria. Esta actitud da lugar a la creencia de que la libertad y aún la existencia de cada persona están amenazadas por poderosos enemigos.

Esta actitud explica todos los desagradables hechos que antes he denominado síntomas. Si no se rectifica, conducirán a una guerra y a una destrucción de vasto alcance. Esta situación está expresada en el presupuesto de los Estados Unidos.

Solo si superamos esta obsesión podremos brindar una atención adecuada al verdadero problema político, que se resume en la siguiente pregunta: «¿Cómo podemos contribuir a conseguir una vida más segura y más tolerable en esta tierra ya tan degradada?»

No podremos erradicar los síntomas que hemos mencionado, y muchos otros, si no superamos la enfermedad más profunda que nos está atacando.

Parte 2
RELIGIÓN

INTRODUCCIÓN

La segunda sección recopila las opiniones en torno a la religión. Comienza con los artículos más abstractos, en donde se distingue el «sentimiento religioso cósmico» (p. 87) que conecta con el respeto y la veneración por la Naturaleza. Es el que defiende Einstein y el único compatible con el pensamiento científico. En otro nivel se sitúan, en cambio, las religiones mundanas: las más primitivas, surgidas del miedo a lo desconocido, se diferencian de la llamada «religión moral» (pp. 86 y 88) como la judeo-cristiana, propia de las sociedades civilizadas. Esta última adquiere un gran valor para el autor, pues, desposeída de todos sus «aditivos superficiales», devendría «una doctrina capaz de curar a la humanidad de todos sus males sociales» (p. 89). Esta relevancia, unida a la conciencia del propio deber de participación en la sociedad que ha defendido anteriormente, convierten a Einstein en ferviente adepto del movimiento sionista, tal como muestran los últimos artículos de esta sección. Escritos ya desde Estados Unidos, en todos ellos desarrolla su convicción en la fuerza del judaísmo basado en su tradición, sus valores y su cultura, nunca en la política.

RELIGIÓN Y CIENCIA

Escrito ex profeso para el *New York Times Magazine*, en donde fue publicado el 9 de noviembre de 1930 (pp. 1-4). El texto alemán apareció en el *Berliner Tageblatt* el 11 de noviembre de 1930.

Todo lo que ha hecho y pensado la especie humana se relaciona con la satisfacción de necesidades profundamente sentidas y con el propósito de mitigar el dolor. Uno ha de tener esto constantemente en cuenta si desea comprender los movimientos espirituales y su evolución. Sentimiento y anhelo son la fuerza motriz que hay tras todas las empresas humanas y todas las creaciones humanas, por muy excelsas que se nos quieran presentar. Pero ¿cuáles son los sentimientos y las necesidades que han llevado al hombre al pensamiento religioso y a creer en el sentido más amplio de estos términos? Un poco de reflexión bastará para darnos cuenta de que presidiendo el nacimiento del pensamiento y la experiencia de lo religioso están las emociones más variadas.

En el hombre primitivo, es sobre todo el miedo el que produce ideas religiosas: miedo al hambre, a los animales salvajes, a la enfermedad, a la muerte. Como en esta etapa de la existencia suele estar escasamente desarrollada la comprensión de las conexiones causales, el pensamiento humano crea seres ilusorios más o menos análogos a sí mismo, de cuya voluntad y acciones dependen esos acontecimientos sobrecogedores. Así, uno intenta asegurarse el favor de tales seres ejecutando actos y ofreciendo sacrificios que, según la tradición transmitida a través de generaciones, les hacen mostrarse propicios y bien dispuestos hacia los mortales. En este sentido hablo yo de una religión del miedo. Esta, aunque no creada por los sacerdotes, se halla afianzada en un grado notable por la formación de una casta sacerdotal que se erige como mediadora entre el pueblo y los seres a los que el pueblo teme, y logra sobre esta base una hegemonía. En muchos casos, un caudillo o dirigente o una clase privilegiada cuya posición se apoya en otros factores, combina funciones sacerdotales con su autoridad secular a fin de reforzarla; o hacen causa común con la casta sacerdotal para defender sus intereses.

Los impulsos sociales son otra fuente de cristalización de la religión. Padres y madres y dirigentes de las grandes comunidades humanas son mortales y falibles. El deseo de guía, de amor y de apoyo empuja a los hombres a crear el concepto social o moral de Dios. Este es el Dios de la Providencia, que protege, dispone, recompensa y castiga; el Dios que, según las limitaciones de enfoque del creyente, ama y protege la vida de la tribu o de la especie humana e incluso la vida misma; es el que consuela de la aflicción y del anhelo insatisfecho; el que custodia las almas de los muertos. Esta es la concepción social o moral de Dios.

Las Sagradas Escrituras judías ejemplifican admirablemente la evolución de la religión del miedo a la religión moral, evolución que continúa en el Nuevo Testamento. Las religiones de todos los pueblos civilizados, especialmente los pueblos del Oriente, son primordialmente religiones morales. El paso de una religión del miedo a una religión moral es un gran paso en la vida de los pueblos. Y, sin embargo, el que las religiones primitivas se basen totalmente en el miedo y las de los pueblos civilizados solo en la moral es un prejuicio frente al que hemos de ponernos en guardia. La verdad es que en todas las religiones se mezclan en cuantía variable ambos tipos, con esa diferenciación: que en los niveles más elevados de la vida social predomina la religión de la moral.

Común a todos estos tipos de religión, es el carácter antropomórfico de su concepción de Dios. En general, solo individuos de dotes extraordinarias, y comunidades excepcionalmente idealistas, se elevan en una medida considerable por encima de este nivel. Pero hay un tercer estadio de experiencia religiosa común a todas ellas, aunque raras veces se halle en una forma pura: lo llamaré sentimiento religioso cósmico. Es muy difícil explicar este sentimiento a quien no lo haya experimentado, sobre todo cuando de él no surge una concepción antropomórfica de Dios.

El individuo siente la inutilidad de los deseos y los objetivos humanos y el orden sublime y maravilloso que revela la naturaleza y el mundo de las ideas. La existencia individual le parece una especie de cárcel y desea experimentar el universo como un todo único y significativo. Los inicios del sentimiento religioso cósmico aparecen ya en una etapa temprana de la evolución, por ejemplo, en varios de los salmos de David y en algunos textos de los profetas. El budismo, como hemos aprendido gracias sobre todo a las maravillosas obras de Schopenhauer, tiene un contenido mucho más rico aún en este sentimiento cósmico.

Los genios religiosos de todas las épocas se han distinguido por este sentimiento religioso especial, que no conoce dogmas ni un Dios concebido a imagen del hombre; no puede haber, en consecuencia, iglesia cuyas doctrinas básicas se apoyen en él. Por tanto, es precisamente entre los herejes de todas las épocas donde encontramos hombres imbuidos de este tipo superior de sentimiento religioso, hombres considerados en muchos casos ateos por sus contemporáneos, y a veces también santos. Si enfocamos de este modo a hombres como Demócrito, Francisco de Asís y Spinoza, veremos que están profundamente relacionados entre sí.

¿Cómo puede comunicar y transmitir una persona a otra este sentimiento religioso cósmico, si este no puede engendrar ninguna noción definida de un Dios y de una teología? Según mi opinión, la función más importante del arte y de la ciencia es la de despertar este sentimiento y mantenerlo vivo en quienes son receptivos a él.

Llegamos así a una concepción de la relación entre religión y ciencia muy distinta de la habitual. Cuando uno enfoca la cuestión históricamente, tiende a considerar ciencia y religión antagonistas irreconciliables, y por una razón de lo más evidente. El individuo que está totalmente imbuido de la aplicación universal de la ley de la causalidad no puede ni por un instante aceptar la idea de un ser que interfiera en el curso de los acontecimientos..., siempre, claro está, que se tome la hipótesis de la causalidad verdaderamente en serio. Para él no tiene ningún sentido la religión del miedo y lo tiene muy escaso la religión moral o social. Un Dios que premia y castiga es inconcebible para él por la simple razón de que las acciones del hombre vienen determinadas por la necesidad, externa e interna, de tal modo que no puede ser responsable, a los ojos de Dios, lo mismo que un objeto inanimado no lo es de los movimientos que ejecuta. Se ha acusado, por ello, a la ciencia de socavar la moral, pero la acusación es injusta. La conducta ética de un hombre debería basarse en realidad en la compasión, la educación y los lazos y necesidades sociales; no hace falta ninguna base religiosa. Triste sería la condición del hombre si tuviese que contenerse por miedo al castigo y por la esperanza de una recompensa después de la muerte.

Resulta sencillo, por tanto, comprender por qué las iglesias han combatido siempre a la ciencia y perseguido a los que se consagran a ella. Por otra parte, yo sostengo que el sentimiento religioso cósmico es el motivo más fuerte y más noble de la investigación científica. Solo quienes entienden los inmensos esfuerzos y, sobre todo, esa devoción sin la cual sería imposible el trabajo innovador en la ciencia teórica, son capaces de captar la fuerza de la única emoción de la que puede surgir tal empresa, siendo como es algo alejado de las realidades inmediatas de la vida. ¡Qué profundas debieron de ser la fe en la racionalidad del universo y el ansia de comprender, débil reflejo de la razón que se revela en este mundo, de Kepler y

Newton como para que consagraran años de trabajo solitario a desentrañar los principios de la mecánica celeste! Aquellos cuyo contacto con la investigación científica se deriva principalmente de sus resultados prácticos es fácil que se hagan una idea totalmente errónea de la mentalidad de los hombres que, en un mundo escéptico, han mostrado el camino a espíritus similares a ellos, esparcidos a lo largo y ancho del mundo y de los siglos. Solo quien ha dedicado su vida a fines similares puede tener idea clara de lo que inspiró a esos hombres y les dio la fuerza necesaria para mantenerse fieles a su objetivo a pesar de innumerables fracasos. Es el sentimiento religioso cósmico lo que proporciona esa fuerza al hombre. Un contemporáneo ha dicho, con sobrada razón, que en estos tiempos materialistas que vivimos los únicos profundamente religiosos son los investigadores científicos serios.

CRISTIANISMO Y JUDAÍSMO

Mein Weltbild, Querido Verlag, Amsterdam, 1934.

Si se separan del judaísmo a los profetas y del cristianismo tal como lo enseñó Jesucristo todas las adiciones posteriores, en especial las del clero, nos quedaríamos con una doctrina capaz de curar a la humanidad de todos sus males sociales.

Es deber de todo hombre de buena voluntad luchar en su propio ámbito de acción para hacer que esas enseñanzas de tanto valor humanitario se conviertan en una fuerza viva. Si consigue que sus intentos honestos en este sentido no sucumban a los embates de

sus contemporáneos, podrá considerarse a sí mismo afortunado, tanto como a la comunidad a la que pertenece.

EL ESPÍRITU RELIGIOSO DE LA CIENCIA

Mein Weltbild, Querido Verlag, Amsterdam, 1934.

Difícilmente encontraréis entre los talentos científicos más profundos, uno solo que carezca de un sentimiento religioso propio. Pero es algo distinto a la religiosidad del lego. Para este último, Dios es un ser de cuyos cuidados uno espera beneficiarse y cuyo castigo teme; una sublimación de un sentimiento similar al del hijo hacia el padre, un ser con quien uno mantiene, como si dijésemos, una relación personal, aunque pueda estar profundamente teñida de temor reverente.

Pero el científico está imbuido del sentimiento de la causalidad universal. Para él, el futuro es algo tan inevitable y determinado como el pasado. En la moral no hay nada divino; es un asunto puramente humano. Su sentimiento religioso adquiere la forma de un asombro extasiado ante la armonía de la ley natural, que revela una inteligencia de tal superioridad que, comparados con ella, todo el pensamiento y todas las acciones de los seres humanos no son más que un reflejo insignificante. Este sentimiento es el principio rector de su vida y de su obra, en la medida en que logre liberarse de los grilletes del deseo egoísta. Es sin lugar a dudas algo estrechamente emparentado con lo que dominó a los genios religiosos de todas las épocas.

RELIGIÓN Y CIENCIA: ¿IRRECONCILIABLES?

Respuesta a una felicitación enviada por el Liberal Ministers' Club of New York City. Publicada en *The Christian Register*, junio de 1948.

¿Existe en verdad una contradicción insuperable entre religión y ciencia? ¿Puede la ciencia suplantar a la religión? A lo largo de los siglos, las respuestas a estas preguntas han dado lugar a considerables polémicas y, más aún, a luchas denodadas. Sin embargo, no me cabe duda alguna de que una consideración desapasionada de ambas cuestiones solo puede llevarnos a una respuesta negativa. Lo que complica la cuestión es, sin embargo, el hecho de que mientras la mayoría coincide fácilmente en lo que se entiende por «ciencia», suele diferir en el significado de «religión».

Respecto a la ciencia, podemos muy bien definirla para nuestros propósitos como «pensamiento metódico encaminado a la determinación de conexiones normativas entre nuestras experiencias sensoriales». La ciencia produce de modo inmediato conocimiento y de modo indirecto medios de acción. Lleva a la acción metódica si previamente se establecen objetivos definidos. Pero la función de establecer objetivos y de definir juicios de valor trasciende sus funciones. Si bien es cierto que la ciencia, en la medida en que capta conexiones causales, puede llegar a conclusiones importantes sobre la compatibilidad o incompatibilidad de objetivos y valoraciones, las definiciones independientes y fundamentales respecto a objetivos y valores quedan fuera de su alcance.

En lo que respecta a la religión, por otra parte, suele haber acuerdo general de que su campo abarca objetivos y valoraciones y, en general, la base emotiva del pensamiento y las acciones de los seres humanos, en la medida en que no estén predeterminados por la inalterable estructura hereditaria de la especie. La religión aborda la actitud del hombre hacia la naturaleza en su conjunto, estableciendo ideales para la vida individual y comunitaria, y para las mutuas relaciones humanas. Y la religión intenta alcanzar esos ideales ejerciendo una influencia educadora en la tradición por la elaboración y difusión de determinados pensamientos y narraciones fácilmente accesibles (epopeyas y mitos) capaces de influir en la valoración y la acción dentro del marco de los ideales afectados.

Es este contenido mítico, o más bien simbólico, de las tradiciones religiosas el que suele chocar con la ciencia. Ocurre esto siempre que este conjunto de ideas religiosas contiene afirmaciones dogmáticamente establecidas sobre temas que pertenecen al campo de la ciencia. Resulta de vital importancia, en consecuencia, para preservar la verdadera religión, que se eviten tales conflictos cuando surjan en temas que, en realidad, no son esenciales para la consecución de los objetivos religiosos.

Cuando consideramos las diversas religiones existentes en cuanto a su esencia básica, es decir, si las desnudamos de sus mitos, no me parece que difieran tan fundamentalmente como quieren que creamos los defensores de la teoría «relativista» o convencional. Y esto no tiene por qué sorprendernos. Las actitudes morales de un pueblo que se apoya en la religión han de ir siempre encaminadas al objetivo de preservar y fomentar la salud y la vitalidad comunitarias y las de los miembros de la comunidad, porque, si no, la comunidad perecería. Un pueblo que honrase la falsedad, la difamación, el fraude y el asesinato no podría subsistir mucho tiempo.

Pero cuando nos enfrentamos con un caso concreto, no es tarea fácil determinar claramente lo que es deseable y lo que debería evitarse, es algo tan difícil como definir qué es exactamente lo que hace que un cuadro o una sinfonía sean buenos. Es algo mucho más fácil de apreciar de modo intuitivo que mediante la comprensión racional. Asimismo, los grandes maestros morales de la humanidad fueron, en cierto modo, genios artísticos del arte de vivir. Además de los preceptos más elementales, nacidos directamente del deseo de mantener la vida y de evitar sufrimientos innecesarios, hay otros a los que concedemos considerable importancia, aunque en apariencia no sean del todo mensurables según las normas básicas. ¿Debe buscarse, por ejemplo, la verdad incondicionalmente aun cuando obtenerla y hacerla accesible a todos pudiese entrañar grandes sacrificios en esfuerzos y felicidad? Hay muchas cuestiones de este cariz que no pueden tener solución fácil desde una favorable posición racional, o que no tienen respuesta posible. Sin embargo, yo no creo que sea correcto el llamado punto de vista «relativista», ni siquiera en el caso de las decisiones morales más sutiles.

Si consideramos las condiciones de vida actuales de la humanidad civilizada de nuestra época, aun desde el punto de vista de las normas religiosas más elementales, hemos de sentir sin duda una desilusión profunda y dolorosa ante lo que se nos ofrece. Pues mientras la religión prescribe amor fraterno en las relaciones entre individuos y grupos, el escenario actual más parece un campo de batalla que una orquesta. El principio rector es, en todas partes, tanto en la vida económica como en la política, la lucha implacable por el éxito a expensas del prójimo. Este espíritu competitivo predomina incluso en escuelas y universidades y, destruyendo todos los sentimientos de cooperación y fraternidad, concibe el triunfo no como derivado del amor al trabajo fecundo y concienzudo, sino como algo que nace de la ambición personal y del miedo al rechazo.

Hay pesimistas que sostienen que esta situación es algo inevitable, inherente a la naturaleza de los seres humanos. Los que proponen estos puntos de vista son los auténticos enemigos de la religión; sostienen implícitamente que las doctrinas religiosas son ideales utópicos no aptos para regir los asuntos humanos. El estudio de las normas sociales de ciertas culturas llamadas primitivas parece haber demostrado patentemente, sin embargo, que este punto de vista derrotista carece por completo de base. Todo el interesado por este problema, un problema crucial en el estudio de la religión en cuanto tal, debería leer lo que nos dice del pueblo indio el libro *El hombre y la cultura* de Ruth Benedict. Al parecer, estas tribus han logrado, bajo las condiciones de vida más duras, el difícil objetivo de liberar a sus miembros de la presión del espíritu competitivo e inculcarles una forma de vida basada en la moderación y la cooperación, libres de presiones externas y sin ninguna restricción de la felicidad.

La interpretación de la religión que se expone aquí implica una subordinación a la actitud religiosa por parte de la ciencia; relación que, en esta época nuestra predominantemente materialista, se menosprecia con demasiada facilidad. Si bien es cierto que los resultados científicos son por completo independientes de consideraciones morales o religiosas, no hay duda de que todos los individuos a los que debemos los grandes descubrimientos fecundos de la ciencia estaban imbuidos de la convicción, genuinamente religiosa, de que este universo nuestro es algo perfecto y susceptible de un análisis racional. Si esta convicción no hubiese sido una convicción vigorosamente emotiva y si esta búsqueda de conocimiento no se hubiese inspirado en el *Amor Dei Intellectualis,* difícilmente habrían podido desplegar esa devoción infatigable que es lo único que permite al hombre alcanzar sus mayores triunfos.

Las tres primeras charlas fueron pronunciadas en Estados Unidos entre 1931 y 1932; la cuarta es anterior: pertenece al tiempo de su regreso a Berlín, en 1921; en tanto que la quinta, la más reciente, se sitúa en el contexto de su afincamiento en Princeton (1933). Todas fueron publicadas en *Mein Weltbild*, Querido Verlag, Amsterdam, 1934.

I

Hace diez años, cuando por primera vez tuve el placer de dirigirme a ustedes para hablar en favor de la causa sionista, casi todas nuestras esperanzas estaban aún puestas en el futuro. Hoy podemos contemplar esos diez años con alegría, porque en este período los esfuerzos aunados de todo el pueblo judío han realizado con éxito una espléndida tarea de reconstrucción en Palestina, una labor que sin duda excede todo lo que nos habíamos atrevido a esperar en aquel comienzo.

También hemos sido capaces de soportar con firmeza la dura prueba a la que nos han sometido los acontecimientos de los últimos años. El trabajo incesante apoyado por una noble finalidad lleva siempre al éxito. Las últimas declaraciones del gobierno británico indican que se ha vuelto a una concepción más justa de nuestro caso; y por esto expresamos públicamente nuestra gratitud.[1]

---

1. Los escritos de Einstein en torno a Palestina se enmarcan en el período del conocido como Mandato Británico y hacen referencia a los sucesos ocurridos en esos años tras la Primera Guerra Mundial y la partición del Imperio Otomano, la Sociedad de Naciones entregó la administración de ese territorio al Reino Unido, que ejerció su «mandato» entre 1922 y 1948. Las disputas por la tierra y las tensiones entre árabes y judíos se sucedieron desde el principio y fueron muy violentas en 1929 y entre 1936 y 1939. En ese momento, el fuerte incremento de la inmigra-

Pero no debemos olvidar jamás lo que esta crisis nos ha enseñado: el establecimiento de relaciones satisfactorias entre los judíos y los árabes no es asunto de Inglaterra, sino de nosotros mismos. Nosotros —es decir, los árabes y los judíos— debemos elaborar de común acuerdo las líneas fundamentales de un entendimiento ventajoso que satisfaga las necesidades de ambos pueblos. Una solución justa y digna para las dos partes, no es un objetivo menos importante que el trabajo de reconstrucción. Recordemos que Suiza representa un elevado nivel de desarrollo político —mayor que el de otras naciones— porque se ha visto obligada a resolver serios problemas políticos antes de que pudiera edificarse una comunidad estable, sobre la base de diversos grupos nacionales.

Mucho es lo que queda por hacer, pero al menos una de las finalidades de Herzl ya ha sido lograda: el asunto palestino ha dado al pueblo judío un asombroso grado de solidaridad y el optimismo sin el cual ningún organismo puede llevar una vida sana. Quien quiera verlo no tiene más que abrir los ojos.[2]

---

ción judía, causada por quienes huían del antisemitismo y el nazismo en Alemania, provocó el malestar de la población árabe y dio pie a la llamada «Gran Revuelta». Solo en 1937 la Comisión Peel propondría una partición del territorio entre zonas árabes y judías, propuesta que, sin embargo, acabó rechazada por ambas partes. Con posterioridad a la Segunda Guerra Mundial la ONU, sucesora de la Sociedad de Naciones, volvería a tomar cartas en el asunto para crear el UNSCOP (Comité especial de las Naciones Unidas para Palestina) y acabar elaborando el plan de partición que finalizó con la formación del Estado de Israel en 1947. En su declaración, el nuevo país llamaba a los árabes que vivían en su territorio a «preservar la paz y participar en la construcción del Estado, siendo reconocidos como ciudadanos de pleno derecho, con opción a ser representados en todas las instituciones provisionales y permanentes».

2. Theodor Herzl (1860-1904), periodista y escritor austrohúngaro, es considerado uno de los grandes fundadores del sionismo político moderno. Creó la Organización Sionista Mundial (1897), entre cuyas declaraciones recogía el derecho de todos los judíos del mundo a vivir en Israel y el llamamiento a unirse y organizarse a través de medios locales e internacionales que fortalecieran el sentimiento y la conciencia nacional judía.

Todo cuanto hagamos en bien del propósito comunitario redunda no solo en beneficio de nuestros hermanos de Palestina, sino del bienestar y el honor de todo el pueblo judío.

II

Hoy nos hemos reunido para traer a la memoria de los miembros de nuestra milenaria comunidad el recuerdo de nuestro destino y de nuestros problemas. La nuestra es una comunidad poseedora de una tradición moral, que siempre ha demostrado su fuerza y su vitalidad en tiempos de prueba. En todas las épocas ha producido hombres que representaron la conciencia del mundo occidental, defensores de la dignidad humana y de la justicia.

En la medida en que nosotros mismos nos preocupemos por ella, nuestra comunidad continuará existiendo para beneficio de la humanidad, a pesar de carecer de una organización propia. Hace unas décadas, un grupo de hombres de gran clarividencia, entre los que destacaba el inolvidable Herzl, llegó a la conclusión de que necesitábamos un centro espiritual para salvaguardar nuestro sentimiento de solidaridad en tiempos difíciles. Así surgió la idea del sionismo y se inició el trabajo de asentamiento en Palestina, la estupenda realización de cuyo éxito —al menos en este prometedor comienzo— hemos podido ser testigos.

Para mi gran alegría y satisfacción, he tenido el privilegio de observar cuánto ha contribuido este logro a la feliz convalecencia del pueblo judío: porque, por ser minoritarios en las naciones que habitan, los judíos están expuestos no solo a peligros exteriores, sino también a otros, internos, de naturaleza psicológica.

La crisis que la obra de construcción ha tenido que confrontar en los últimos años nos ha perjudicado y todavía no ha sido completamente superada. Pero las últimas noticias señalan que el mundo, y en especial el gobierno británico, están dispuestos a reconocer los grandes principios que son la base de nuestra lucha por el ideal sionista. Brindemos un recuerdo lleno de gratitud a Weizmann, cuyo celo y circunspección han contribuido al éxito de esta buena causa.[3]

Las dificultades por las que hemos atravesado han traído, con todo, algo bueno. Nos han demostrado la fortaleza del nexo que une a los judíos de todos los países en un destino común. La crisis también ha aclarado nuestra manera de ver la cuestión de Palestina, limpiándola de los sedimentos del nacionalismo. Se ha proclamado de manera muy clara que no intentamos crear una sociedad política; el nuestro, según la antigua tradición del judaísmo, es un objetivo cultural en la más amplia acepción de la palabra. De modo que a nosotros nos corresponde resolver el problema de vivir junto a nuestros hermanos los árabes de una manera abierta, generosa y digna. Aquí tenemos una oportunidad de demostrar lo que hemos aprendido en los milenios de nuestro martirio. Si elegimos el recto camino, triunfaremos y ofreceremos un magnífico ejemplo al resto del mundo.

Todo lo que hagamos por Palestina, lo hacemos también por el honor y el bienestar de todo el pueblo judío.

III

Me complace esta oportunidad de dirigir unas palabras a la juventud de este país, que se muestra favorable a los objetivos comuni-

---

3. Jaim Weizmann (1874-1652) fue un importante dirigente sionista británico. Líder del Movimiento Sionista, supo promover la acción diplomática, logró movilizar grandes apoyos en favor de su causa y acabó siendo nombrado primer presidente del Estado de Israel en 1948.

tarios del judaísmo. No os descorazonéis por las dificultades que surgen cada día en Palestina. Esas cosas sirven para poner a prueba la voluntad de vivir de nuestra comunidad.

Ciertos procedimientos y declaraciones de la administración inglesa han sido criticados con justicia. Sin embargo, no debemos permitir que las cosas queden así: es necesario que extraigamos una lección de esta experiencia.

Es imprescindible que prestemos una atención especial a nuestras relaciones con los árabes. Si las cultivamos con cuidado, en el futuro estaremos en condiciones de impedir que surjan tensiones muy peligrosas; capaces de ser utilizadas para provocar actos de hostilidad. Esta meta está a nuestro alcance, porque nuestro trabajo de construcción se ha ejecutado (y debe seguir ejecutándose) de modo que también sirva a los verdaderos intereses del pueblo árabe.

De esta manera no nos veremos obligados a caer tan a menudo en la necesidad —desagradable para los judíos y también para los árabes— de tener que apelar al arbitraje de la potencia mandataria. Por ende, no podemos remitirnos tan solo a los dictados de la Providencia; hemos de acudir asimismo a nuestras tradiciones, que dan sentido y estabilidad a la comunidad judía. La nuestra jamás ha sido una comunidad política y jamás deberá serlo; esto constituye la única y continua fuente de donde se pueden extraer nuevas energías y el único ámbito dentro del cual se puede justificar la existencia de nuestra comunidad.

IV

Durante los últimos dos mil años, la única propiedad del pueblo judío ha sido su pasado. Esparcida por todo lo ancho del mundo, nuestra nación ha poseído como único acervo común su bien conservada tradición. Sin duda, muchos judíos han creado obras importantes pero, al parecer, el pueblo judío en su conjunto no ha tenido fuerzas para alcanzar grandes logros colectivos.

Todo esto ha cambiado ahora. La historia nos ha impuesto una noble tarea bajo la forma de una cooperación activa para construir una nueva Palestina. Eminentes personalidades de nuestro pueblo están ya trabajando con todas sus fuerzas en la materialización de este fin. Ahora se nos presenta la oportunidad de establecer focos de civilización, que todo el pueblo judío podrá considerar como suyos. Abrigamos la esperanza de erigir en Palestina un hogar para nuestra propia cultura nacional, que sirva de estímulo para despertar en Oriente Próximo una nueva vida económica y espiritual.

El objetivo que se han fijado los líderes del sionismo no es político, sino social y cultural. En Palestina, la comunidad debe hacer que se concrete el ideal de sociedad que tuvieron nuestros antepasados, tal como está descrito en la Biblia; pero al mismo tiempo, habrá de convertirse en asiento de la vida intelectual moderna, un centro espiritual para los judíos del mundo entero. De acuerdo con este criterio, establecer una universidad judía en Jerusalén constituye uno de los propósitos más importantes de la organización sionista.

En los últimos meses he viajado a los Estados Unidos para contribuir a la campaña de recolección de fondos que ayudará a edificar esa universidad. El éxito de la empresa ha sido el lógico. Gracias a la inagotable energía y al espléndido espíritu de sacrificio de los médicos judíos de América, hemos logrado reunir el dinero suficiente para la creación de una facultad de medicina y los trabajos preliminares han comenzado ya. Después de este feliz resultado, no me cabe duda de que pronto obtendremos lo necesario para establecer nuevas facultades. La facultad de medicina es antes que nada un instituto de investigación en el que se concentran los esfuerzos para hacer un país sano, tarea primordial en nuestro proyecto. La enseñanza a gran escala adquirirá importancia un poco más tarde. Dado que un buen número de científicos de elevados méritos ya ha manifestado su predisposición a aceptar contratos en esta universidad, el establecimiento de la facultad de medicina puede considerarse un hecho seguro. Puedo anunciar que se ha constituido ya un fondo especial para la universidad, totalmente independiente de los fondos generales destinados a la construcción del país. Y debo agregar que en ese fondo se han recogido sumas considerables durante estos meses, en América, gracias a la infatigable actividad del profesor Weizmann y de otros líderes sionistas y también a la respuesta generosa del espíritu de sacrificio de las clases medias. Quiero concluir con un cálido llamamiento a todos los judíos de Alemania; les pido que contribuyan en la más alta medida de sus posibilidades, a pesar de las actuales dificultades económicas, para que sea realidad la construcción de un hogar judío en Palestina. No se trata de una obra de caridad, sino de una empresa que incumbe a todos los judíos, cuyo éxito promete ser una fuente de satisfacción sin igual.

V

Para nosotros, los judíos, Palestina no representa una empresa colonial o caritativa, sino un problema de fundamental importancia para nuestro pueblo. En primer término, Palestina no es un lugar de refugio para los judíos de Europa Oriental; es la corporización del nuevo despertar del espíritu de toda la nación judía. ¿Es este el momento justo para despertar y fortalecer el sentimiento de comunidad de nuestro pueblo? Me veo obligado a contestar a esta pregunta, no llevado por mis sentimientos espontáneos, sino por razones de peso, de manera rotundamente afirmativa.

¡Echemos una mirada a la historia del pueblo judío en Alemania en los últimos cien años! Hace un siglo nuestros antepasados, con pocas excepciones, vivían en el gueto. Eran pobres, carecían de derechos políticos, estaban separados de los gentiles por la barrera de las tradiciones religiosas, las costumbres y las restricciones legales. Su desarrollo intelectual se ceñía a su propia literatura y permanecían casi ignorantes del poderoso avance que la vida intelectual en Europa había experimentado desde el Renacimiento. Aun así, ese pueblo oscuro y humilde tenía una gran ventaja con respecto a nosotros: cada uno de ellos, en cada fibra de su ser, pertenecía a una comunidad que lo absorbía completamente, de la que se sentía un miembro de pleno derecho, en parte porque esa comunidad no le exigía nada que fuese contrario a su hábito natural de pensar. Intelectual y físicamente, en aquellos días nuestros antepasados eran pobres, pero en el plano social gozaban de un equilibrio espiritual envidiable.

Vino entonces la emancipación, que de pronto abrió posibilidades insospechadas a cada persona. Algunos se forjaron con rapidez una posición en los ámbitos sociales y financieros más elevados. Llenos de interés, se acercaron a la magnificencia del arte y de las ciencias del mundo occidental. Se unieron con fervor al proceso general haciendo contribuciones de valor perdurable. Al mismo tiempo, imitaron las formas externas de vida de los gentiles, se apartaron paulatinamente de sus tradiciones sociales y religiosas y adoptaron las costumbres, maneras y hábitos de pensamiento de los gentiles. En apariencia, perdieron su identidad, sumergidos en la superioridad numérica y la alta organización de la cultura de esas naciones en las que vivían, y dieron así la impresión de que, al cabo de pocas generaciones, ya no quedarían huellas de ellos. Parecía inevitable una total desaparición de la nacionalidad judía en los países de la Europa central y occidental.

Pero el curso de los acontecimientos se alteró. Nacionalidades de distintas razas parecen tener un instinto que les impide la fusión entre sí. Por mucho que los judíos se adaptaran a los pueblos europeos entre los cuales vivían, tanto en la lengua y las costumbres como en la religión —al menos hasta cierto punto— el sentimiento de diferenciación entre unos y otros jamás desapareció. Ese sentimiento espontáneo es la causa más profunda del antisemitismo y ninguna propaganda, por bien intencionada, logrará extirparlo. Las nacionalidades quieren proseguir sus propios destinos y se niegan a toda clase de mezcla. Solo con la tolerancia y respeto mutuos puede conseguirse una situación satisfactoria.

El primer paso en esta dirección ha de ser que nosotros, los judíos, volvamos a tomar conciencia de nuestro ser nacional y recuperemos el amor propio imprescindible para una existencia plena. Debemos aprender, una vez más, a respetar a nuestros antepasados y a nuestra historia y también a asumir, como nación, tareas culturales que fortalezcan nuestro sentimiento de comunidad. No basta con que desempeñemos como individuos nuestro papel en el desarrollo cultural de la humanidad: es necesario que cumplamos tareas que solo una nación, en su conjunto, puede llevar a cabo. Por este único camino podrán los judíos recuperar su fortaleza de grupo.

Desde este punto de vista querría yo que considerásemos el movimiento sionista. Hoy la historia nos ha asignado la labor de tomar parte activa en la reconstrucción económica y cultural de nuestra tierra de origen. Algunos entusiastas, hombres de brillantes dones, han abierto el sendero y muchos excelentes representantes de nuestro pueblo están preparados para entregar sus almas y sus corazones a esta causa. ¡Que cada uno de nosotros comprenda la importancia de este esfuerzo y contribuya, de acuerdo con sus posibilidades, al éxito final!

LOS IDEALES JUDÍOS

Mein Weltbild, Querido Verlag, Amsterdam, 1934.

La búsqueda del saber por el saber mismo, un amor por la justicia casi fanático y el afán de independencia personal son los rasgos fundamentales de la tradición judía, que me hacen dar gracias a mi destino por pertenecer a ese pueblo.

Los que hoy se ensañan contra los ideales de la razón y de la libertad individual y mediante el terror tratan de establecer una esclavitud hacia el Estado carente de valor espiritual, ven en nosotros —y con razón— a sus enemigos irreconciliables. La historia nos ha impuesto muy duros combates; pero en la medida en que permanezcamos entregados con celo a nuestro amor por la verdad, la justicia y la libertad, seguiremos siendo no solo uno de los pueblos más antiguos de todos los que sobreviven, sino que, dentro del espíritu de nuestra tradición, lograremos aportar los frutos de un trabajo creativo que contribuya al ennoblecimiento de la humanidad.

¿EXISTE UNA CONCEPCIÓN JUDÍA DEL MUNDO?

Mein Weltbild, Querido Verlag, Amsterdam, 1934.

En mi opinión, desde el punto de vista filosófico, no existe una concepción del mundo judía. Creo que el judaísmo solo se preocupa por la actitud moral en la vida y hacia la vida. Considero que lo fundamental en él es una actitud hacia la vida encarnada en el pueblo judío, y que las leyes que se conservan en la Torá y que están interpretadas en el Talmud tienen menos importancia. Para mí, la Torá y el Talmud solo representan el testimonio principal de la concepción judía de la vida en tiempos antiguos.

La esencia de esta concepción se basa en una actitud afirmativa ante el fenómeno vital en su totalidad. En su manifestación individual, la vida solo tiene sentido en cuanto puede contribuir a que la vida de todo ser viviente sea más noble y más bella. La vida es sagrada, es el valor supremo al cual se subordinan todos los demás valores. El respeto por la vida supraindividual conlleva el respeto hacia todo lo espiritual, rasgo particularmente característico de la tradición judía.

El judaísmo no es un credo: el Dios de los judíos es no solamente la negación del elemento supersticioso, el resultado imaginario de su eliminación de ese elemento. También es un intento de basar el código moral en el miedo, un intento lamentable y deshonroso. Creo, sin embargo, que la vigorosa tradición moral del pueblo judío se ha liberado de ese temor, al menos en gran medida. También es evidente que el concepto de «servir a Dios» se identifica con el de «servir a los seres vivos». Los mejores hijos del pueblo judío, en especial los profetas y Jesús, han luchado sin descanso para que así fuera.

El judaísmo, pues, no es una religión trascendente; se refiere a la vida tal como la vivimos y tal como —hasta cierto punto— podemos comprenderla, y nada más. Por todo esto, considero un tanto difícil que se pueda hablar de religión en el sentido más corriente de este vocablo, en particular porque no se pide al judío la creencia en una «fe», sino la santificación de la vida en un sentido supra-personal.

No obstante, la tradición judía contiene algo más, algo que

halla una magnífica expresión en muchos de los Salmos: una suerte de alegría y un asombro desbordantes ante la hermosura y grandeza de este mundo, de la que el hombre apenas si logra formarse una mínima noción. Esta alegría es el sentimiento del que la verdadera investigación científica obtiene su sustento espiritual y que también parece estar presente en el canto de los pájaros. Unir este sentimiento con la idea de Dios parece un simple despropósito infantil.

¿Lo que he expuesto constituye algo propiamente distintivo del judaísmo? ¿Lo podemos hallar en cualquier otro pueblo, bajo otro nombre? En su forma pura, no se lo puede hallar en ninguna otra parte, ni siquiera en el propio judaísmo, donde la doctrina pura está oscurecida por el excesivo respeto por la letra. A pesar de esto, creo que el judaísmo es una de las más puras y vigorosas manifestaciones de esa actitud, especialmente referida al principio fundamental de la santificación de la vida.

Es bien característico que los animales hayan sido expresamente incluidos en el mandamiento de santificar el sabbat, en vista del vigor del sentimiento de solidaridad entre todos los seres vivientes. Más insistente es aún la solidaridad de todos los seres humanos y no es mero azar el hecho de que las reivindicaciones del socialismo hayan sido planteadas, inicialmente, sobre todo por judíos.

El poderoso sentimiento de la santidad de la vida, en el pueblo judío, está admirablemente resumido en una frase que Walter Rathenau dijera, cierta vez, durante una de nuestras conversaciones: «Si un judío dice que va a cazar para divertirse, está mintiendo». No hay modo más sencillo de expresar el sentimiento judío ante la santidad de la vida.

ANTISEMITISMO Y JUVENTUD ACADÉMICA

Mein Weltbild, Querido Verlag, Amsterdam, 1934.

Mientras vivimos en el gueto, nuestra nacionalidad judía significó dificultades materiales y, algunas veces, peligro físico, pero ninguna clase de problemas sociales o psicológicos. Al emanciparnos, nuestra posición ha cambiado, en especial la de los judíos que se han dedicado a profesiones intelectuales.

En el colegio y en la universidad el joven judío está expuesto a la influencia de una sociedad con un definido matiz nacional, a la que él respeta y admira, de la que recibe su sustento intelectual y a la que cree pertenecer. Pero, por otra parte, esa sociedad lo considera como extranjero e incluso lo trata con cierto desprecio y hostilidad. Impulsado, más que por consideraciones utilitarias, por la sugestiva influencia de esta superioridad psicológica, el joven judío vuelve la espalda a su pueblo y a sus tradiciones y prefiere considerarse completamente integrado; al mismo tiempo, trata de ocultar, a sí mismo y a los demás, el hecho de que la relación no sea recíproca.

¡Así nace esa patética criatura de ayer y de hoy, el funcionario judío converso, *Geheimrat!* En la mayoría de casos no es la ambición ni la falta de carácter lo que le impulsa; como ya he dicho otras veces, es el poder de sugestión de un entorno más poderoso por su número y por su influencia. Este joven sabe, desde luego, que muchos hijos admirables del pueblo judío han realizado contribuciones importantes a la gloria de la civilización europea. ¿Pero su conducta no fue la misma, con muy pocas excepciones, que la suya?

En este caso, como en tantas otras enfermedades psíquicas, el remedio consiste en un claro conocimiento de la naturaleza y las causas del mal. Debemos tener conciencia de nuestra condición de forasteros y extraer de ello las lógicas conclusiones. Es inútil tratar de convencer a los demás acerca de nuestra igualdad espiritual e intelectual con argumentos racionales, cuando la actitud de esa otra gente no se origina en el intelecto. Lo pertinente es que nos emancipemos en el plano social, que podamos subvenir a nuestras propias necesidades sociales más importantes. Es necesario que establezcamos nuestras propias asociaciones estudiantiles y que adoptemos una actitud de cortés pero firme reserva ante los gentiles. Vivamos según nuestras propias costumbres, sin imitar las propias de bebedores y camorristas, extrañas a nuestra naturaleza. Es posible ser un europeo civilizado y, a la vez, un buen ciudadano, sin dejar de ser un judío consciente que ama su condición y honra a sus padres. Si recordamos esto y obramos de acuerdo con este criterio, el problema del antisemitismo, en la medida en que sea de naturaleza social, estará resuelto para nosotros.

PALESTINA TRABAJADORA

Mein Weltbild, Querido Verlag, Amsterdam, 1934.

Entre las organizaciones sionistas, la que agrupa a la fuerza trabajadora es aquella que más beneficia a la gente más valiosa de entre quienes allá viven, la que está transformando los desiertos en verdaderos vergeles mediante el trabajo de sus manos. Estos trabajadores voluntarios son la élite de la nación judía, una selección de personas fuertes, llenas de fe y de altruismo. No son obreros ignorantes que venden su capacidad laboral al mejor postor, sino hombres cultos y libres, que llevan a cabo una lucha pacífica en una tierra abandonada; de ese esfuerzo toda la nación judía ha de beneficiarse, en forma directa e indirecta. En la medida de nuestras posibilidades debemos aligerar el peso de esa carga, porque de tal manera estaremos protegiendo valiosas vidas humanas. Esa lucha de quienes van a establecerse como primeros colonos en una tierra aún inhabitable es difícil e implica peligros y sacrificios personales muy duros. Solo quien haya visto todo aquello con sus propios ojos puede comprender cuánta verdad hay en estas afirmaciones. Quien contribuya también al mejoramiento del equipo de trabajo de esos hombres está sumando en un momento crucial.

Tan solo esta clase trabajadora podrá establecer unas relaciones sanas con los árabes, y esta es la tarea política más importante del sionismo. Las administraciones van y vienen y son las relaciones humanas las que, en última instancia, determinan el equilibrio en la vida de las naciones. Por lo tanto, apoyar las actividades de la Palestina trabajadora significa promover una política humana y meritoria en Palestina y oponerse de manera eficaz a esas corrientes de estrecho nacionalismo que generan problemas para todo el mundo político y, en menor grado, para el diminuto mundo político de los asuntos palestinos.

NUESTRA DEUDA CON EL SIONISMO

De un discurso pronunciado con motivo de la celebración del Tercer Séder del Comité Nacional de Trabajo para Palestina, en el Commodore Hotel en la ciudad de Nueva York, el 17 de abril de 1938. Publicado en *New Palestine*, Washington, D. C., 28 de abril de 1938.

Desde la conquista de Jerusalén por Tito, pocas veces la comunidad judía ha experimentado un período de mayor opresión que el actual. Desde luego que, en ciertos aspectos, nuestra época nos enfrenta con problemas aún más terribles, porque las posibilidades de emigración son más limitadas que entonces.

No obstante, sobreviviremos también a este período, por muchos que sean los sinsabores, por innumerables que sean las vidas que se pierdan. Una comunidad como la nuestra —que solo lo es en función de sus tradiciones— se fortalece únicamente por la presión que le llega desde fuera. Ahora mismo cada judío sabe que ser judío significa sobrellevar una seria responsabilidad no solo ante su comunidad, sino también ante la humanidad toda. Después de todo, ser judío significa, en primer lugar, reconocer y poner en práctica los fundamentos de la idea de humanidad que la Biblia nos propone; unos fundamentos sin los cuales no puede existir una comunidad de hombres feliz y sana.

Hoy nos hemos reunido para mostrar nuestra preocupación por la reconstrucción de Palestina. En nuestra situación, una cosa debe destacarse en especial: el pueblo judío ha contraído una deuda de gratitud con el sionismo. El movimiento sionista ha revivido entre los judíos el sentimiento comunitario, y ha llevado a cabo un esfuerzo que supera todas las expectativas. Ese eficaz esfuerzo en Palestina, al que han contribuido judíos de todo el mundo, animados por un gran espíritu de sacrificio, ha salvado de la indigencia a un gran número de nuestros hermanos. En particular, ha sido posible dirigir una buena parte de nuestra juventud hacia una vida de trabajo creativo y gozoso.

Ahora, la ominosa enfermedad de nuestros tiempos —el nacionalismo exagerado, nutrido por un odio ciego— ha llevado nuestro trabajo en Palestina a una situación difícil. Los campos que se cultivan durante el día deben tener protección armada durante la noche, a causa de los ataques de bandidos árabes fanáticos. Toda la vida económica sufre de esta inseguridad. El espíritu de empresa languidece y surge un cierto nivel de desempleo (modesto, si se compara con la tasa americana).

Merece nuestra admiración la solidaridad y la confianza con que nuestros hermanos de raza confrontan estas dificultades en el suelo palestino. Las contribuciones voluntarias de quienes no están en paro mantienen a todos. La moral permanece elevada, gracias a la convicción de que la razón y la calma se impondrán en última instancia. Todos sabemos que los disturbios callejeros son artificialmente fomentados por quienes se interesan en provocarnos problemas, a nosotros y a Inglaterra. Todos sabemos que el bandolerismo desaparecería si le faltaran los subsidios que llegan desde el exterior.

En otros países nuestro pueblo no va a la zaga de quienes trabajan en Palestina. Nadie ha perdido el ánimo: con resolución y firmeza se hará todo lo necesario para llevar adelante la labor común. Esto no hay ni que decirlo.

Quiero agregar unas pocas palabras, a título personal, acerca de la cuestión de las fronteras. Desearía que se llegase a un acuerdo razonable con los árabes, sobre la base de una vida pacífica en común; me parece que esto sería preferible a la creación de un Estado judío. Más allá de las consideraciones prácticas, mi idea acerca de la naturaleza esencial del judaísmo se resiste a forjar la imagen de un Estado judío con fronteras, un ejército y cierta cantidad de poder temporal, por mínima que sea. Me atemorizan los riesgos internos que se derivarían de tal situación para el judaísmo; en especial los que surjan del desarrollo de un nacionalismo estrecho dentro de nuestras propias filas, contra el que ya hemos debido pelear con energía, aun sin la existencia de un Estado judío. Ya no somos los judíos de tiempos de los Macabeos. Volver a ser una nación en el sentido político de la palabra sería equivalente a desviarnos de la espiritualización de nuestra comunidad, de aquel legado del genio de nuestros profetas. Si las necesidades externas nos obligaran a aceptar esa carga, tendríamos que hacerlo apelando al tacto y a la paciencia.

Una última palabra acerca de la actual actitud psicológica del mundo entero, al que nuestro destino está ligado. El antisemitismo ha sido siempre el más barato de los medios empleados por minorías egoístas para engañar al pueblo. Una tiranía basada en ese engaño y mantenida mediante el terror ha de perecer, inevitablemente, por el veneno que ella misma genera en su interior. La presión de la injusticia acumulada vigoriza las fuerzas morales del hombre, aquellas que conducen a la liberación y a la purificación de la vida pública. ¡Que a través de su sufrimiento y su labor nuestra comunidad pueda contribuir al surgimiento de esas fuerzas liberadoras!

LOS JUDÍOS DE ISRAEL

De una audición radiofónica para la organización United Jewish Appeal, emitida el 27 de noviembre de 1949. Publicado en *Out of My Later Years*, Philosophical Library, Nueva York, 1950.

Para nosotros, los judíos, no hay problema de tan abrumadora importancia como la consolidación de lo que se ha llevado a cabo en Israel con asombrosa energía e inigualable espíritu de sacrificio. La alegría y la admiración nos colman cuando pensamos en ese pequeño grupo de personas enérgicas y reflexivas que tantas cosas ha realizado; nuestro anhelo es que ese sentimiento nos dé fuerzas para aceptar la gran responsabilidad que las circunstancias actuales han puesto sobre nosotros.

Al evaluar lo realizado, sin embargo, no nos permitamos perder de vista la causa que ha inspirado esa realización: el rescate de nuestros hermanos en peligro, dispersos en muchos países y que así se podrán reunir en Israel; la creación de una comunidad que esté tan cercana como sea posible a los ideales éticos de nuestro pueblo, tal como se han ido formando a lo largo de una prolongada historia.

Uno de esos ideales es el de la paz, basado en la comprensión, la ecuanimidad y la no violencia. Si bien estamos compenetrados por este ideal, nuestra alegría se mezcla con cierta tristeza porque nuestras relaciones con los árabes, en estos momentos, se apartan de esa vía. Tal vez podríamos haberlo conseguido si se nos hubiera permitido construir, sin interferencias, las relaciones con nuestros vecinos, porque nosotros *queremos* la paz y comprendemos que nuestro desarrollo futuro depende de ella.

Nosotros y nuestros vecinos hemos tenido menos culpa que las organizaciones internacionales por el hecho de que no se lograra establecer una Palestina unida, en la cual judíos y árabes vivieran como iguales, libres y en paz. Si una nación domina a otras naciones —como ha sido el caso del protectorado británico en Palestina—, es difícil que logre evitar aquello que aconseja el conocido aforismo: *Divide et Impera*. En lenguaje llano esto significa: crea la discordia entre el pueblo gobernado para que no se una y no pueda sacudirse el yugo que se le ha impuesto. Pues bien: el yugo ha desaparecido, pero la semilla de la discordia ha dado sus frutos y seguirá ocasionando daños durante algún tiempo..., esperemos que no demasiado largo.

Los judíos de Palestina no luchan para lograr una independencia política para sí mismos, sino que quieren hacer posible la libre inmigración de los judíos de muchos países, porque sus vidas están en peligro. Y también quieren que haya inmigración libre para todos aquellos que anhelan vivir entre los suyos. No hay exageración al decir que esos hombres luchan para hacer realidad un sacrificio tal vez único en la historia.

No hablo de la pérdida de vidas y propiedades ocurrida en la lucha contra un adversario muy superior numéricamente, ni me refiero al agotador esfuerzo que es compañero inevitable del primer colono de una comarca árida e inhóspita. Pienso en el sacrificio adicional que ha de hacer un pueblo que vive en tales condiciones, para recibir al cabo de dieciocho meses un aflujo de inmigrantes que representa más de una tercera parte del total de la población judía del país. Para comprender el alcance de todo esto basta con pensar en una proeza similar por parte de los judíos americanos. Supongamos que no hubiera leyes que limitasen la inmigración a los Estados Unidos; imaginemos que los judíos de este país se ofrecieran voluntariamente a recibir a más de un millón de judíos de otras naciones dentro del plazo de un año y medio, a cuidar de ellos y a integrarlos en nuestra economía. Esto sería una empresa de enorme valor, pero aun así demandaría mucho menos esfuerzo que el que han tenido que realizar nuestros hermanos en Israel. Porque los Estados Unidos son un país fuerte, grande y fértil, poco poblado, con un alto nivel de vida y una capacidad productiva muy desarrollada, a diferencia de Palestina, la pequeña Palestina judía, cuyos habitantes —sin el peso adicional de una inmigración masiva— llevan una vida dura y frugal, amenazada por los ataques de los enemigos. Pensemos en las privaciones y sacrificios personales que este acto voluntario de amor fraternal implica para los judíos de Israel.

Los medios económicos de la comunidad judía en Israel no bastan para llevar a buen puerto esta empresa tremenda. De un total de más de trescientas mil personas que han emigrado hacia Israel desde mayo de 1948, cien mil se encuentran sin trabajo ni techo. Muchos han tenido que ser ubicados en tiendas de campaña, en condiciones que deben ser motivo de nuestra constante preocupación.

No podemos permitir que esa tarea magnífica se desvirtúe porque los judíos de este país no brindan la ayuda suficiente, con la necesaria premura. Creo que todos los judíos nos encontramos ahora ante un precioso regalo: la oportunidad de tomar parte activa en esa labor extraordinaria.

Parte 3

DEFENSA DE LA

PAZ Y LA LIBERTAD

INTRODUCCIÓN

La firme y vehemente defensa de la paz y la libertad en casi cualquier ámbito otorgaron al científico una inusitada proyección internacional. Ante las primeras persecuciones de algunos profesores a manos de los nacionalistas nazis, Einstein protesta públicamente, defiende la libertad de expresión a toda costa y critica a los académicos incapaces de denunciar tales tropelías. Esto dará pie no solo a su salida de la Academia Prusiana de Ciencias —la que con tanto orgullo le había abierto las puertas en 1913 (véase p. 207)— sino también al exilio. «Solo viviré en un país en el que haya libertades políticas, tolerancia e igualdad de todos los ciudadanos ante la ley (...) y estas condiciones no existen hoy en Alemania» (p. 127). Tal actitud, unida a la confianza en unos organismos internacionales que pudieran actuar como árbitros de los conflictos, lo llevará a defender fervientemente el desarme y el pacifismo activo, en la línea de Gandhi. En el entorno prebélico, ante la Conferencia de 1932, o tras la guerra, durante las conversaciones de la Sociedad de Naciones, sus reclamaciones continuarán clamando por una sociedad pacífica y desmilitarizada. Incluso después de que estallara la bomba atómica.

SOBRE LA LIBERTAD ACADÉMICA

E. J. Gumbel, profesor de la Universidad de Heidelberg, había denunciado los asesinatos políticos cometidos por los nazis alemanes y por otros miembros de la extrema derecha y a causa de ello fue violentamente atacado, sobre todo por estudiantes derechistas. Einstein se pronunció sobre el caso Gumbel en 1931. Publicado en *Mein Weltbild*, Querido Verlag, Amsterdam, 1934.

Numerosas son las cátedras universitarias, pero pocos los maestros sabios y nobles. Numerosas y grandes son las aulas, pero mucho menos numerosos los jóvenes con verdadera sed de verdad y justicia. Numerosos son los objetos de la naturaleza, pero pocos son sus productos escogidos.

Todos sabemos esto, ¿por qué nos quejamos entonces? ¿No fue siempre así, y no lo será siempre?

Desde luego, y uno debe aceptar lo que la naturaleza le ofrece. Pero existe también algo llamado el espíritu de la época, una actitud mental característica de una generación concreta, que pasa de individuo a individuo y constituye el rasgo distintivo de una sociedad. Todos hemos de poner nuestro grano de arena para cambiar este espíritu de la época.

Comparemos el espíritu que animaba a la juventud de nuestras universidades con el que prevalece hoy. Ellos tenían fe en el progreso y el perfeccionamiento de la sociedad humana, respetaban toda opinión honesta, tenían esa tolerancia por la que han vivido y luchado nuestros grandes talentos. En aquellos tiempos se luchaba por una mayor unidad política que, por entonces, se llamaba Alemania. Era en los estudiantes y en los profesores de las universidades donde estaban vivos estos ideales.

También hoy existe un anhelo de progreso social, de tolerancia y libertad de pensamiento, de una mayor unidad política, que hoy llamamos Europa. Pero los estudiantes de nuestras universidades han dejado de encarnar, como sus profesores, las esperanzas y los ideales del pueblo. Todo el que examine nuestra época con sobriedad y desapasionamiento, debe admitirlo.

Estamos hoy reunidos aquí para reflexionar sobre nosotros mismos. La razón externa de esta reunión es el caso Gumbel. Este apóstol de la justicia ha escrito sobre crímenes políticos impunes con infatigable inteligencia, un gran valor y un ejemplar sentido de la justicia, y ha hecho un señalado servicio a la comunidad con sus libros. Y este es el hombre al que intentan hoy expulsar por todos los medios los estudiantes y buen número de profesores de su universidad.[1]

Es inadmisible que llegue a este punto la pasión política. Estoy seguro de que todos los que lean los libros del señor Gumbel con espíritu abierto sacarán de ellos la misma impresión que saqué yo. Necesitamos hombres como él si queremos construir una sociedad política sana.

¡Que cada cual juzgue por sí mismo, o por sus propias lecturas, no por lo que otros le digan!

Si es así, el caso Gumbel, tras un principio nada edificante, puede resultar aún bueno y positivo.

1. Emil Julius Gumbel (1891-1966) estudió Matemáticas y Economía en la Universidad de Munich y enseñaba en la de Heidelberg. Su actitud crítica en escritos como *Vier Jahre Lüge* («Cuatro años de mentiras») o *Vier Jahre politischer Mord* («Cuatro años de asesinatos políticos») le valieron la animadversión del nacionalismo alemán. Acabó expulsado de Alemania y hubo de seguir su actividad académica en Lyon y Nueva York.

MANIFIESTO

Escrito fechado en marzo de 1933. Incluido en *Mein Weltbild*, Querido Verlag, Amsterdam, 1934.

Mientras se me permita elegir, solo viviré en un país en el que haya libertades políticas, tolerancia e igualdad de todos los ciudadanos ante la ley. La libertad política implica la libertad de expresar las propias opiniones políticas verbalmente y por escrito; la tolerancia implica el respeto por todas y cada una de las creencias individuales.

Estas condiciones no existen hoy en Alemania. Quienes más han hecho por la causa de la comprensión internacional, entre quienes se encuentran muchos artistas, sufren, en ella, persecución.

Todo organismo social puede desequilibrarse psicológicamente, tal como ocurre con los individuos, en especial en tiempos difíciles. Las naciones, por lo común, sobreviven a esas enfermedades. Tengo la esperanza de que bien pronto la normalidad vuelva a imponerse en Alemania y de que en el futuro sus grandes hombres, como Kant y Goethe, no sean recordados de cuando en cuando, sino que los principios que defendieron y enseñaron se tomen en cuenta en la vida pública y penetren en la conciencia general.

LA ACADEMIA PRUSIANA DE CIENCIAS

Mein Weltbild, Querido Verlag, Amsterdam, 1934.

Declaración de la Academia contra Einstein, 1 de abril de 1933

Con verdadera indignación, la Academia Prusiana de Ciencias ha tomado conocimiento, a través de los periódicos, de la participación de Albert Einstein en la campaña de difamación emprendida en Francia y en América. Esta institución exige una inmediata explicación. Entretanto, Einstein ha anunciado su renuncia a la Academia, aduciendo que no puede continuar al servicio del Estado prusiano bajo su presente gobierno. Como ciudadano suizo, también se propone renunciar a la nacionalidad prusiana, que había adquirido en 1913, al ser aceptado como miembro de la Academia.

La Academia Prusiana de Ciencias se siente muy molesta por las actividades de agitador que Einstein lleva a cabo en países extranjeros, pues esta institución y sus miembros siempre se han sentido hondamente ligados al Estado prusiano y, si bien en política se han mantenido estrictamente al margen de toda parcialidad partidista, han sostenido y guardado fidelidad a la idea nacional. Por estas razones no existen motivos para lamentar la renuncia de Einstein.

Por la Academia Prusiana de Ciencias,

PROFESOR DOCTOR ERNST HEYMANN[2]
Secretario Perpetuo

---

2. El jurista Ernst Heymann (1870-1946) formaba parte de la Academia de Ciencias desde 1918. En mayo de 1934 fue uno de los fundadores del Comité de Filosofía Jurídica en la Academia Nazi de Derecho Alemán.

Respuesta de Einstein a la Academia

Le Coq-sur-Mer, 5 de abril de 1933

Una fuente digna de confianza me ha informado acerca de una declaración oficial de la Academia de Ciencias, en la que se habla de «la participación de Albert Einstein en la campaña de difamación emprendida en Francia y en América».

A través de la presente declaro que jamás he tenido participación en ninguna campaña de difamación en ningún sitio, ni he visto que tal cosa existiera. Lo único habido ha sido la reproducción y comentario de las declaraciones oficiales y las órdenes de miembros responsables del gobierno alemán, junto con la publicación del programa para la aniquilación de los judíos alemanes en el terreno económico.

Las declaraciones que he brindado a la prensa estaban relacionadas con mi intención de renunciar a mi puesto en la Academia y de renunciar a la nacionalidad prusiana. Mi decisión se basa en que no quiero vivir en un país donde los individuos no gozan de igualdad ante la ley ni tampoco la libertad de cátedra y de expresión.

También he descrito la presente situación en Alemania como una enfermedad psíquica de sus masas y he hecho algunas reflexiones al respecto.

En un documento entregado a la Liga Internacional para Combatir el Antisemitismo, redactado con el propósito de obtener ayuda y no para la prensa, me he permitido apelar a los hombres que aún tienen fe en los ideales de una civilización en peligro; les he pedido que vuelquen sus mayores esfuerzos en evitar que la psicosis de masas, vistos los terribles síntomas que manifiesta hoy en Alemania, siga expandiéndose.

Hubiera sido muy sencillo para la Academia obtener una versión correcta de mis palabras antes de publicar el tipo de declaración que ha dado a conocer sobre mi persona. La prensa alemana ha reproducido una versión deliberadamente distorsionada de mis palabras: era de esperar en una prensa amordazada como la presente.

Estoy preparado para reafirmar cada una de las palabras que he publicado. A cambio, espero que la Academia haga conocer esta declaración mía a sus miembros y también al pueblo alemán, ante el cual me ha calumniado.

Dos cartas de la Academia Prusiana

Berlín, 7 de abril de 1933

Apreciado señor Profesor:

En mi carácter de actual Secretario Principal de la Academia Prusiana acuso recibo de su nota fechada el 28 de marzo, en la que anunciaba cese. Esta institución ha tomado nota de su renuncia en su sesión plenaria del 30 de marzo de 1933.

Esta Academia lamenta profundamente el giro que han tomado los acontecimientos, en especial el hecho de que un hombre de la más elevada autoridad científica, a quien muchos años de labor entre los alemanes y muchos años de pertenencia a nuestra Academia tendrían que haber familiarizado con el carácter alemán y con los hábitos de pensamiento alemanes, haya elegido este momento para asociarse con un círculo extranjero que —en gran medida, sin duda, por la ignorancia de la situación actual y de los hechos— tanto daño ha hecho a nuestro pueblo, al propalar juicios falsos y rumores infundados. Habíamos confiado en que alguien que pertenecía a nuestra Academia desde largo tiempo atrás sabría alinearse, más allá de sus propias simpatías políticas, en las filas de los defensores de nuestra nación y en contra de la avalancha de mentiras que se ha arrojado sobre ella. ¡En estos días de denuncias viles unas veces, ridículas otras, unas palabras bien intencionadas hacia Alemania, dichas por usted, hubieran tenido una amplia repercusión en el extranjero! Pero he aquí que su testimonio ha valido de apoyo para los enemigos del pueblo germano y no solo para los adversarios del gobierno actual. Esto nos ha producido una amarga y penosa desilusión que se habría traducido, aun en el caso de no haber recibido su renuncia, en su separación de la Academia.

Con nuestro mayor respeto,

VON FICKER[3]

11 de abril de 1933

La Academia quiere dejar bien sentado que su declaración del 1 de abril de 1933 no se ha basado en la prensa alemana tan solo, sino —y muy en especial— en declaraciones publicadas por periódicos franceses y belgas y a quienes el señor Einstein no ha desmentido. También obra en poder de la Academia la declaración de Einstein a la Liga para Combatir el Antisemitismo, en la que este científico deplora que Alemania haya vuelto a caer en la barbarie de tiempos pasados. Además, la Academia ha comprobado que, si bien el señor Einstein, de acuerdo con su propia declaración, no ha participado en la propaganda difamatoria, tampoco ha hecho nada por disipar las injustas sospechas y las calumnias, cosa que según el criterio de

---

3. Heinrich von Ficker (1881-1957) era profesor de meteorología en la Universidad de Berlín y director del Instituto de Meteorología pruso. En 1937 y hasta su jubilación en 1952 enseñó en Viena, donde también dirigió el ZAMG (Instituto Central de Meteorología y Geodinámica).

esta Academia era su obligación, como corresponde a uno de sus académicos más antiguos. En lugar de ello, el señor Einstein ha hecho unas declaraciones públicas —y lo que es más, en países extranjeros—, que por provenir de un hombre de reputación internacional estaban destinadas a ser malignamente utilizadas por los enemigos no solo del actual gobierno alemán, sino de todo el pueblo de Alemania.

Por la Academia Prusiana de Ciencias,

H. von Ficker
E. Heymann
Secretarios Perpetuos

Respuesta de Albert Einstein

Le Coq-sur-Mer, Bélgica, 12 de abril de 1933

He recibido la carta que ustedes me enviaron el 7 del corriente y deploro profundamente el espíritu que revela.

En cuanto a los hechos solo puedo replicar lo siguiente: su afirmación acerca de mi comportamiento es, en el fondo, una forma más de la declaración que ya habían publicado y en la que me acusaban de participar en una campaña difamatoria contra el pueblo alemán. En mi carta anterior ya he calificado de calumnia esta acusación.

Ustedes mencionan también que «unas palabras bien intencionadas» de mi parte hacia el pueblo alemán podrían haber tenido una amplia repercusión en el extranjero. A esto debo replicar que el testimonio que ustedes exigen de mí hubiera significado repudiar los principios de justicia y libertad que he sostenido durante toda mi vida. Y tal testimonio no hubiera consistido en unas palabras bien intencionadas, por utilizar la expresión que ustedes han elegido, en favor del pueblo alemán; muy por el contrario solo hubieran ayudado a quienes sostienen la causa contraria a las ideas y principios que han ganado para el pueblo alemán un lugar de honor en el mundo civilizado. Dar ese testimonio en esas circunstancias habría significado contribuir —siquiera en forma indirecta— a la corrupción moral y a la destrucción de todos los valores culturales existentes.

Por eso me he sentido obligado a renunciar a la Academia y esta última carta suya confirma el acierto de mi decisión.

LA ACADEMIA BÁVARA DE CIENCIAS

Mein Weltbild, Querido Verlag, Amsterdam, 1934.

Al profesor Albert Einstein

Munich, 8 de abril de 1933

Muy señor nuestro:

En su carta a la Academia Prusiana de Ciencias usted ha aducido como motivo de su renuncia las presentes circunstancias por las que atraviesa Alemania. La Academia Bávara de Ciencias, que le eligiera miembro correspondiente hace algunos años, también es una Academia alemana, muy cercana a la Academia Prusiana y a otras instituciones similares de Alemania. De modo que su renun-

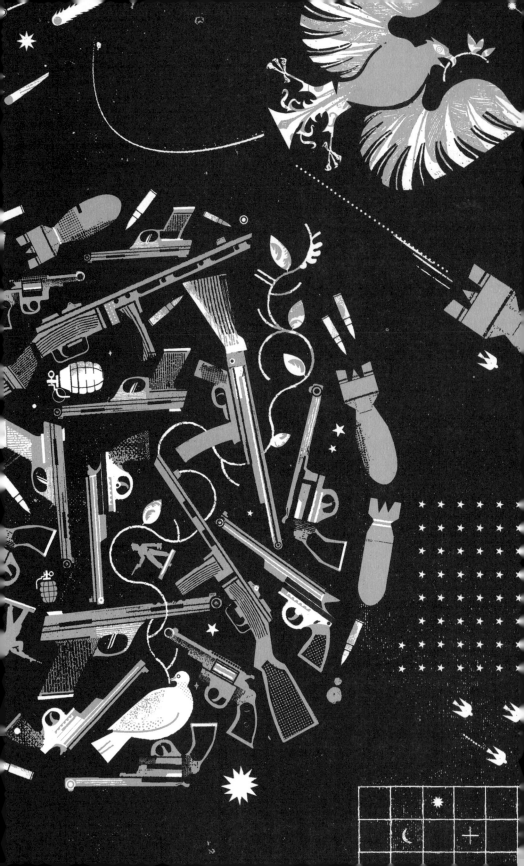

cia a la Academia Prusiana de Ciencias habrá de repercutir en sus relaciones con nuestra Academia.

Por ende, queremos saber cómo ve usted su relación con nuestra Academia después de lo ocurrido entre la Academia Prusiana y usted.

EL PRESIDENTE[4]
de la Academia Bávara de Ciencias

Respuesta de Albert Einstein

Le Coq-sur-Mer, 21 de abril de 1933

Como fundamento de mi renuncia a la Academia Prusiana he dicho que en las presentes circunstancias no tenía deseo alguno de ser ciudadano alemán ni de permanecer en una posición de dependencia ante el Ministerio Prusiano de Educación. En sí mismas, estas razones no exigen cortar mis relaciones con la Academia Bávara. Si a pesar de ello deseo que mi nombre sea borrado de su lista de miembros, la razón es otra, bien distinta. El deber primordial de una Academia es promover y proteger la vida científica de un país. No obstante, las sociedades cultas de Alemania, según tengo entendido, han tolerado sin protestar que una considerable proporción de científicos y estudiantes alemanes, y también de cualificados profesionales, se hayan visto privados de toda posibilidad de trabajar y ganarse la vida en Alemania. No me interesa pertenecer a ninguna sociedad que se comporta de tal manera, aun cuando su actitud sea debida a presiones externas.

---

4. Ejercía la presidencia Leopold Wenger (1874-1953), catedrático de derecho en Munich e impulsor de la investigación de los papiros antiguos.

RESPUESTA A LA INVITACIÓN DE PARTICIPAR EN UNA ASAMBLEA CONTRA EL ANTISEMITISMO

Las siguientes líneas son la respuesta de Einstein a una invitación para que participara en una manifestación francesa en contra del antisemitismo en Alemania. Este texto fue publicado en *Mein Weltbild*, Querido Verlag, Amsterdam, 1934.

He sopesado cuidadosamente y desde todos los ángulos posibles esta importante invitación, relacionada con una cuestión que me afecta más que cualquier otra. Y he llegado a la conclusión de que no debo asistir personalmente a esta manifestación tan importante, por dos razones:

De entrada, soy aún un súbdito alemán y, además, soy judío. En cuanto al primer punto, he de agregar que he trabajado regularmente en distintas instituciones alemanas y que siempre se me ha tratado con total confianza. Por muy profundamente que lamente las horribles cosas que están sucediendo en ese país, por más que condene las terribles aberraciones que ocurren con la aprobación del gobierno, me resulta imposible intervenir de manera personal en un acto que ha sido organizado con la anuencia de miembros responsables de un gobierno extranjero. Para que comprendan bien mi posición, supongamos que un ciudadano francés, en situación análoga, participara en una protesta contra la acción del gobierno francés, junto con algún prominente hombre de Estado alemán. Aun cuando se admitiera sin sombra de duda que la protesta estuviera ampliamente justificada por los hechos mismos, se consideraría —supongo— que el comportamiento del ciudadano francés es un acto de deslealtad. Si en la época del caso Dreyfus, Zola se hubiera sentido obligado a abandonar Francia, no hubiera colaborado en una protesta organizada por personalidades del gobierno alemán, por justa que le hubiese parecido. Se hubiera limitado a sentirse avergonzado de sus compatriotas.

En segundo lugar, una protesta contra la injusticia y la violencia es incomparablemente más valiosa si proviene de personas motivadas solo por sentimientos de humanidad y de amor a la justicia. Y esto no puede decirse de un hombre como yo, un judío que considera hermanos a los demás judíos. Para este hombre toda injusticia contra los judíos es una injusticia contra sí mismo. Por ende, no puede ser juez en su propia causa, sino que ha de esperar el juicio imparcial de los demás.

Estas son mis razones. Pero quiero agregar que siempre he honrado y admirado el alto sentido de la justicia, que es uno de los rasgos más nobles de la tradición francesa.

LA CONFERENCIA PARA EL DESARME

Escrito a propósito de la preparación de la reunión internacional para el desarme que tendría lugar en Ginebra, 1932. De *The Nation*, 1931, vol. 133, p. 300. El original alemán apareció publicado con posterioridad en *Mein Weltbild*, Querido Verlag, Amsterdam, 1934.

I

¿Puedo empezar con una declaración de fe política? Es la siguiente: se creó el Estado para servir al hombre, no al hombre para servir al

137

Estado. Lo mismo se puede decir de la ciencia. Son viejos proverbios, acuñados por hombres para quienes la personalidad era el supremo valor humano. No los repetiría aquí si no corriesen el peligro de caer en el olvido, sobre todo en estos tiempos de organización y rutina. Soy de la opinión que el principal deber del Estado es proteger al individuo y darle oportunidad de desarrollar una personalidad creadora.

Es decir, que el Estado debiera ser servidor nuestro y no nosotros esclavos suyos. El Estado transgrede este deber cuando nos obliga por la fuerza al servicio militar y a participar en la guerra, sobre todo porque el efecto y el objeto de esta esclavitud es matar seres humanos de otras naciones, o al menos causar daño al libre desarrollo de sus personalidades. Solo debemos hacer tales sacrificios en pro del Estado cuando fomenten el libre desarrollo de los seres humanos individuales. A los norteamericanos, esto que he dicho quizá les parezca de perogrullo, pero no así a los europeos. Por eso podemos albergar la esperanza de que la lucha contra la guerra tenga un firme apoyo en Norteamérica.

Y hablemos ahora de la Conferencia para el Desarme. Al pensar en ella, ¿debe uno reír, llorar, o albergar esperanzas? Imaginad una ciudad habitada por ciudadanos irascibles, deshonestos y pendencieros. En tal ciudad, la vida estaría en continuo peligro y eso constituiría un grave obstáculo que impediría un desarrollo armónico. El Ayuntamiento desea remediar esta situación, pese a que todos los concejales y el resto de los ciudadanos insisten en seguir llevando una daga colgada del cinto. Tras años de preparación, el Ayuntamiento decide afrontar la situación y plantea el asunto:

«¿Qué longitud y filo podrá tener la daga que lleven los ciudadanos al cinto cuando salgan a dar un paseo?». Mientras los ciudadanos inteligentes no eliminen las agresiones mediante leyes, tribunales y policía, todo seguirá igual. Limitar la longitud y el filo de las dagas solo ayudará a los más fuertes y a los más agresivos, dejando a su merced a los más débiles. Creo que todos comprenderán el significado de esta parábola. Es cierto que existe una Sociedad de Naciones y un Tribunal de Arbitraje. Pero la Sociedad de Naciones es poco más que un lugar de reunión y el Tribunal no tiene medios para poner en ejecución sus decisiones. Estas instituciones no pueden proteger a ningún país en caso de ataque. Teniendo esto en cuenta, se juzgará con mucho menos rigor la actitud de los franceses, por su negativa a un desarme sin protección.

Si no somos capaces de ponernos de acuerdo y limitar la soberanía de cada Estado individual, obligándolos a todos a emprender una acción conjunta contra cualquier país que, abierta o encubiertamente, incumpla una decisión del Tribunal de Arbitraje, no saldremos nunca de la actual anarquía y terror. Es imposible conciliar la soberanía ilimitada del país individual con la seguridad frente a un ataque. ¿Harán falta nuevos desastres para inducir a los países a obligarse a aplicar todas las decisiones del tribunal internacional reconocido? La evolución de los acontecimientos no justifica hasta ahora albergar grandes esperanzas de mejora en un futuro próximo. Pero todo amigo de la civilización y la justicia debe concentrar sus esfuerzos en convencer a sus semejantes de la necesidad de someter a todos los países a un compromiso internacional de este género.

Se alegará contra esta idea, y no sin cierta justificación, que sobrevalora la eficacia de la organización y menosprecia el factor psicológico o más aún el moral. Al desarme material, insisten muchos, ha de preceder el desarme espiritual. Dicen además, y con razón, que el mayor obstáculo que se opone a la paz internacional es el espíritu nacionalista monstruosamente exagerado que se encierra en ese vocablo tan sonoro y tan mal empleado, patriotismo. Durante el último siglo y medio, este ídolo ha adquirido en todas partes un poder excesivo de lo más pernicioso. Para valorar esta objeción en sus límites justos, hemos de ver que existe una relación recíproca entre la organización externa y los estados mentales interiores. No solo se basa la organización en formas tradicionales de sentimiento y debe su origen y supervivencia a ellas, sino que la organización existente ejerce a su vez una poderosa influencia sobre las formas nacionales de sentimiento.

El gran crecimiento del nacionalismo que vemos hoy deplorablemente en todas partes, está, en mi opinión, estrechamente vinculado a la introducción del servicio militar obligatorio, o, para designarlo con su nombre más agradable, los ejércitos nacionales. Un Estado que exige a sus habitantes el servicio militar está obligado a cultivar en ellos un espíritu nacionalista, poniendo así los cimientos psicológicos de su utilidad militar. Debe divinizar ante los jóvenes, en sus escuelas, junto con la religión, su instrumento de fuerza brutal.

Creo, pues, que la introducción del servicio militar obligatorio es causa principal de la decadencia moral de la raza blanca, que no solo amenaza gravemente la supervivencia de nuestra civilización, sino nuestra misma existencia. La Revolución Francesa nos trajo esta maldición, junto con numerosos beneficios sociales, y arrastró poco después a las demás naciones.

En consecuencia, quienes deseen estimular el espíritu internacionalista y combatir el chauvinismo, deben oponerse al servicio militar obligatorio. ¿Es acaso menos vergonzosa para la humanidad la grave persecución a que se ven hoy sujetos quienes se oponen por causas de conciencia a hacer el servicio militar que aquellas que sufrieron los mártires de la religión en el pasado? ¿Podemos condenar la guerra, como hace el Pacto Kellogg, y dejar al mismo tiempo al individuo en manos de la maquinaria bélica de cada país?[5]

5. También conocido como Pacto de París, este tratado internacional fue firmado el 27 de agosto de 1928 por iniciativa del ministro de Asuntos Exteriores de Francia, Aristide Briand, y del secretario de Estado de los Estados Unidos, Frank

Si, a la vista la Conferencia para el Desarme, no nos limitamos a los problemas técnicos y de organización, sino que abordamos también la cuestión psicológica más directamente desde el punto de vista de los estímulos pedagógicos, debemos procurar crear, con criterio internacionalista, los medios necesarios para que pueda el individuo negarse a cumplir el servicio militar. Esta medida produciría sin duda un gran efecto moral.

Permítanme resumir mis puntos de vista: el simple acuerdo de limitar el armamento no ofrece garantías de seguridad. Un Tribunal de Arbitraje ha de apoyarse en una fuerza ejecutiva, garantizada por todos los miembros, y dispuesta a actuar contra quien viole la paz, con medidas militares y económicas. Hay que combatir el servicio militar obligatorio como semillero de un nacionalismo pernicioso. Y, sobre todo, hay que proteger a nivel internacional a los objetores de conciencia.

II

Lo que el genio creador del hombre nos ha brindado en los últimos cien años podría habernos ofrecido una vida mucho más placentera y tranquila si el desarrollo de la capacidad de organización hubiese ido a la par del progreso técnico. Tal como están las cosas, en manos de nuestra generación, esos bienes que tanto costó lograr son como una navaja barbera en manos de un niño de tres años. En vez de libertad, la posesión de maravillosos medios de producción ha traído consigo hambre y preocupaciones.

B. Kellogg. En él quince Estados se comprometían a no utilizar la guerra como mecanismo para solucionar las disputas internacionales. Se ha considerado el precedente inmediato del artículo 2.4 de la Carta de Naciones Unidas que consagra la prohibición del uso de la fuerza.

Los resultados del progreso técnico son más perniciosos aún por cuanto proporcionan medios para la destrucción de vidas humanas y del fruto de tanto trabajo, como muy bien pudimos ver las generaciones más viejas, para nuestro horror, en la Gran Guerra. Creo, sin embargo, que la humillante esclavitud en la que la guerra hunde al individuo es más terrible incluso que la destrucción. ¿No es espantoso verse obligado por la sociedad a hacer cosas que todos nosotros como individuos consideramos crímenes abominables? Solo unos pocos tuvieron la grandeza moral de resistir; a ellos es a quienes considero los verdaderos héroes de la Gran Guerra.

Hay, sin embargo, un rayo de esperanza. Creo que hoy los dirigentes responsables de las naciones desean, en el fondo, con toda sinceridad, abolir la guerra. La resistencia a este paso absolutamente necesario brota de esas tradiciones nacionales desdichadas que se transmiten como una enfermedad hereditaria de generación en generación a través del sistema educativo. Pero el principal vehículo de esta tradición es la instrucción militar y su glorificación, así como ese sector de la prensa controlado por los intereses armamentistas.

Sin desarme no puede haber paz duradera. Y, por el contrario, la continuación de la carrera armamentista a la escala actual llevará inevitablemente a nuevas catástrofes.

Por eso la Conferencia para el Desarme de 1932 decidirá el destino de esta generación y de las próximas. Cuando pensamos en los tristes resultados obtenidos, en conjunto, en conferencias anteriores, es evidente que todo hombre responsable y sensato ha de proclamar, una y otra vez, por todos los medios a su alcance, la trascendental importancia de la Conferencia de 1932. Solo si los estadistas tienen tras ellos la voluntad de paz de una mayoría decisiva en sus propios países, podrán lograr este gran objetivo, y de formar esta opinión pública somos todos responsables, en todas y cada una de nuestras palabras y acciones.

La Conferencia resultará inútil si los delegados acuden a ella con instrucciones previas inflexibles: imponérselas a la Conferencia se convertirá de inmediato en una cuestión de prestigio. Parece que todos comprenden esto, pues se han hecho reuniones bilaterales entre gobiernos, que han llegado a ser muy frecuentes últimamente, para preparar las bases de la Conferencia mediante conversaciones sobre el problema del desarme. Este medio me parece muy adecuado, pues dos hombres o dos grupos de hombres pueden normalmente analizar las cosas de modo mucho más razonable, sincero y desapasionado cuando no tienen enfrente a un tercero ante quien piensan que han de tener cuidado con lo que dicen. Solo si se inician reuniones exhaustivas de este género para preparar la Conferencia, si se eliminan así las posibles sorpresas y se crea una atmósfera de confianza con auténtica buena voluntad, podremos esperar un feliz resultado.

En estos grandes asuntos el éxito no es cuestión de inteligencia, y menos aún de astucia, lo es de honradez y de confianza. Lo moral no puede ser sustituido, gracias a Dios, por la razón.

El individuo no debe limitarse a esperar y criticar. Debe servir a esta causa lo mejor que pueda. El mundo tendrá el destino que merezca.

ESTADOS UNIDOS Y LA CONFERENCIA PARA EL DESARME DE 1932

Mein Weltbild, Querido Verlag, Amsterdam, 1934.

Los norteamericanos de hoy están muy preocupados por los problemas derivados de la situación económica de su propio país. Sus dirigentes más responsables procuran ante todo remediar el grave problema del paro.[6] La idea de que el país esté implicado en la suerte del resto del mundo y, en particular, de la madre patria Europa, está menos viva que nunca.

Pero el libre juego de las fuerzas económicas no vencerá por sí solo automáticamente estas dificultades. La comunidad ha de aplicar normas que impongan una distribución razonable del trabajo y de los bienes de consumo entre todos los seres humanos. Sin esto, la asfixia alcanzará incluso a los habitantes del país más rico. El hecho es que, dado que el volumen de trabajo necesario para cubrir las necesidades de todos es menor gracias a la mejora de los métodos técnicos, el libre juego de las fuerzas económicas ya no genera una situación en la que pueda encontrar empleo toda la mano de obra disponible. Son necesarias una organización y una legislación adecuadas para que los resultados del progreso técnico beneficien a todos.

Si la situación económica no puede resolverse sin una reglamentación sistemática, ¡cuánto más necesaria será tal reglamentación para abordar los problemas internacionales de la política! Son pocos ya los que apoyan la idea de que los actos de violencia en forma de guerras sean beneficiosos o dignos de la humanidad como método para resolver problemas internacionales. Pero no somos lo bastante coherentes para defender con energía medidas que pudiesen impedir la guerra, esa reliquia salvaje e indigna de épocas de barbarie. Es necesario cierta capacidad de reflexión para ver claramente el problema, y cierto valor para servir a esa gran causa con resolución y eficacia.

Quien quiera de veras abolir la guerra debe declararse resueltamente partidario de que su propio país renuncie a una parte de su soberanía en favor de instituciones internacionales. Debe estar dis-

6. Einstein hace referencia al famoso crack de 1929 y sus devastadoras consecuencias económicas.

puesto a que su propio país se someta, en caso de disputa, a la decisión de un tribunal internacional. Debe apoyar, sin la menor reserva, un desarme generalizado como el que prevé actualmente el desdichado Tratado de Versalles; y tiene que comprender que si no desaparece la educación militarista y agresivamente patriótica, no podemos albergar ninguna esperanza de progreso.

No hay acontecimiento de los últimos años que refleje mejor la triste situación de los principales países civilizados del mundo que el fracaso de todas las conferencias de desarme que se han celebrado hasta ahora. Tal fracaso no solo se debe a las intrigas de políticos ambiciosos y sin escrúpulos, sino también a la indiferencia y a la debilidad de los hombres de todos los países. A menos que esto cambie, desbarataremos todos los triunfos realmente valiosos de nuestros predecesores.

Creo que los norteamericanos no son del todo conscientes de la responsabilidad que pesa sobre ellos en este sentido. No dudan en pensar: «Que Europa se vaya al diablo, si resulta destruida por la maldad y la agresividad de sus habitantes. La buena semilla de nuestro Wilson ha dado una mísera cosecha en la estéril Europa.[7] Somos fuertes, y nuestra posición es segura; no tenemos por qué mezclarnos con tanta prisa en asuntos de otros».

Tal actitud no es noble ni inteligente. Los Estados Unidos son responsables, en parte, de las dificultades de Europa. Al exigir implacablemente sus deudas está acelerando la decadencia económica, y, en consecuencia, moral, de Europa. Norteamérica ha ayudado a balcanizar Europa y comparte, por tanto, la responsabilidad del hundimiento de la moralidad política y del crecimiento de ese espíritu de

---

7. El vigésimo octavo presidente de los Estados Unidos, Thomas W. Wilson (1856-1924) llevó a cabo una política exterior intervencionista. Apostó por la Tripe Entente en la Gran Guerra y en enero de 1918 expuso sus famosos catorce puntos para asegurar la paz en Europa y el mundo. En 1919 le fue concedido el Premio Nobel de la Paz por su contribución al nacimiento de la Sociedad de Naciones.

venganza que nutre la desesperación. Este espíritu no se detendrá a las puertas de Norteamérica... ¡He estado a punto de decir «no se ha detenido»! ¡Mirad a vuestro alrededor y andaos con ojo!

La verdad puede expresarse así en pocas palabras: la Conferencia para el Desarme constituye una última esperanza, tanto para vosotros como para nosotros, de conservar lo mejor que ha producido la civilización. Y es en vosotros, por ser los más fuertes y comparativamente los más sólidos de entre nosotros, en quienes se centran todas las miradas y las esperanzas.

LA CUESTIÓN DEL DESARME

Mein Weltbild, Querido Verlag, Amsterdam, 1934.

El mayor obstáculo para el éxito del plan de desarme fue que la gente, en general, ignoró las principales dificultades del problema. Casi todo se logra por etapas: ¡el paso, por ejemplo, de la monarquía absoluta a la democracia! Pero nos encontramos aquí con un objetivo que no puede lograrse paso a paso.

Mientras subsista la posibilidad de guerra, las naciones insistirán en estar lo mejor preparadas que puedan militarmente, para salir triunfantes del próximo conflicto. Tampoco será posible impedir que se eduque a los jóvenes en tradiciones belicistas y se cultive en ellos la mezquina vanidad nacional y la glorificación del espíritu guerrero, si han de estar preparados para el momento en que sea necesario tal espíritu en la guerra. Armarse no es apoyar la paz, sino la guerra, y prepararse para ella. En consecuencia, la gente no se desarmará paso a paso; o se desarman de una vez o nunca habrá desarme.

El logro de un cambio tan radical en la vida de las naciones presupone un gran esfuerzo moral y exige apartarse deliberadamente de una tradición profundamente enraizada. Todo el que no esté dispuesto a que la suerte de su país, en caso de conflicto, dependa por completo de las decisiones de un tribunal internacional de arbitraje, y a suscribir un acuerdo en este sentido sin ninguna reserva, no está realmente decidido a evitar la guerra. Es una cuestión de todo o nada.

Es indudable que las tentativas previas de asegurar la paz han fracasado por proponerse compromisos insuficientes.

El desarme y la seguridad solo pueden lograrse unidos. La única garantía de seguridad es que todas las naciones se propongan cumplir las decisiones de la autoridad internacional.

Estamos, en consecuencia, en una encrucijada. Que tomemos el camino de la paz o sigamos el viejo camino de la fuerza bruta, tan indigno de nuestra civilización, depende de nosotros mismos. La libertad del individuo y la seguridad de la sociedad nos llaman por un lado. Por el otro, nos amenazan la esclavitud del individuo y la aniquilación de nuestra cultura. De nuestros méritos dependerá nuestro destino.

DEL TRIBUNAL DE ARBITRAJE

Mein Weltbild, Querido Verlag, Amsterdam, 1934.

El desarme sistemático en un plazo breve solo es posible si todas las naciones garantizan la seguridad de cada una de ellas, basada en un tribunal de arbitraje permanente, independiente de los gobiernos.

Que todos los países tengan un compromiso incondicional, no solo de aceptar las decisiones de ese tribunal, sino de aplicarlas.

Que haya tribunales de arbitraje independientes para Europa y África, para América y para Asia (Australia debería adscribirse a uno de estos). Y un tribunal de arbitraje conjunto para cuestiones relacionadas con problemas que no puedan resolverse dentro de los límites de una de estas tres zonas concretas.

PAZ

Publicado en *Mein Weltbild*, Querido Verlag, Amsterdam, 1934.

Los hombres realmente grandes de las generaciones que nos precedieron percibieron que era muy importante garantizar la paz internacional. Pero los adelantos técnicos de nuestra época han convertido este postulado ético en una cuestión de vida o muerte para la humanidad civilizada, y en un deber moral tomar parte activa en la solución del problema de la paz, deber que ningún hombre escrupuloso puede eludir.

Hemos de tener en cuenta que los poderosos grupos industriales interesados en la fabricación de armamento están haciendo todo lo posible, en todos los países, por impedir un arreglo pacífico de las disputas internacionales, y que los gobiernos solo pueden lograr la paz si están seguros del respaldo incondicional de la mayoría de su pueblo. En estos tiempos de gobierno democrático, el destino de las naciones depende de los pueblos mismos; cada uno de nosotros debe tenerlo siempre en cuenta.

SOBRE LA SITUACIÓN ACTUAL EN EUROPA

Mein Weltbild, Querido Verlag, Amsterdam, 1934.

El rasgo distintivo de la actual situación política del mundo, y en particular de Europa, es, en mi opinión, que la evolución política ha fracasado, tanto en hechos como en ideas, por no mantenerse a la par con los imperativos económicos, que han cambiado de carácter en un período de tiempo relativamente breve. Los intereses de cada país deberían subordinarse a los de una comunidad más amplia. En este sentido, la lucha por orientar el pensamiento y sentimiento políticos es dura, porque se combate en ella una tradición de siglos. Pero la supervivencia de Europa depende de su éxito. Estoy absolutamente convencido de que una vez superados los obstáculos psicológicos, no será tan difícil resolver los problemas concretos. Lo fundamental para crear el ambiente adecuado, es la cooperación personal entre los que creemos en ello. ¡Ojalá nuestros esfuerzos logren tender un puente de mutua confianza entre las naciones!

CULTURA Y PROSPERIDAD

Mein Weltbild, Querido Verlag, Amsterdam, 1934.

Para calcular los daños que la gran catástrofe política ha causado al desarrollo de la civilización, hemos de recordar que la cultura en sus formas más elevadas es una planta delicada que depende de una complicada serie de factores y que solo florece en unos cuantos lugares en una época determinada. Para que florezca es necesario, en primer lugar, cierto grado de prosperidad que permita a un sector de la población trabajar en cosas no directamente necesarias para la vida; en segundo lugar, una tradición moral de respeto a los valores y triunfos culturales, en virtud de la cual las clases que proveen para las necesidades inmediatas de la vida, proporcionen los medios de vida a aquel sector de la población.

Durante el último siglo, Alemania ha sido uno de los países en que se han dado ambas condiciones. Su prosperidad fue, en conjunto, modesta pero suficiente; su tradición de respeto a la cultura, vigorosa. Sobre esta base, la nación alemana ha producido frutos culturales que forman parte integral de la evolución del mundo moderno. Aunque su prosperidad haya desaparecido, aún persiste, básicamente, su tradición. El país se ha visto privado casi por completo de las fuentes de materias primas en que se basaba la existencia de su sector industrial. El excedente necesario para sustentar al trabajador intelectual de pronto ha dejado de existir. Con ello se hundirá también, inevitablemente, la tradición mencionada y un fecundo semillero de cultura pasará a ser un erial.

Interesa a la especie humana, en la medida en que valora la cultura, impedir este empobrecimiento. Ha de prestar toda la ayuda posible y resucitar esa comunión de sentimientos, arrinconada hoy por el egoísmo nacionalista, para la que los valores humanos tienen una validez independiente de la política y de las fronteras. Con ello se proporcionarán a todos los pueblos las condiciones para que la planta de la cultura pueda existir y dar fruto.

DEL SERVICIO MILITAR OBLIGATORIO

Mein Weltbild, Querido Verlag, Amsterdam, 1934.

En vez de concederse permiso a Alemania para instaurar el servicio militar obligatorio, debería prohibirse en las demás naciones: no debería haber más que ejércitos profesionales, cuyo tamaño y equipo se acordasen en Ginebra. Además, esto sería mejor para Francia que verse obligada a permitir el servicio militar obligatorio en Alemania. Podría evitarse así el fatídico efecto psicológico de la educación militar sobre el pueblo y la consiguiente violación de los derechos individuales.

Sería, además, mucho más fácil para dos países aceptar un arbitraje vinculante para la solución de todas las disputas nacidas de sus relaciones mutuas, y combinar estas fuerzas profesionales en una organización única con unidades mixtas. Esto sería un alivio financiero y aumentaría la seguridad de ambas partes. Tal arreglo podría ampliarse para abarcar cada vez más países y desembocar, por último, en una policía internacional, que se reduciría gradualmente al aumentar la seguridad internacional.

¿Queremos hablar de esta propuesta con nuestros amigos y comenzar a hacer que se expanda el mensaje? No insisto, por supuesto, en lo más mínimo. Solo añadiré que considero esencial elaborar un programa eficaz y positivo; es poco probable que una política puramente negativa produzca resultados prácticos.

EL PROBLEMA DEL PACIFISMO

Mein Weltbild, Querido Verlag, Amsterdam, 1934.

Me alegra mucho tener la oportunidad de dirigir unas palabras sobre el problema del pacifismo. La evolución de los acontecimientos en los últimos años nos ha demostrado una vez más lo poco justificada que está la actitud de quienes dejan en manos de los gobiernos la lucha contra los armamentos y contra el espíritu bélico. Por otra parte, la formación de grandes organizaciones con muchos miembros poco puede acercarnos a nuestro objetivo. Soy de la opinión que el mejor método, en este caso, es el violento: objeción consciente, con el respaldo de organizaciones que den apoyo moral y material a los valerosos objetores de conciencia en cada país. De este modo, lograremos convertir el problema del pacifismo en un problema agudo, una verdadera lucha hacia la que se sentirán atraídos los espíritus fuertes. Es un combate ilegal, pero implica levantarse por los verdaderos derechos de las gentes contra los gobiernos que exijan actos criminales a sus ciudadanos. Muchos de los que se consideran buenos pacifistas rechazarán este pacifismo radical con argumentos patrióticos. Esos individuos no son de fiar en un momento de crisis, tal como demostró sobradamente la Guerra Mundial.

PACIFISMO ACTIVO

Mein Weltbild, Querido Verlag, Amsterdam, 1934.

Me considero muy afortunado por el hecho de haber sido testigo de la gran manifestación en pro de la paz que ha realizado el pueblo flamenco. Me siento obligado a decir los participantes, en nombre de todos los hombres de buena voluntad que piensan en el futuro: «En esta hora de reflexión y despertar de la conciencia, nos sentimos profundamente unidos a vosotros».

No debemos ocultarnos a nosotros mismos que en la actual situación no es posible ningún progreso sin una lucha denodada; el grupo de los que están realmente decididos a hacer algo es minúsculo en comparación con la masa de los tibios y de los engañados. En cambio, los interesados en alimentar la maquinaria de la guerra, forman un grupo muy poderoso; no se detendrán ante nada para conseguir arrastrar a la opinión pública a sus criminales objetivos.

Parece que los gobernantes actuales se proponen en serio lograr una paz permanente. Pero la incesante acumulación de armamento muestra también muy claro que son incapaces de enfrentarse a las fuerzas hostiles que están preparando la guerra. Soy de la opinión de que el remedio solo puede llegar de los propios pueblos. Si quieren evitar la degradante esclavitud del servicio militar, son ellos quienes deben proclamar con voz clara y firme su deseo de un desarme total. Mientras existan ejércitos, cualquier conflicto grave llevará a la guerra. El pacifismo que no se oponga activamente a que las naciones se armen necesariamente es y seguirá siendo impotente.

¡Ojalá la conciencia y el sentido común de los pueblos despierten, y podamos llegar a un nuevo estadio de la civilización, en que las gentes puedan considerar la guerra como algo pretérito, como una aberración incomprensible de sus antepasados!

MAHATMA GANDHI

Con ocasión del setenta aniversario del nacimiento de Gandhi, en 1939. Publicado en *Out of My Later Years*, Philosophical Library, Nueva York, 1950.

Líder de su pueblo, sin el apoyo de ninguna autoridad externa. Político cuyo éxito no se basa en la habilidad ni en el control de instrumentos técnicos, sino simplemente en el poder de convicción de su personalidad. Victorioso luchador que se ha burlado siempre del uso de la fuerza. Hombre de gran sabiduría y humildad, armado de una coherencia y una resolución inflexibles, que ha consagrado todas sus fuerzas a elevar a su pueblo y a mejorar su suerte. Un hombre que se ha enfrentado a la brutalidad de Europa con la dignidad de un simple ser humano, mostrando así siempre su superioridad.

Puede que las futuras generaciones no sean capaces de creer que un hombre como este se paseó una vez, en carne y hueso, por nuestro planeta tierra.

SE HA GANADO LA GUERRA, PERO NO LA PAZ

De un discurso pronunciado con ocasión de la cena del Fifth Nobel Anniversary Dinner en el Hotel Astor de Nueva York, 10 de diciembre de 1945. Publicado en *Out of My Later Years*, Philosophical Library, Nueva York, 1950.

Los físicos se encuentran en una posición no muy distinta a la de Alfred Nobel. Alfred Nobel inventó el explosivo más poderoso que la humanidad había conocido hasta entonces, un medio de destrucción por excelencia. Para compensar, y con objeto de aliviar su conciencia humana, instituyó los premios para el fomento y logro de la paz. Hoy en día, los físicos que participaron en la construcción del arma más potente y peligrosa de todos los tiempos, se ven acosados por un sentimiento similar de responsabilidad, por no decir de culpa. Y no podemos dejar de prevenir una y otra vez; no podemos ni debemos vacilar en nuestros esfuerzos por lograr que las naciones del mundo, y sobre todo los gobiernos, tomen conciencia del indescriptible desastre que inevitablemente provocarán si no cambian en sus relaciones mutuas y en la tarea de moldear el futuro. Nosotros ayudamos a construir esa arma nueva para impedir que los enemigos de la humanidad lo lograsen antes que nosotros, lo cual, dada la mentalidad de los nazis, habría significado la destrucción y la esclavitud del resto del mundo. Pusimos esta arma en manos de los norteamericanos y de los ingleses como representantes de toda la humanidad, como defensores de la paz y de la libertad. Pero hasta ahora no hemos visto ninguna garantía de paz, no hemos visto ninguna garantía de las libertades que se prometieron a los pueblos en la Carta del Atlántico. Se ha ganado la guerra, pero no la paz. Las grandes potencias, unidas en la lucha,

están divididas ahora en relación con los acuerdos de paz. Se prometió al mundo liberarlo del miedo, pero la verdad es que el miedo no ha hecho sino aumentar terriblemente desde que terminó la guerra. Se prometió al mundo liberarlo de carencias y necesidades, pero grandes sectores del mundo se enfrentan hoy con el hambre mientras otros viven en la abundancia. Se prometió a los pueblos que después de la guerra habría liberación y justicia. Pero hemos visto, y seguimos viendo incluso ahora, el triste espectáculo de los ejércitos «liberadores» disparando contra poblaciones que quieren su independencia y que quieren igualdad social, y apoyando en esos países, con la fuerza de las armas, los partidos y personalidades que parecen más proclives a servir intereses encubiertos. Incluso se anteponen cuestiones territoriales y disputas de poder, que debían considerarse antiguallas, a las exigencias esenciales del bienestar común y la justicia. Permítaseme que sea más concreto sobre un caso, que no es sino un síntoma de la situación general: el caso de mi propio pueblo, el pueblo judío.

Mientras la violencia nazi se desató solo, o principalmente, contra los judíos, el resto del mundo contempló la situación pasivamente, e incluso se hicieron tratados y acuerdos con un gobierno claramente criminal como el del tercer Reich. Más tarde, cuando Hitler estaba a punto de apoderarse de Rumanía y Hungría, cuando Majdanek y Auschwitz estuvieron en manos aliadas y se hicieron públicos los métodos de las cámaras de gas en todo el mundo, todas las tentativas de rescatar a los judíos rumanos y húngaros fueron inútiles porque el gobierno británico había cerrado las puertas de Palestina a los emigrantes judíos, y no había ningún país que admitiese a aquellas gentes desamparadas. Se les dejó perecer como a sus hermanos y hermanas de los países ocupados.

Jamás olvidaremos los esfuerzos heroicos de los pequeños países, de las naciones escandinavas, de los holandeses, de los suizos y de los individuos de las zonas ocupadas de Europa que hicieron todo lo posible por proteger a los judíos. No olvidamos la actitud humanitaria de la Unión Soviética que fue la única de las grandes potencias que abrió sus puertas a cientos de miles de judíos cuando avanzaban por Polonia los ejércitos nazis. Pero después de que ocurriera todo aquello sin que nadie lo impidiera, ¿cómo están hoy las cosas? Mientras en Europa se distribuyen territorios sin el menor respeto a los deseos de los afectados, lo que queda de la judería europea, una quinta parte de su población respecto a antes de la guerra, ve cómo se le sigue negando el acceso a su asilo de Palestina y se la deja a merced del hambre y del frío y de la persistente hostilidad. Aún no hay ningún país, ni siquiera hoy, que quiera o pueda ofrecerles un lugar donde puedan vivir en paz y seguridad. Y el hecho de que muchos de ellos sigan todavía en las degradantes condiciones de los campos de concentración en que los mantienen los aliados, constituye una prueba suficiente de lo vergonzoso y desesperado de su situación.

Se prohíbe a estas gentes entrar en Palestina esgrimiendo el principio de la democracia, pero, en realidad, las potencias occidentales, al respaldar la prohibición del White Paper, están cediendo a las amenazas y a la presión externa de cinco Estados árabes grandes y escasamente poblados. Resulta profundamente irónico que el ministro de asuntos exteriores inglés diga a los pobres judíos europeos que deben seguir en Europa porque se necesita allí su talento, y, por otra parte, les aconseje que no intenten ponerse a la cabeza para no provocar de nuevo el odio y la persecución.[8] En fin, me temo que ya no pueden evitarlo; con sus seis millones de muertos, han sido empujados a la cabeza de las víctimas nazis, muy en contra de su voluntad.

No es muy halagüeña la imagen de nuestro mundo de posgue-

8. Ernest Bevin (1881-1951), quien poco más adelante, en febrero de 1947 presentaría el fracasado plan Bevin-Beeley para la resolución del problema palestino.

rra. En lo que respecta a nosotros, los físicos, no somos políticos y nunca hemos deseado mezclarnos en política. Pero sabemos unas cuantas cosas que los políticos no saben. Y creemos nuestro deber exponerlas y recordar a los responsables que no hay salida posible por la vía fácil, que ya no hay tiempo para andar pasito a pasito y aplazar los cambios necesarios para un futuro indefinido. Ya no hay tiempo para mezquinos regateos. La situación exige un valeroso esfuerzo, un cambio radical en nuestra actitud, en la política.

Ojalá que el espíritu que impulsó a Alfred Nobel a crear su gran institución, el espíritu de solidaridad y confianza, de generosidad y hermandad entre los hombres, prevalezca en aquellos de cuyas decisiones depende nuestro destino. De otro modo, la civilización quedará sentenciada.

GUERRA ATÓMICA O PAZ

Tomado de *Atlantic Monthly*, Boston, noviembre de 1945 y noviembre de 1947. Según versión oral brindada a Raymond Swing.

I

El uso de la energía atómica no ha creado un problema nuevo. Simplemente ha dado carácter de urgencia a la necesidad de resolver un problema que ya existía. Se podría decir que nos ha afectado en un plano cuantitativo y no cualitativo. En la medida en que existen naciones soberanas y poseedoras de una gran fuerza, la guerra es inevitable. No intento decir con esto que ahora mismo se producirá una guerra, sino que es seguro que ha de venir. Y esto era verdad aun antes de que la bomba atómica existiera. Lo que ha cambiado es el poder destructivo de la guerra.

No creo que la civilización vaya a desaparecer en una guerra atómica. Quizá perezcan las dos terceras partes de la humanidad, pero no obstante, muchos hombres capaces de pensar sobrevivirán y habrá libros suficientes para empezar de nuevo.

Tampoco creo que el secreto de la bomba deba ser entregado a las Naciones Unidas. Ni creo que deba ser entregado a la Unión Soviética. Cualquiera de estas opciones equivaldría a que un hombre dueño de un capital, deseoso de que otro hombre trabajara con él en una empresa, comenzase dándole a su presunto socio la mitad de su dinero. El segundo hombre podría preferir la creación de una empresa rival, cuando lo que se buscaba era su cooperación. El secreto de la bomba debería ser depositado en manos de un gobierno mundial y los Estados Unidos tendrían que anunciar de inmediato su disposición favorable a ello. Este gobierno debería ser fundado por los Estados Unidos, la Unión Soviética y Gran Bretaña, las tres únicas naciones poseedoras de un fuerte poderío militar. Estos países tendrían que comprometer en ese gobierno mundial todas sus fuerzas militares. Asimismo, al ser solo tres los países con gran poder militar, resultaría muy fácil —y no tan complejo, como se dice— establecer el aludido gobierno mundial.

Dado que solo los Estados Unidos y Gran Bretaña poseen el secreto de la bomba atómica, tendrían que invitar a la Unión Soviética a que preparara y presentara el primer borrador de la constitución de ese gobierno mundial. Así se contribuiría a disipar la desconfianza de los rusos, que tienen el convencimiento de que la bomba se mantiene en secreto con el claro propósito de impedir que ellos lleguen a poseerla. Es evidente que el primer borrador no contendrá el texto final, pero habría que dar confianza a los rusos de que un gobierno mundial les garantizaría su propia seguridad.

Lo sensato, dado el caso, sería que esa constitución fuera negociada por un solo ciudadano americano, un solo británico y un solo ruso. Estos representantes tendrían que disponer de consejeros, pero estos darían su opinión solo cuando les fuera requerida. Estimo que tres hombres pueden redactar una constitución válida y aceptable para todos ellos. Seis, siete personas, o más, podrían fracasar. Después de que las tres grandes potencias hubieran esbozado y aceptado una constitución, las naciones pequeñas serían invitadas a integrarse en ese gobierno mundial. Podrían optar por permanecer fuera pero estoy convencido de que preferirían adherirse al tratado. Como es natural, se les concedería el derecho a proponer cambios en la constitución redactada por los Tres Grandes. Pero los Tres Grandes deberían proseguir con la organización del gobierno mundial, con o sin la presencia de las naciones pequeñas.

El poder de este gobierno mundial abarcaría todas las cuestiones militares y solo sería necesario un poder más: el de intervenir en países en los que una minoría oprima a la mayoría, porque esto crea la inestabilidad propicia a la guerra. Es necesario buscar soluciones para el tipo de situación que existe en la Argentina y en España. Hay que poner fin al concepto de no intervención, porque acabar con él es una de las maneras de mantener la paz.

El advenimiento del gobierno mundial no deberá esperar a que unas condiciones de libertad idénticas se den en cada una de las tres grandes potencias. Si bien es cierto que en la Unión Soviética gobierna una minoría, no considero que las condiciones internas sean, de por sí, una amenaza para la paz mundial. Es preciso tener presente que el pueblo de Rusia no posee una amplia educación política y que las propuestas de cambio que tiendan a mejorar las condiciones del país han de ser elaboradas por una minoría, en vista de que no existe una mayoría capaz de hacerlo. Si hubiera nacido en Rusia, creo que habría podido adaptarme a esa situación.

Al establecer un gobierno mundial con el monopolio de la autoridad militar, no sería preciso cambiar la estructura de las tres grandes potencias. Las tres personas que intervinieran en la redacción del texto constitucional tendrían que hallar la manera de ajustar sus estructuras previas.

¿Temo una tiranía del gobierno mundial? Sí, desde luego que sí. Pero más miedo aún me produce la idea del advenimiento de una guerra nueva y total. Hasta cierto punto, cualquier gobierno puede ser pernicioso. Pero un gobierno mundial es preferible a la perniciosidad, mucho mayor, de las guerras, en especial habida cuenta de su intensificado poder de destrucción. Si tal gobierno no quedara establecido a través de un proceso de entendimiento mutuo, creo que llegaría a existir, de todas maneras, y bajo una forma mucho más peligrosa. Porque la guerra o las guerras llegarán a su fin cuando una potencia se erija como suprema dominadora del resto del mundo, gracias a su tremenda fuerza militar.

Ahora somos dueños del secreto atómico; no debemos perderlo y a ello nos arriesgaríamos si lo entregáramos a las Naciones Unidas o a la Unión Soviética. Pero tan pronto como sea posible, debemos poner en claro que no mantenemos la bomba en secreto para sostener nuestro poderío, sino con la esperanza de establecer la paz, constituyendo un gobierno mundial. Nos corresponde realizar los mayores esfuerzos para concretar este tipo de gobierno.

Tengo noticias de la existencia de personas que prefieren un acercamiento gradual a un gobierno del mundo, aun cuando aprueban la idea como objetivo de básica importancia. Avanzar a pequeños pasos, uno cada vez, tiene un problema: mientras nos acerquemos al objetivo fundamental, continuaremos manteniendo la bomba, sin que resulte claro el motivo para quienes no la poseen. Por sí misma, esta actitud crea temores y sospechas, con la consecuencia de que las relaciones entre las potencias se deterioran peligrosamente. De modo que, mientras aquellos que avanzan paso a paso están convencidos de encaminarse hacia la paz del mundo, en realidad no hacen más que contribuir, con su paso tardo, al advenimiento de la guerra. No tenemos tiempo que perder. Si hemos de evitar la guerra, tenemos que hacerlo con rapidez.

No seremos dueños del secreto durante largo tiempo. Sé que se ha dicho que ningún otro país tiene el capital suficiente para invertir en el desarrollo de la bomba atómica, hecho que nos aseguraría la posesión del secreto por mucho tiempo. En este país a menudo se incurre en el error de medir las cosas por la cantidad de dinero que cuestan. Pero otros países, que tienen los materiales y los hombres, si se proponen desarrollar la energía atómica, pueden conseguirlo.

Lo único que se necesita es un equipo de personas y los materiales, además de la decisión de utilizarlos, y no dinero.

No me considero el padre de la utilización de la energía atómica. Mi participación en esto ha sido muy indirecta. De hecho, nunca pensé que se llegara a usar durante el curso de mi vida. Solo creía en la posibilidad, en términos teóricos. Y se ha convertido en un hecho palpable gracias al descubrimiento accidental de la reacción en cadena, algo que yo no habría podido predecir. La reacción fue descubierta por Hahn, en Berlín, y él mismo no supo interpretar correctamente lo que había descubierto. Fue Lise Meitner quien dio con la interpretación correcta, para huir más tarde de Alemania y poner su información en manos de Niels Bohr.

No creo que sea posible garantizar el progreso de la ciencia atómica a través de la organización de la actividad científica, a la manera en que se organizan las grandes empresas. Se puede organizar la aplicación de un descubrimiento ya hecho, pero no se organiza la obtención del descubrimiento. Solo un individuo aislado puede hacer un descubrimiento. Puede existir cierto tipo de organización que proporcione a los científicos libertad y condiciones adecuadas de trabajo. Por ejemplo, en las universidades americanas, los profesores de ciencia tendrían que ser sustituidos en algunas de sus obligaciones docentes, para poder dedicar más tiempo a la investigación. ¿Es acaso posible imaginarnos una organización de científicos que hiciera los descubrimientos de Charles Darwin?

Tampoco creo que las grandes empresas privadas de los Estados Unidos sean adecuadas a las necesidades de nuestro tiempo. Si llegara a este país un visitante de otro planeta, ¿no se sorprendería de que en este país se otorgase un poder tan grande a las empresas privadas sin atribuirles una responsabilidad acorde? Digo esto para subrayar que el gobierno americano debe mantener el control de la energía atómica, y no porque el socialismo sea necesariamente deseable; en realidad, la energía atómica ha sido desarrollada por el gobierno y no es aceptable pensar siquiera en entregar su propiedad —que es propiedad del pueblo— a personas aisladas o a grupos de personas. En cuanto al socialismo, a menos que sea internacional hasta el punto de poseer un gobierno mundial que controle todo el poder militar, estimo que podría conducirnos a una guerra con más facilidad que el capitalismo, porque representa una concentración de poder aún mayor.

Es imposible anticipar cuándo se aplicará la energía atómica a fines constructivos. Hasta el presente solo se sabe cómo utilizar una gran cantidad de uranio. El uso de pequeñas cantidades suficientes para —digamos— mover un coche o un avión es imposible de momento y no es fácil predecir cuándo se logrará. Desde luego que se llegará a ello, pero nadie puede decir cuándo. Tampoco puede predecirse cuándo se lograrán utilizar materiales más comunes que el uranio para proporcionar energía atómica. Es de suponer que todos los materiales utilizados para este fin serán elementos con elevado peso atómico. Estos elementos son relativamente escasos, en razón de su baja estabilidad. La mayoría de estos materiales ya han desaparecido por desintegración radiactiva. De modo que aunque la utilización de la energía atómica puede ser —y lo será sin duda— un gran acontecimiento para la humanidad, el hecho no se concretará hasta dentro de algún tiempo.

Yo mismo no poseo el don de persuadir a amplios sectores de la urgencia de los problemas a los que se enfrenta la humanidad en estos instantes. Por eso recomiendo a quien sí posee el don de la persuasión, Emery Reves, cuyo libro *The Anatomy of the Peace* es inteligente, claro, conciso y, si se me permite hacer uso de un término de moda, dinámico en este tema de la guerra y de la necesidad de un gobierno mundial.

Dado que no veo que a corto plazo la energía atómica pueda llegar a ser beneficiosa, debo dejar bien claro que en el momento presente constituye una amenaza. Tal vez esté bien que sea así. Tal vez pueda intimidar a la raza humana hasta el punto de obligarla a poner orden en los asuntos internacionales, cosa que sin la presión del miedo jamás llegaría a concretarse.

II

Desde la fabricación de la primera bomba atómica, nada se ha hecho para salvar al mundo de la guerra, mientras que se ha hecho mucho para aumentar su capacidad destructiva. No estoy en condiciones de hablar con conocimiento de causa sobre el desarrollo de la bomba atómica, porque no trabajo en ese campo. Pero quienes sí trabajan en ello, han dicho ya todo lo necesario para saber que se ha logrado una bomba mucho más efectiva. Por cierto que puede considerarse la posibilidad de fabricar una bomba de mayor tamaño, que sea capaz de producir la destrucción en una superficie amplísima. También es concebible que pueda hacerse un uso extensivo de los gases radiactivos, que podrían esparcirse sobre una región muy vasta y causar la pérdida de muchas vidas, sin ocasionar daños en los edificios.

No creo necesario proseguir con estas suposiciones para llegar a plantear la posibilidad de una amplia guerra bacteriológica. No creo que este tipo de operaciones bélicas presente una peligrosidad comparable con la de la guerra atómica. Tampoco tomo en cuenta el peligro derivado de comenzar una reacción en cadena de tan gran alcance que destruya todo el planeta o parte importante de él. Descarto esta idea porque, si el hombre pudiera provocarla mediante una explosión atómica, ya tendría que haber sucedido por la acción de los rayos cósmicos que continuamente llegan a la superficie de la Tierra.

Pero no es preciso imaginar la tierra destruida como una nova por una explosión estelar, para comprender el peligro creciente de una guerra atómica y reconocer que, a menos que se evite la guerra, la destrucción se producirá a una escala jamás considerada posible antaño y apenas concebible hoy, y para entender que muy pocos restos de civilización sobrevivirán.

También se ha producido otro fenómeno en los dos primeros años de la era atómica. Las gentes, después de enterarse de la horrible naturaleza de las armas atómicas, no han hecho nada al respecto y, en términos generales, han borrado toda inquietud de sus mentes. Un peligro que resulta difícil de evitar es mejor olvidarlo; de igual modo que un peligro contra el cual se han adoptado todas las precauciones posibles podrá también olvidarse. Si los Estados Unidos hubieran dispersado sus industrias y descentralizado sus ciudades, sería razonable que la gente olvidara el peligro que se cierne.

A modo de paréntesis debo decir que apruebo que este país no haya adoptado esas precauciones, porque haberlo hecho implicaría haber convertido la guerra atómica en una circunstancia más cercana aún: todo el mundo se convencería de que estamos resignados a sobrellevarla y preparados para afrontarla. Pero no se ha hecho nada para disipar el peligro bélico y sí se ha trabajado de firme para lograr que la guerra atómica sea algo horrible. O sea, que no hay excusas que permitan ignorar el peligro.

Afirmo que nada se ha hecho para disminuir la amenaza de guerra desde el momento en que fue fabricada la bomba atómica, a pesar de la propuesta presentada por los Estados Unidos ante las Naciones Unidas, para que se establezca un control supranacional de la energía atómica. Solo este país ha presentado un proyecto, fundamentado en condiciones que la Unión Soviética está ahora determinada a no aceptar. Así se hace posible culpar a los rusos del fracaso.

Pero al acusar a los rusos, los americanos no deberían ignorar que ellos mismos no han renunciado voluntariamente al uso de la bomba como arma corriente durante el tiempo previo a la constitución de un control supranacional o si no se establece dicho control. Ante esta actitud, las demás naciones abrigan el temor de que los americanos consideren que la bomba es parte legítima de su arsenal, hasta tanto los demás países hayan aceptado sus condiciones bajo las que constituir un control supranacional.

Los americanos pueden estar convencidos de su firme decisión de no iniciar una guerra agresiva o preventiva. Y pueden creer, por ende, que una declaración pública de que no volverán a ser los primeros en utilizar la bomba atómica es innecesaria. Pero este país ha sido solemnemente invitado a renunciar al uso de la bomba —es decir, a declararla ilegal— y se ha negado a hacerlo a menos que su propuesta para establecer un control supranacional sea aceptada.

Creo que esta política es errónea. Considero que al no renunciar al uso de la bomba se obtiene una cierta ventaja militar, porque así otros países se abstendrán de iniciar una guerra en la que podría utilizarse armamento nuclear. Pero lo que se gana en cierto sentido se pierde en otro: un entendimiento para el control supranacional de la energía atómica es ahora más remoto que antes. No hay en esto una desventaja táctica, mientras solo los Estados Unidos tengan la posibilidad de usar la bomba. Pero en el momento en que otro país esté en condiciones de fabricarla, los Estados Unidos perderán mucho debido a la ausencia de un pacto internacional, porque sus industrias están concentradas y son vulnerables y porque su vida urbana está muy desarrollada.

Al negarse a declararla ilegal en un momento en que monopoliza la bomba, este país pierde algo más, porque no se adhiere de forma pública a los principios éticos de la guerra, formalmente aceptados antes del último conflicto bélico. No debe olvidarse que la bomba atómica fue fabricada en este país como medida preventiva. El objetivo era impedir que los alemanes la utilizaran, si la descubrían. El bombardeo de centros civiles fue iniciado por Alemania y adoptado por los japoneses. Los aliados respondieron con la misma moneda —pero con mucha mayor eficacia, como se ha visto— y podían sentirse moralmente justificados al hacerlo. Pero ahora, sin ninguna provocación y sin el justificativo de la represalia, la negativa a declarar ilegal el uso de la bomba, a menos que se trate de una respuesta a un ataque previo, convierte su posesión en un objetivo político. Difícilmente se puede perdonar esta actitud.

No digo que los Estados Unidos no deban fabricar y almacenar bombas, porque creo que esto debe hacerse, para que otras naciones no intenten un ataque atómico cuando lleguen a poseer la bomba. Pero el único objetivo del almacenamiento de bombas será impedir ese posible ataque. Asimismo, creo que las Naciones Unidas deberían tener su bomba atómica, del mismo modo que poseen un ejército y unos armamentos propios. Y también en este caso la bomba tendría la única finalidad de impedir que un agresor o alguna nación rebelde intentase un ataque atómico. Ni las Naciones Unidas ni los Estados Unidos ni ninguna otra potencia deberían utilizar la bomba atómica por iniciativa propia. Tener en reserva una cantidad de bombas atómicas, sin que medie la promesa formal de no ser los primeros en utilizarla, significa explotar la posesión de las bombas con fines políticos. Es posible que los Estados Unidos tengan la esperanza de amedrentar a la Unión Soviética hasta el punto de que este país acepte el control supranacional de la energía atómica. Pero el temor solo acrecienta los antagonismos y aumenta las posibilidades de una guerra. Mi opinión es que esta política implica quebrantar las verdaderas normas de convivencia, al no favorecer el establecimiento de un control supranacional de la energía atómica.

Acabamos de emerger de una guerra en la que hemos tenido que aceptar la degradante falta de principios éticos del enemigo. Y en lugar de sentirnos liberados de esas bajezas, en lugar de considerarnos en condiciones de restaurar la inviolabilidad de la vida humana y la seguridad de los no combatientes, estamos haciendo nuestra esa falta de ética practicada por el enemigo durante la última guerra. De modo que hemos emprendido el camino hacia otra confrontación bélica por iniciativa propia.

Es posible que el público no tenga conocimiento de que en una nueva guerra existirán grandes cantidades de bombas atómicas. El peligro en ciernes se podría medir sobre la base de los daños ocasionados por las tres bombas que han estallado antes del fin de la última guerra.

También es posible que el público no advierta que, en relación con los daños ocasionados, las bombas atómicas ya se han convertido en la forma de destrucción más económica que se puede utilizar en una ofensiva. En una próxima guerra las bombas serán muchas y, comparativamente, de bajo coste. Será difícil evitar una guerra atómica, a menos que exista la determinación de no utilizar la energía atómica y que esa determinación sea mucho más fuerte que la que hoy se advierte entre los dirigentes americanos civiles y militares y entre la población misma. Los americanos deben llegar a reconocer que no son la mayor potencia del mundo por tener la bomba en su poder, sino que, en rigor, son débiles a causa de su vulnerabilidad ante un ataque atómico. De no ser así, no estarán en condiciones de presentarse en Lake Success o ante las autoridades rusas, con una predisposición que desemboque en un entendimiento.[9]

No sugiero, sin embargo, que la única causa de la falta de acuerdo con la Unión Soviética acerca del control atómico sea que los americanos no hayan declarado ilegal el uso de la bomba. Los rusos han manifestado con claridad que harán todo aquello que esté a su alcance para evitar la instauración de un régimen supranacional. No solo rechazan esta idea en el campo de la energía atómica, sino que la rechazan de plano, como principio, y menosprecian por anticipado cualquier sugerencia que pueda llevar a un gobierno mundial.

El señor Gromiko ha dicho, con razón, que la esencia de la propuesta atómica americana es el concepto de que la soberanía nacional no es compatible con la era atómica.[10] Este político ha declarado que la Unión Soviética no puede aceptar tal tesis. Las razones que invoca son oscuras, porque es evidente que no son más que pretextos. Pero lo que es verdad, al parecer, es que los líderes soviéticos consideran que no pueden preservar la estructura social del Estado soviético dentro de un régimen supranacional. El gobierno ruso está decidido a mantener su presente estructura social y los líderes soviéticos, dueños de su gran poderío gracias a la naturaleza misma de esa estructura, no ahorrarán esfuerzos para evitar que se instaure un régimen supranacional que pueda controlar la energía atómica o cualquier otra cosa.

9. Lake Success (estado de Nueva York) fue sede temporal de las Naciones Unidas entre 1946 y 1951.

10. El economista y diplomático Andréi Gromiko (1909-1989) desempeñó los más altos cargos de su país, entre los que destacó su labor como ministro de Asuntos Exteriores durante más de veinticinco años. Entre 1946 y 1948 fue el representante ruso en la ONU.

Tal vez los rusos estén en parte en lo cierto, en cuanto a la dificultad de mantener su estructura social presente dentro de un régimen supranacional, aunque en su momento quizá se vean obligados a reconocer que esa pérdida es menos importante que permanecer aislados del mundo de la legalidad. Pero de momento parecen sumergidos en sus temores y tendremos que admitir que los Estados Unidos han contribuido con amplitud a acrecentarlos, no solo con respecto a la energía atómica, sino también en otros muchos aspectos. En realidad, este país ha llevado, ante los rusos, una política sustentada en la convicción de que el miedo es la mejor de las armas diplomáticas. Estos, por su parte, se oponen a la formación de un sistema internacional de seguridad, lo que sin embargo no es motivo para que el resto de las naciones no se preocupe por crearlo. Ya se ha visto que los rusos son capaces de resistir con todas sus fuerzas ante hechos que no quieren que se produzcan, pero también es cierto que, una vez han ocurrido, pueden ser flexibles y acomodaticios. De modo que tanto los Estados Unidos como las demás potencias no han de permitir que Rusia oponga su veto a un intento de crear un sistema supranacional de seguridad. Es más o menos lógico suponer que, en cuanto comprenda que no está en condiciones de impedir que se establezca dicho régimen, se unirá a él.

Hasta el presente los Estados Unidos no han mostrado interés por garantizar la seguridad de la Unión Soviética. Se han limitado a su propia seguridad, lo que es habitual en confrontaciones por el poder entre estados soberanos. No obstante, no es posible anticipar el efecto que tendría sobre los temores de los rusos una presión ejercida por el pueblo americano, para conseguir que sus dirigentes decidieran corregir la actual anarquía en las relaciones internacionales. En un mundo en el que se impusiera el respeto por la ley, la seguridad rusa igualaría a la nuestra, y si el pueblo americano abogara con ahínco por esa causa —perfectamente posible dentro de una organización democrática— tal vez podría producirse un milagro en la actitud soviética.

En el momento presente, los rusos no tienen ninguna prueba que les demuestre que el pueblo americano no apoya de buen grado una política militarista, política que para los soviéticos es testimonio de que deliberadamente se persigue intimidarlos. Si se les brindaran pruebas de que los americanos desean con pasión defender la paz por el único camino posible, es decir, a través de la instauración de un orden legal y supranacional, los rusos quizá cambiarían sus cálculos acerca del peligro que representa, para la seguridad de la Unión Soviética, la actitud americana habitual. Hasta que no se presente a Rusia una oferta genuina y convincente, respaldada por un pueblo americano solidario, nadie podrá anticipar la respuesta de aquel país.

Es posible que la primera respuesta sea rechazar el orden legal. Pero, si a partir de ese momento los rusos comenzaran a comprobar que un mundo en el que la ley imperara se instaura aun sin ellos, y que de ese modo la seguridad de su propio país aumenta, sus ideas tendrían que cambiar, necesariamente.

Creo que debemos invitar a la Unión Soviética a unirse a un gobierno mundial que tenga poder para garantizar la seguridad y, en el caso de que esa nación no se avenga a unirse a dicho proyecto, deberemos establecer un sistema de seguridad supranacional sin ella. Permítaseme admitir de inmediato que veo grandes peligros en esta decisión. Al adoptarla, habría que buscar una forma por la que quedara bien claro que el nuevo régimen no es una suma de poderes en contra de Rusia. Tendrá que ser una organización que, por su estructura interna, reduzca al mínimo las posibilidades de una guerra. Tendrá que poseer un espectro de intereses mucho más amplio que el de cualquiera de los Estados miembros, de modo que no sea proclive a iniciar una guerra agresiva o preventiva. Tendrá que ser una potencia mucho más fuerte que cada uno de los países miembros y su extensión geográfica será mayor a fin de que resulte más difícil derrotarla militarmente. Este organismo estará orientado a la seguridad supranacional, rechazando el concepto de supremacía nacional, que tan poderoso resulta como factor de guerra.

Si se estableciera un régimen supranacional sin la presencia de Rusia, su eficacia en favor de la paz dependería de la habilidad y sinceridad con que llevara a cabo esa tarea. Sería preciso subrayar insistentemente el deseo de que Rusia formara parte de ese organismo. Tanto para ella como para todos los países que se agrupasen en dicha institución, tendría que quedar claro que no se incurriría en falta por no adherirse al gobierno mundial. Si los soviéticos no se adhiriesen al proyecto desde el comienzo, deberían tener la certeza de que serían bienvenidos cuando decidieran unirse a él. Debería comprenderse que la organización se está construyendo con el objetivo final de lograr la adhesión rusa.

Estas son ideas abstractas y no es fácil esbozar el camino concreto que un gobierno parcial del mundo debería seguir para que la Unión Soviética participara de él. No obstante, considero que existen dos condiciones fundamentales: la nueva organización no tendrá que poseer secretos militares y los rusos tendrán que tener libertad para enviar observadores a cada una de las sesiones de la organización, en las que se presenten, discutan y adopten las nuevas leyes y se decidan las posibles vías de acción. Así quedará destruida la gran fábrica de secretos en la que se manufacturan tantas de las sospechas del mundo.

Es probable que una persona con mentalidad militarista se desconcierte ante la sugerencia de un régimen carente de secretos militares. A esa persona se le ha enseñado a creer que los secretos así divulgados podrían hacer que una nación belicista tratara de conquistar la tierra. (Con respecto del llamado secreto de la bomba atómica, considero que los rusos serán dueños de él a corto plazo y gracias a sus propios esfuerzos.) Reconozco que no mantener secretos militares comporta un riesgo. Si un número suficiente de naciones mancomunara su esfuerzo, se podría asumir ese riesgo, porque la seguridad de cada país estaría ampliamente acrecentada. Y todo esto se podría llevar a cabo con toda confianza gracias a la desaparición de los temores, las sospechas y los recelos. Las tensiones derivadas de la creciente posibilidad de guerra en un mundo basado en la soberanía serían sustituidas por el sosiego de la paz. A su debido tiempo, esto podría invitar a una mayor flexibilidad del pueblo ruso y de sus dirigentes hacia Occidente.

En mi opinión, la pertenencia a un sistema supranacional de seguridad no debería estar basada en ningún principio democrático arbitrario. El requisito fundamental ha de ser que los representantes ante una organización supranacional sean elegidos por el pueblo en cada uno de los países miembros, a través de una votación secreta. Los candidatos tendrán que ser representantes del pueblo y no de su gobierno, con lo cual quedaría en primer plano la naturaleza pacífica de la organización.

Creo que exigir que otros criterios democráticos sean aceptados constituiría una actitud poco sensata. Las instituciones y los principios democráticos son los resultados de unos desarrollos históricos, hasta un punto pocas veces apreciado en los países que gozan de ellos. El establecimiento de principios arbitrarios agudizaría las diferencias ideológicas entre Occidente y la Unión Soviética.

Pero ahora no son las diferencias ideológicas lo que empuja al mundo hacia una guerra. En realidad, si todas las naciones occidentales adoptaran el socialismo, en tanto mantuviesen sus respectivas soberanías nacionales, es posible que el conflicto por el poder entre Este y Oeste seguiría existiendo. Los apasionados alegatos en contra de los sistemas económicos de hoy me parecen totalmente irracionales. Que la vida económica de Estados Unidos deba estar en manos de unos pocos individuos —como lo está— o que esos individuos deban estar sujetos al control del Estado puede ser importante, pero no lo suficiente para justificar todos los sentimientos favorables o contrarios que se manifiestan al respecto.

Me reconfortaría ver que todas las naciones integrantes del Estado supranacional reúnen sus fuerzas militares, conservando para sí solo una pequeña fuerza de policía. Y a continuación querría ver esas fuerzas unidas y distribuidas como en otro tiempo lo fueron los regimientos del imperio austro-húngaro, es decir, suponiendo que los hombres y oficiales de una región podrían servir mejor a los fines del imperio si no permanecían exclusivamente en sus propias provincias, porque así no se sentirían sujetos a presiones locales y raciales.

También me agradaría ver la autoridad del régimen supranacional restringida exclusivamente al campo de la seguridad. No tengo la certeza de que esto sea posible. La experiencia podría indicar la necesidad de cierta autoridad en cuestiones económicas, en vista de que, en las condiciones actuales, la economía puede originar problemas nacionales que llevan en sí mismos la semilla de un conflicto violento. No obstante, prefiero que la función del nuevo organismo esté limitada a tareas de seguridad. Y también preferiría que este régimen fuera establecido a partir del fortalecimiento de las Naciones Unidas, para que no haya solución de continuidad en la búsqueda de la paz.

No se me escapan las grandes dificultades que implicará el establecimiento de un gobierno mundial, tanto si se inicia sin la participación de Rusia como con ella. Soy consciente de los riesgos. Y, toda vez que no deseo que se permita la secesión de un país que se haya unido a la organización internacional, preveo como posible el peligro de una guerra civil. Pero también creo que un gobierno mundial será realidad en algún momento del futuro y que el problema reside en el precio que se quiera pagar por él. Llegará el día, creo, en que tendrá que existir un gobierno mundial, aun cuando sea después de una nueva guerra y aunque después de esa guerra la potencia vencedora sea la que lo instituya, sobre la base de su poderío militar, y lo mantenga solo a través de la militarización permanente de la raza humana.

Pero también creo que puede llegar a través del acuerdo y del poder de persuasión, es decir, con un coste muy bajo. Sin embargo, si ha de llegar por esta vía, no bastará apelar a la razón. Uno de los fundamentos del sistema comunista del Este es cierta similitud con la religión, cierta capacidad para inspirar las emociones que surgen normalmente en el ámbito religioso. Si la causa de la paz, basada en la ley, no es capaz de suscitar de por sí la fuerza y el celo que despierta una religión, no se puede esperar el éxito. Aquellos a quienes la raza humana ha confiado su enseñanza moral tienen aquí su gran deber y su gran oportunidad. Me figuro que los científicos atómicos ya se han convencido de que no pueden guiar al pueblo estadounidense hasta las verdades de la era atómica solo con la ayuda de la lógica. Habrá que contar con el profundo poder de la emoción, que es ingrediente básico del sentimiento religioso. Es de esperar que no solo las iglesias, sino también las escuelas, universidades y los organismos rectores de la opinión asuman su excepcional responsabilidad en este sentido.

LA MENTALIDAD MILITARISTA

De *The American Scholar*, Nueva York, verano de 1947.

Me parece que la clave de la situación actual reside en el hecho de que el problema que confrontamos no puede ser considerado como un suceso aislado. En primer término, se puede plantear la siguiente pregunta: cada vez más las instituciones de enseñanza y la investigación tendrán que ser mantenidas con fondos del Estado, porque las fuentes privadas no serán adecuadas, por muchos motivos. ¿Es razonable que la distribución de los fondos destinados a estos fines y pagados por el contribuyente sea confiada a los militares? Cualquier persona prudente contestará, sin duda, «¡No!». Es evidente que la difícil tarea de hallar la distribución más beneficiosa tendrá que ser puesta en las manos de personas cuyos méritos y cuyo trabajo habitual sean prueba de que saben algo de ciencia e investigación.

Sin embargo, muchas personas razonables están a favor de que ciertos organismos militares sean los encargados de distribuir una parte importante de los fondos existentes y la causa de esta actitud está en que esas personas subordinan sus intereses culturales a su visión política general. De modo que dirigiremos nuestra atención hacia esos puntos de vista políticos, hacia sus orígenes e implicaciones. Al hacerlo así, pronto comprenderemos que el problema que aquí discutimos no es sino uno entre muchos otros y que solo puede ser evaluado y juzgado con propiedad si se sitúa dentro de un marco más amplio. Las tendencias mencionadas son nuevas en Estados Unidos. Han surgido cuando, bajo la influencia de las dos guerras mundiales y la consiguiente concentración de todos los esfuerzos hacia un objetivo militar, se ha desarrollado una mentalidad predominantemente militarista que, con la casi súbita victoria, se ha acentuado aún más. El rasgo característico de esta mentalidad es que, muy por encima del resto de factores que afectan a las relaciones entre los pueblos, la gente pone lo que Bertrand Russell ha denominado felizmente «poder desnudo». Inducidos a error en particular por los éxitos de Bismarck, los alemanes han pasado por una transformación total de su mentalidad y así, en menos de cien años, se han visto en la ruina absoluta.

Con toda franqueza debo confesar que la política exterior de los Estados Unidos, a partir del cese de las hostilidades, me ha traído el irresistible recuerdo de la actitud de Alemania en los tiempos del káiser Guillermo II, y sé que esta penosa analogía es compartida por otras muchas personas. Una de las características de la mentalidad militar es la de considerar esenciales los factores no humanos (bombas atómicas, bases estratégicas, armamentos de todo tipo, posesión de materias primas, etc.), en tanto que el ser humano, sus deseos y pensamientos —o sea, los factores psicológicos— son juzgados como secundarios y poco importantes. De aquí proviene cierta similitud con el marxismo, al menos en la medida en que se tome en cuenta tan solo su aspecto teórico. El individuo es degradado hasta el nivel de un mero instrumento: se convierte en «material humano». Las metas normales de la aspiración humana se desvanecen con este punto de vista. La mentalidad militarista hace del «poder desnudo» un fin en sí mismo, una de las más extrañas ilusiones ante las que pueden sucumbir los hombres.

En nuestro tiempo, la mentalidad militarista es más peligrosa aún que antaño, porque los armamentos ofensivos son mucho más potentes que los defensivos. Esto, necesariamente, conduce a la guerra preventiva. La inseguridad general que va de la mano de estas circunstancias hace que los derechos de los ciudadanos civiles sean sacrificados en aras del supuesto bienestar del Estado. La caza de brujas por motivos políticos, los controles de toda clase (o sea, el control de la enseñanza y de la investigación, el de la prensa y demás) parecen inevitables y por esta razón no surge una resistencia popular que, si no estuviera presente la mentalidad militarista, podría representar una protección. En forma gradual se produce un cambio de valores puesto que todo lo que no sirva con claridad a aquellos fines utópicos es visto y tratado como inferior.

A partir de las condiciones existentes, no veo otra salida que un plan de acción que tenga como objetivo establecer la seguridad sobre una base supranacional. Esperemos que haya hombres, en número suficiente, capaces de guiar a la nación por este sendero, hombres que gracias a su fortaleza moral puedan hacer que el país asuma el papel de liderazgo que ahora exigen las circunstancias exteriores. Entonces dejarán de existir problemas como el que aquí hemos discutido.

SEGURIDAD NACIONAL

Contribución al programa de televisión de la cadena NBC de Eleanor Roosevelt, dedicado a las repercusiones de la bomba H, 13 de febrero de 1950.

Le agradezco, señora Roosevelt, la oportunidad que me brinda para expresar mis convicciones acerca de este importantísimo problema político.[11]

La idea de lograr la seguridad de un país a base de armarse, en el presente estado de la técnica militar, no es más que una ilusión desastrosa. Por parte de los Estados Unidos, esta ilusión se ha exa-

11. Además de primera dama de los Estados Unidos durante los cuatro períodos presidenciales de su esposo Franklin D. Roosevelt, Eleanor Roosevelt (1884-1962) fue escritora y activista. Durante mucho tiempo presentó un programa de radio y de televisión, y en 1945 se convirtió en la primera delegada estadounidense de la ONU. También supervisó la Declaración Universal de los Derechos Humanos.

gerado aún más porque este país ha sido el primero en producir la bomba atómica, imponiéndose la creencia de que era posible obtener una decisiva superioridad militar y con ello intimidar a cualquier enemigo potencial y lograr la seguridad que tan ardientemente deseamos. El axioma que hemos seguido durante estos últimos cinco años ha sido: seguridad por la superioridad militar, sea cual fuera su coste. Esta actitud psicológica tiene sus inevitables consecuencias. Cada una de las decisiones en el campo de la política exterior está gobernada por un único punto de vista: ¿cómo debemos actuar para obtener la máxima superioridad sobre nuestros enemigos, en caso de una guerra? Estableciendo bases militares en todos los puntos estratégicos importantes de la tierra; armando y desarrollando el poder económico de los aliados potenciales; dentro del país, concentrando un tremendo poder financiero en manos de los militares, militarizando a la juventud, supervisando estrictamente la lealtad de los ciudadanos y en particular de los funcionarios por medio de una fuerza policial más conspicua cada día, intimidando a aquellos que sostienen un pensamiento político independiente, adoctrinando sutilmente al público a través de la radio, la prensa y la escuela. Y también aumentando las restricciones en el ámbito de la información pública, bajo la presión del secreto militar.

La carrera armamentista entre los Estados Unidos y la Unión Soviética, originalmente de ámbito preventivo, adquiere caracteres de histeria. Ambas partes se han lanzado, con el máximo secreto, al perfeccionamiento de los medios masivos de destrucción con una prisa febril. En el horizonte ha surgido la bomba de hidrógeno como un objetivo alcanzable. Su acelerado desarrollo ha sido proclamado solemnemente por el primer mandatario. De lograrse, el envenenamiento radiactivo de la atmósfera y la consiguiente destrucción de todo rastro de vida sobre la tierra se habrá puesto a nuestro alcance. El carácter fantasmal de este desarrollo se manifiesta en su curso compulsivo. Cada paso parece ser la inevitable consecuencia del precedente. Al final, cada vez con más claridad, nos aguarda la aniquilación general.

¿Existe un camino para salir de este atolladero creado por el propio hombre? Todos nosotros, y en especial los que son responsables de la actitud de los Estados Unidos y de la Unión Soviética, debemos comprender que quizá hayamos vencido a un enemigo exterior, pero hemos sido incapaces de desembarazarnos de la mentalidad creada por la guerra. Es imposible lograr la paz mientras cada uno de nuestros actos se ejecute con miras a un posible conflicto bélico futuro. Toda acción política tendría que regirse con vistas a esta pregunta: ¿qué podemos hacer en bien de una coexistencia pacífica e incluso de una cooperación leal entre las naciones? El primer problema es desechar los miedos y las desconfianzas mutuas. Habrá que hacer una solemne renuncia a la violencia (no solo a los medios de destrucción masiva). Esta renuncia, sin embargo, solo será eficaz si al mismo tiempo un organismo supranacional, judicial y ejecutivo, queda constituido e investido del poder de decidir en problemas que conciernan a la seguridad de las naciones. Incluso una *declaración* en que las naciones se comprometan a colaborar con lealtad en la realización de un «gobierno mundial restringido» podría reducir considerablemente el riesgo de una guerra.

En último análisis, toda clase de cooperación pacífica entre los hombres está basada, en principio, sobre la mutua confianza y solo en segundo lugar en instituciones tales como los tribunales de justicia y la policía. Esto es válido para las naciones tanto como para los individuos. Y la base de la confianza es la lealtad.

¿Qué pasa con el control internacional? Puede ser útil de forma complementaria. Pero sería prudente no estimar en exceso su importancia. El ejemplo de la Ley Seca debería darnos que pensar.

ACERCA DE LA ABOLICIÓN DE LA AMENAZA DE GUERRA

Escrito el 20 de septiembre de 1952. Publicado en la revista japonesa *Kaizo*, de Tokio, en el número de otoño de 1952.

Mi participación en el proceso que condujo a producir la bomba atómica se redujo a una única acción: firmé una carta dirigida al presidente Roosevelt, pidiendo que se realizaran experimentos a gran escala para explorar las posibilidades de producción de una bomba atómica.

Siempre he sido consciente del terrible riesgo que representaba para la humanidad un éxito en este campo. Pero la posibilidad de que los alemanes estuvieran trabajando en el mismo problema, con fuertes expectativas de éxito, me forzó a dar aquel paso. No podía hacer otra cosa, a pesar de que siempre he sido un pacifista convencido. Según mi criterio, matar en una guerra no es mejor que cometer un asesinato común.

En la medida en que las naciones no se resuelvan a abolir la guerra mediante una acción común y no quieran solucionar sus conflictos y proteger sus intereses con decisiones pacíficas que tengan una base legal, se sentirán compelidas a prepararse para la guerra. Se sentirán obligadas a aprestarse con todos los medios posibles, incluso los más detestables, para no quedar atrás en la carrera armamentista general. Este camino conduce, necesariamente, a la guerra, una guerra que dadas las actuales condiciones significa la destrucción universal. En estas circunstancias, la lucha contra los *medios* no tiene posibilidad de lograr el éxito. Solo la abolición radical de las guerras y de la amenaza de guerra puede valer de algo. Este ha de ser nuestro objetivo. Cada persona debe estar resuelta a no permitir que los hechos la fuercen a ejecutar acciones que vayan en contra de este fin. Se trata de una exigencia severa para quien tenga conciencia de su situación de dependencia ante la sociedad. Pero no representa un imposible. Gandhi, el mayor genio político de nuestro tiempo, nos ha señalado el camino, y nos ha demostrado que el pueblo es capaz de grandes sacrificios una vez que ha entrevisto la vía correcta. El trabajo que este hombre ha realizado por la liberación de la India es un testimonio vivo de que la voluntad gobernada por una firme convicción es más fuerte que el poder material, invencible en apariencia.

PARA ASEGURAR EL FUTURO DE LA HUMANIDAD

Mensaje durante la Canadian Education Week, 2-8 de marzo de 1952. Publicado en *Mein Weltbild*, Europa Verlag, Zurich, 1953.

El descubrimiento de las reacciones nucleares en cadena no tiene por qué provocar la destrucción de la especie humana, al igual que no la provocó el descubrimiento de las cerillas. Pero hemos de hacer todo lo posible para impedir que se abuse de este descubrimiento. En el estadio actual del desarrollo tecnológico, solo puede protegernos una organización supranacional que disponga de un poder ejecutivo lo bastante fuerte. Una vez de acuerdo en esto, hemos de hallar la energía necesaria para los sacrificios inevitables que exigirá esta tarea de asegurar el futuro de la especie. Si no se alcanza este objetivo a tiempo, todos seremos culpables. Se corre el peligro de que nadie haga nada en espera de que los demás actúen.

El progreso de la ciencia en nuestro siglo es respetado por toda persona culta, e incluso por el hombre común que solo percibe las aplicaciones técnicas de la ciencia. Sin embargo, si se tienen en cuenta los problemas fundamentales de la ciencia se conseguirá no exagerar el alcance de los triunfos recientes. Si cuando vamos en un tren nos fijamos solo en objetos cercanos, tendremos la sensación de movernos a una velocidad increíble, pero si dirigimos nuestra atención a rasgos prominentes del paisaje, como unas montañas elevadas, el escenario parecerá que cambia muy lentamente. Lo mismo sucede con los problemas básicos de la ciencia.

Creo que ni siquiera es razonable hablar de nuestra *way of life* o de la de los rusos. Se trata, en ambos casos, de una serie de tradiciones y costumbres que no forman un todo orgánico. Tiene más sentido, sin duda, preguntarse qué instituciones y tradiciones son perniciosas y cuáles son útiles a los seres humanos; cuáles proporcionan mayor felicidad o mayor aflicción. Debemos luego esforzarnos por adoptar las que nos parezcan mejores, sin tener en cuenta si las vemos plasmadas, en el presente, en nuestro país o en otro distinto.

UN MENSAJE A LOS INTELECTUALES

Tomado del mensaje al Congreso de los Intelectuales para la Paz, celebrado en Breslavia; el mensaje nunca fue leído, pero la prensa lo publicó el 29 de agosto de 1948.

En nuestra condición de intelectuales e investigadores de distintas nacionalidades, hoy nos hallamos enfrentados con una profunda e histórica responsabilidad. Existen motivos que nos obligan a estar agradecidos a nuestros colegas franceses y polacos, cuya iniciativa nos ha reunido aquí con un objetivo trascendental: utilizar la influencia de los hombres sensatos para promover la paz y la seguridad en todo el mundo. Este es el ancestral problema con el que Platón —principal antecesor— luchó con empeño: aplicar la razón y la prudencia para lograr la solución de los problemas del hombre, en lugar de acudir a los instintos atávicos y a las pasiones.

A través de una penosa experiencia, hemos aprendido que el pensamiento racional no basta para resolver los problemas de nuestra vida social. La investigación y el trabajo científico serio han tenido a menudo trágicas proyecciones sobre la humanidad, produciendo, por una parte, los inventos que liberaban al hombre de un trabajo físico agotador y hacían que la vida fuera más rica y más fácil, mientras, por otra parte, introducían una grave inquietud en la vida humana, haciendo al hombre esclavo de su entorno tecnológico y —algo aún más catastrófico— creando los medios para su destrucción masiva. Sin duda estamos ante una tragedia de terrible alcance.

Por muy triste que sea este hecho, es quizá más trágico aún que, mientras la humanidad ha producido muchos investigadores de talla en el campo de la ciencia y la tecnología, desde hace largo tiempo no hemos sido capaces de hallar soluciones adecuadas para los innumerables conflictos políticos y tensiones económicas que nos abruman. Por cierto que el antagonismo de intereses económicos intra- e internacional es en gran medida el responsable de la situación peligrosa y amenazante que vive el mundo de nuestros días. El hombre no ha sido capaz de desarrollar unas formas de organización política y económica que puedan garantizar la coexistencia pacífica de las naciones del mundo. No ha sido capaz de edificar un sistema que elimine la posibilidad de la guerra y que rechace para siempre los criminales instrumentos de destrucción masiva. Sumergidos hoy en el trágico destino que nos ha llevado a colaborar en la elaboración de métodos de aniquilación más horribles y más eficaces cada vez, los científicos debemos considerar que nuestro solemne y trascendental deber es hacer todo lo posible para impedir que esas armas sean utilizadas con la brutal finalidad para la que han sido inventadas. ¿Qué otra tarea podría ser más importante para nosotros? ¿Qué objetivo social podría resultarnos más querido? Por todas estas circunstancias este Congreso tiene ante sí una misión vital. Estamos aquí para brindarnos consejo mutuo. Debemos construir puentes espirituales y científicos que sirvan de enlace entre las naciones del mundo. Debemos superar los horribles obstáculos de las fronteras nacionales.

En las entidades menores de la vida comunitaria, el hombre ha hecho algunos progresos en el camino de acabar con las soberanías anti-sociales: dentro de las ciudades y, hasta cierto punto, también de algunos países individuales. En esas comunidades la tradición y la educación han tenido una influencia moderadora y han contribuido al surgimiento de relaciones de tolerancia entre los pueblos que viven dentro de esos confines. Pero en las relaciones entre estados independientes aún se impone la anarquía. No creo que durante los últimos mil años hayamos logrado algún avance verdadero en este campo. Los conflictos entre las naciones todavía se resuelven, con excesiva frecuencia, por medio del poder brutal, por medio de la guerra. El deseo ilimitado de un poderío siempre mayor se ha convertido en un elemento activo y agresivo cada vez que se ha presentado la posibilidad de que así sea.

A través de los siglos, este estado de anarquía en los asuntos internacionales ha ocasionado sufrimientos y destrozos indescriptibles; una y otra vez ha impedido el desarrollo de los hombres, de sus espíritus y de su bienestar. En ciertas ocasiones ha llegado al aniquilamiento casi total de países enteros.

Por otra parte, las naciones abrigan el deseo de estar constantemente preparadas para la guerra y esto añade nuevas repercusiones sobre la vida de los hombres. El poder de cada Estado sobre sus ciudadanos ha crecido sin pausa durante los últimos siglos, tanto en los países en los que el poder estatal se ha ejercido con sensatez como en aquellos en que se ha utilizado para una tiranización brutal de la ciudadanía. La función estatal de mantener relaciones pacíficas y ordenadas entre los ciudadanos se ha convertido en un proceso cada vez más complejo, a causa de la concentración y centralización del moderno aparato industrial. Con el fin de proteger a sus ciudadanos de ataques externos, el Estado moderno necesita unos ejércitos cada vez más poderosos. Además, el Estado estima imprescindible educar a sus ciudadanos para la posibilidad de una guerra: una que no solo corrompe el alma y el espíritu de los jóvenes, sino que también afecta la mentalidad de los adultos. Ningún país puede evitar esta corrupción, que infecta a la ciudadanía aun en países en los que no se profesan abiertas tendencias agresivas. Así, el Estado se ha convertido en un ídolo moderno a cuyo poder de sugestión solo pueden escapar unos pocos hombres.

La educación para la guerra, por cierto, es un engaño. El desarrollo tecnológico de los últimos años ha creado una situación militar completamente nueva. Se han inventado armas horribles, capaces de destruir en unos pocos segundos importantes masas de seres humanos y enormes áreas de territorio. Habida cuenta de que la ciencia no ha hallado todavía una protección adecuada, el Estado moderno ya no está en condiciones de brindar la seguridad necesaria a sus ciudadanos.

¿Cómo nos salvaremos, entonces?

La humanidad solo estará protegida del riesgo de una destrucción inimaginable y de una desenfrenada aniquilación, si un organismo supranacional tiene el poder de producir o poseer esas armas. Sin embargo, no cabe pensar que en las presentes circunstancias las naciones otorgarán dicho poder a un organismo supra-nacional, a menos que este detente el derecho legal y el deber de resolver todos los conflictos que, en el pasado, han dado origen a la guerra. Las funciones de los Estados individuales quedarán limita-das a sus asuntos internos, poco más o menos; en sus relaciones con los otros Estados solo entenderán de proyectos y problemas que de ninguna manera puedan conducir a crear situaciones de pe-ligro para la seguridad internacional.

Por desdicha no hay señales de que los gobiernos hayan llegado a comprender que la situación en la que se halla la humanidad hace que la adopción de medidas revolucionarias sea una apremiante necesidad. Nuestra situación no se puede comparar con ninguna otra del pasado. Por ende, resulta imposible aplicar métodos y me-didas que en otro tiempo puedan haber sido eficaces. Debemos re-volucionar nuestro pensamiento, revolucionar nuestras acciones y hemos de tener el valor de revolucionar las relaciones entre los paí-ses del mundo. Los tópicos de ayer no tienen validez hoy y, sin duda, estarán irremisiblemente fuera de lugar mañana. Llevar esta convicción a todos los hombres del mundo es la más importante y significativa tarea que los intelectuales hayan tenido jamás que apoyar. ¿Tendrán el valor necesario para superar, hasta donde sea preciso, los vínculos nacionalistas e inducir a los pueblos del mun-do a cambiar sus arraigadas tradiciones nacionales de la manera más radical posible?

Es indispensable realizar un tremendo esfuerzo. Si ahora fraca-sa, la organización supranacional será construida más adelante, pero entonces se alzará sobre las ruinas de una gran parte del mun-do hoy existente. Alberguemos la esperanza de que la abolición de la actual anarquía internacional no deba pagarse con una catástro-fe mundial, cuyas dimensiones tal vez nadie pueda imaginar. El tiempo es terriblemente breve. Si queremos hacer algo debe ser ahora.

LA BÚSQUEDA DE LA PAZ

Entrevista a la emisora de las Naciones Unidas, del 16 de junio de 1950, grabada en el estudio de Einstein, en su casa de Princeton, Nueva Jersey.

—*¿Es una exageración decir que el destino del mundo pende de un hilo?*

—No, no lo es. El destino de la humanidad siempre está pendiendo de un hilo..., pero ahora es más cierto que en ninguna otra época anterior.

—*¿Cómo podríamos hacer para que la gente comprenda la dificultad del momento presente?*

—Creo que *puede* darse respuesta a esta pregunta. No se hallará ningún remedio mientras se continúe con los preparativos para la guerra. En cambio, habrá que partir de la convicción de que un desastre militar solo puede evitarse mediante pacientes negociaciones y a través de la creación de una base legal para la solución de los problemas internacionales, que esté apoyada en un organismo ejecutivo con poder propio: en pocas palabras, en una especie de gobierno mundial.

—*¿La carrera armamentista atómica conduce hacia otra guerra mundial o, como sostienen algunas personas, es una forma de evitar la guerra?*

—La competencia armamentista no es un modo de evitar la guerra. Cada paso dado en esa dirección nos conduce hacia la catástrofe. La carrera armamentista es el *peor* método para prevenir un conflicto abierto. Una paz verdadera no se logrará si no se apela al desarme sistemático, dentro de una escala supranacional. Digo y repito que el armamento no es una protección ante la guerra, sino que inevitablemente *conduce* a un conflicto bélico.

—*¿Es posible realizar preparativos para la guerra y, al mismo tiempo, construir una comunidad mundial?*

—Luchar por la paz y prepararse para la guerra son incompatibles entre sí, y más que nunca en estos tiempos nuestros.

—*¿Es posible evitar la guerra?*

—La respuesta es muy simple: si tenemos el valor necesario para decidirnos en nuestro fuero interno por la paz, *tendremos* paz.

—*¿Cómo?*

—Gracias a la firme voluntad de lograr un acuerdo. Esto es axiomático. No se trata de un juego. Las actuales circunstancias implican un alto grado de peligro para la existencia. Si no estamos firmemente decididos a resolver las cosas de una manera pacífica, jamás llegaremos a una solución pacífica.

—*¿Qué efectos cree usted que tendrá la energía atómica sobre nuestra civilización en los próximos diez o veinte años?*

—Poco importantes. Las posibilidades técnicas que poseemos son bastante satisfactorias... si nos atenemos a un uso correcto.

—*¿Qué opina usted acerca de los profundos cambios en nuestra vida, que predicen algunos científicos? Por ejemplo, la posibilidad de que sea necesario trabajar solo dos horas al día.*

—Los seres humanos somos siempre los mismos. No hay verdaderos cambios profundos. No es demasiado importante que trabajemos cinco horas o dos. Nuestro problema es de índole social y económica, a nivel internacional.

—*¿Qué pediría usted que se hiciera con las bombas atómicas que ya se han fabricado y almacenado?*

—Que se entregasen a una organización supranacional. Durante el intervalo que medie hasta la concreción de una paz sólida, es imprescindible poseer alguna clase de protección. El desarme unilateral no es posible, no merece la pena hablar de ello. Los armamentos deben ser confiados a una autoridad internacional. No existe otra posibilidad..., el desarme sistemático combinado con un gobierno supranacional. No debemos observar el problema de la seguridad demasiado técnicamente. Son más importantes el *deseo* de paz y la buena disposición para aceptar cada uno de los pasos necesarios para lograr ese fin.

—*¿Qué podemos hacer cada uno de nosotros con respecto a la guerra o a la paz?*

—Los ciudadanos podrán obligar a todos los que quieran ser elegidos (al congreso, etcétera) a comprometerse a trabajar en bien del orden internacional y de la limitación de las soberanías nacionales, para favorecer dicho orden. Cada persona está comprometida en la formación de la opinión pública... y debe comprender qué es necesario... y ha de tener el valor de hablar con claridad.

—*La emisora de las Naciones Unidas hace llegar su voz a todos los rincones de la tierra, en veintisiete lenguas. En vista de que este es un momento de gran peligro, ¿qué palabras querría usted hacer llegar a los pueblos del mundo?*

—Considerados en su totalidad, creo que los principios de Gandhi fueron más acertados que los de cualquier otro político de nuestro tiempo. Tenemos que luchar para que nuestras acciones se desarrollen en el marco de ese espíritu..., no utilizar la violencia para abogar por nuestra causa y, en cambio, apelar a la no participación en todo aquello que consideremos fuente de mal.

MÉTODOS INQUISITORIALES MODERNOS

Carta a William Frauenglass, profesor de Brooklyn, Nueva York, que se negó a declarar ante un comité del congreso norteamericano. Publicada el 12 de junio de 1953 en el *New York Times*.

Querido señor Frauenglass:

Gracias por su nota. Por «campo remoto» me refiero a los fundamentos teóricos de la física.

El problema con que se enfrentan los intelectuales de este país es muy grave. Los políticos reaccionarios han logrado que el público sospeche de cualquier empresa intelectual, cegándole con la amenaza de un peligro exterior. Como han tenido éxito hasta ahora, han pasado ya a limitar la libertad de enseñanza y a privar de sus puestos a todos aquellos que no se muestran sumisos, es decir, a matarlos de hambre.

¿Qué debe hacer contra este peligro la minoría de los intelectuales? Sinceramente, no veo más sistema que el método revolucionario de no cooperación, en el sentido de Gandhi. Todo intelectual al que convoque uno de esos comités, debe negarse a declarar. Es decir, debe estar dispuesto a ir a la cárcel y a correr el riesgo de la ruina económica, a sacrificar, en suma, su bienestar personal en pro del bienestar cultural de su país.

Esta negativa a declarar no debe basarse, sin embargo, en el conocido subterfugio de invocar la Quinta Enmienda de la Constitución por la posibilidad de autoacusación, sino en la afirmación de que es vergonzoso para un ciudadano sin tacha someterse a ese procedimiento inquisitorial, y que ese procedimiento viola el espíritu de la Constitución.

Si hay bastantes individuos dispuestos a dar este grave paso, se conseguirá el triunfo. Si no, los intelectuales de este país solo merecerán la esclavitud que se proyecta para ellos.

P.D. No es necesario que esta carta se considere «confidencial».

AFORISMOS PARA LEO BAECK

De la publicación conmemorativa del 80 cumpleaños del rabino y líder del judaísmo reformista Leo Baeck (23 de mayo de 1953).

- Saludo al hombre que pasa por la vida siempre al servicio del prójimo, sin conocer el miedo, ajeno a toda agresividad y a todo resentimiento. De este material están hechos los grandes líderes morales que brindan consuelo a la humanidad en las miserias que ella misma crea.
- La tentativa de combinar sabiduría y poder ha tenido éxito muy pocas veces, y cuando lo ha tenido, ha sido por muy poco tiempo.
- El hombre suele evitar atribuir ingenio a otro... a menos que sea un enemigo.
- Pocos son capaces de expresar con ecuanimidad opiniones que difieran de los prejuicios de su entorno social. La mayoría son incapaces, incluso, de elaborarlas.
- La primacía de los tontos es insuperable y está garantizada para siempre. Su falta de coherencia alivia, sin embargo, el terror de su despotismo.
- Para ser miembro irreprochable de un rebaño de ovejas, uno debe ser, por encima de todo, una oveja.
- Los contrastes y contradicciones que pueden convivir pacífica y permanentemente dentro de un cráneo, hacen ilusorios todos los sistemas de los optimistas y pesimistas políticos.
- La risa de los dioses hace naufragar a quien intente proclamarse juez en el campo de la Verdad y del Conocimiento.
- La alegría de mirar y comprender es el don más hermoso de la naturaleza.

DERECHOS HUMANOS

Discurso ante la Chicago Decalogue Society, 20 de febrero de 1954.

Señoras y señores:

Hoy se han reunido ustedes para dedicar su atención al problema de los derechos humanos; y han decidido ofrecerme un premio con este motivo. Cuando me enteré de ello, me deprimió un poco su decisión. ¿En qué desdichada situación, pensé, debe hallarse una comunidad para no dar con un candidato más adecuado a quien otorgar esta distinción?

He dedicado, durante una larga vida, todas mis facultades a lograr una visión algo más profunda de la estructura de la realidad física. Jamás he hecho esfuerzo sistemático alguno para mejorar la suerte de los hombres, para combatir la injusticia y la represión, y para mejorar las formas tradicionales de las relaciones humanas.

Solo hice esto: con largos intervalos, expresé mi opinión sobre cuestiones públicas cuando me parecieron tan desdichadas y negativas que el silencio me habría hecho sentir culpable de complicidad.

La existencia y la validez de los derechos humanos no están escritas en las estrellas. Los ideales sobre el comportamiento mutuo de los seres humanos y la estructura más deseable de la comunidad, los concibieron y enseñaron individuos ilustres a lo largo de toda la historia. Estos ideales y creencias derivados de la experiencia histórica, el anhelo de belleza y armonía, en teoría fueron aceptados de inmediato por el hombre... y pisoteados siempre por la misma gente bajo la presión de sus instintos animales. Una gran parte de la historia la cubre por ello la lucha en pro de esos derechos humanos, una lucha eterna en la que no habrá nunca una victoria definitiva. Pero desfallecer en esa lucha significaría la ruina de la sociedad.

Al hablar hoy de derechos humanos, nos referimos primordialmente a los siguientes derechos básicos: protección del individuo contra la usurpación arbitraria de sus derechos por parte de otros, o por el gobierno; derecho a trabajar y a recibir ingresos adecuados por su trabajo; libertad de discusión y de enseñanza; participación adecuada del individuo en la formación de su gobierno.

Estos derechos humanos se reconocen hoy teóricamente, pero, mediante el uso abundante de maniobras legales y formalismos, resultan violados en una medida mucho mayor, incluso, que hace una generación. Hay, además, otro derecho humano que pocas veces se menciona pero que parece destinado a ser muy importante: es el derecho, o el deber, que tiene el individuo de no cooperar en actividades que considere erróneas o perniciosas. A este respecto, debe ocupar un lugar preferente la negativa a prestar el servicio militar. He conocido casos de individuos de excepcional fortaleza moral y gran integridad que han chocado por ese motivo con los órganos del Estado. El juicio de Nuremberg contra los criminales de guerra alemanes se basaba tácitamente en el reconocimiento de este principio: no pueden excusarse los actos criminales aunque se cometan por orden de un gobierno. La conciencia está por encima de la autoridad de la ley del Estado.

La lucha de nuestra época gira primordialmente en torno a la libertad de ideas políticas y a la libertad de debate, así como a la libertad de investigación y de enseñanza. El miedo al comunismo ha llevado a prácticas que han llegado a ser incomprensibles para el resto de la humanidad civilizada y que han expuesto a nuestro país al ridículo. ¿Hasta cuándo toleraremos que políticos, hambrientos de poder, intenten obtener ventajas de ese modo? A veces, parece que la gente ha olvidado el sentido del humor hasta el punto de que ese dicho francés «el ridículo no mata» haya perdido ya su validez.

Parte 4
CIENCIA

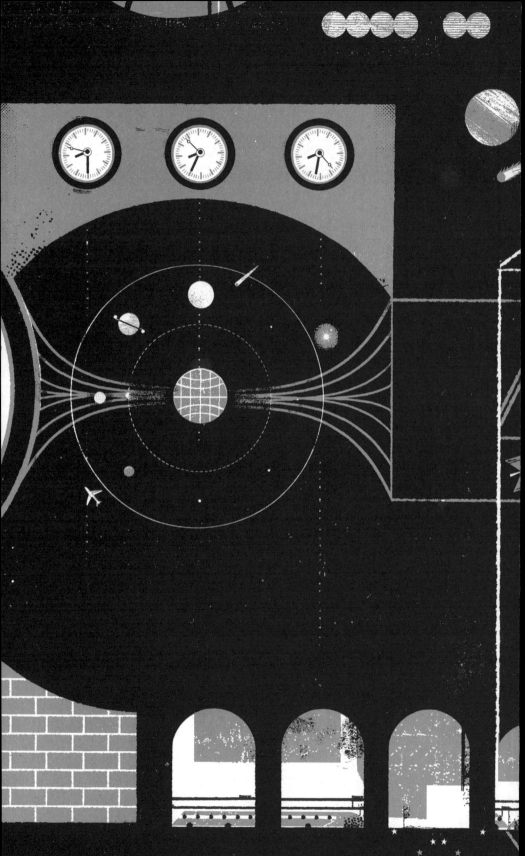

INTRODUCCIÓN

Más allá de las opiniones generales, las ideas y descubrimientos científicos por parte de Einstein revolucionaron el panorama de su tiempo. A la vez, la proyección pública de su figura hizo que en numerosas ocasiones intentara exponer sus avances en auditorios no tan específicamente relacionados con el entorno académico. Esta sección recoge algunos de los artículos y conferencias en los que el autor intentó sintetizar las líneas básicas de su pensamiento científico. Para contextualizarlos mejor, sin embargo, resultará útil al lector general una breve sinopsis de las principales teorías físicas einsteinianas. Se reproduce a continuación la elaborada por el profesor Valentine Bargmann, de la Universidad de Princeton, como introducción a la Parte V de: Albert Einstein, *Ideas and Opinions* (Three Rivers, Nueva York, 1954).

L. Teoría de la relatividad

a) Teoría restringida. El primer documento de la teoría de la relatividad restringida (escrito en 1905, cuando Einstein era un empleado de la Oficina de Patentes suiza, en Berna) presenta ya la teoría en su forma final. En un segundo escrito publicado poco tiempo después, Einstein señaló la más importante conclusión de esta teoría, es decir, la equivalencia de energía y masa, expresada en la conocida ecuación: $E = Mc^2$.

b) Teoría general. La historia de la teoría de la relatividad general es mucho más extensa. En un estudio acerca de la teoría de la relatividad restringida que había aparecido en el año 1907, Einstein señalaba la necesidad de una generalización y presentaba la idea fundamental de que la generalización ha de estar basada en la equivalencia de la masa inercial y la gravitatoria. Un trabajo escrito en 1911 discute algunas de las conclusiones de la teoría general referidas a la influencia de la gravedad sobre la luz:

- la influencia de un campo gravitatorio sobre la frecuencia de las líneas espectrales (desviación gravitatoria roja);
- y la curvatura de los rayos luminosos por obra del campo gravitatorio del sol. (Algunos detalles fueron modificados después.)

Tras mucho más trabajo de investigación —en especial en el campo de la fundamentación matemática de la teoría— la forma definitiva de la relatividad general fue publicada en 1916. (Por esos días Einstein había deducido el tercer «efecto astronómico» de la relatividad general, o sea, el movimiento del perihelio de Mercurio.)

c) Otros trabajos sobre la teoría general. Los problemas de la relatividad general ocuparon a Einstein durante el resto de su vida. Hacemos mención de tres de ellos, que poseen particular importancia:

- Cosmología. Toda la cosmología moderna está relacionada con el trabajo que Einstein publicara en 1917, donde por primera vez aplicó la relatividad general a los problemas de la cosmología y de este modo situó la especulación cosmológica sobre una base firme. (Si bien por entonces Einstein consideraba la idea de un universo estático, el desarrollo posterior ha dado primacía al concepto de un «universo en expansión», en vista de los datos astronómicos. La cosmología es activamente estudiada por muchos científicos que tratan de hallar una teoría coherente y relacionada con la constante aparición de nuevos datos.)

- Movimiento. La relatividad general estaba basada, en su origen, en dos hipótesis independientes: las ecuaciones de campo para el campo gravitatorio y la ley del movimiento de las partículas materiales. En 1927 Einstein ya había considerado el problema de deducir la ley del movimiento a partir de las ecuaciones de campo y volvió sobre ello de manera reiterada. La solución definitiva surgiría en 1949 (fue obtenida en colaboración con L. Infeld). Así quedó demostrado que las ecuaciones de campo, en sí mismas, bastaban como base de la teoría.

- Teoría del campo unificado. Desde el comienzo, la teoría de la relatividad general fue fundamentalmente una teoría del campo gravitatorio, en la medida en que las ecuaciones de campo para el campo gravitatorio surgieron, de un modo en esencia preciso, de las ideas básicas de la relatividad general. Otros campos pueden ser incorporados al esquema de la relatividad general, de un modo igualmente en esencia preciso, en el momento en que su estructura llegue a ser conocida. Pero la conexión era en cierta medida «suelta», toda vez que la relatividad general no podía predecir ni la existencia ni la estructura de cualquier otro campo (por ejemplo, la del campo electromagnético). Por lo tanto, muchos científicos (Weyl, Kaluza y Eddington, entre otros) intentaron desde un primer momento extender o generalizar la teoría, para lograr que abarcara todos los campos o, cuando menos, los campos gravitatorio y electromagnético. Por diversos motivos los intentos iniciales no fueron satisfactorios. Einstein trabajó sin descanso en este problema a partir del año 1923 y modificó una y otra vez la forma de la teoría. La versión más reciente fue iniciada en 1945 y recibió su forma definitiva en 1953 (cuando se publicó como Apéndice II a la cuarta edición de *The Meaning of Relativity*).

2. Teoría cuántica

En 1900, tan pronto como Max Planck planteó la teoría cuántica, Einstein se convirtió en el principal pionero del nuevo campo. Su primera contribución apareció en el mismo año (1905) —incluso en el mismo número de los *Annalen der Physik*— en que apareciera su primer trabajo sobre la relatividad. Allí introdujo el concepto de los cuantos de luz o fotones y proporcionó una base para la mayor parte de los trabajos posteriores acerca de la teoría del cuanto, en especial para la teoría de Bohr acerca del átomo. En 1917 aparecería uno de los escritos tardíos más importantes sobre este tema, en el cual Einstein, sobre la base del concepto de las probabilidades de transición, y además de un penetrante análisis de las propiedades de los fotones, proporcionaría una nueva derivación de la ley de la radiación de Planck. Aquel concepto ha sido considerado básico a partir de entonces. Entre las distintas contribuciones de Einstein, destacan la primera aplicación de la teoría cuántica a la teoría del calor específico (1907) y los particularmente importantes escritos sobre la teoría cuántica de los gases (1924-1925). Con estos se impusieron el nuevo tipo de estadística conocida como estadística de Bose-Einstein y también en ellos están contenidas ideas de amplio alcance sobre las ondas de electrones, ideas que sirvieron de guía a Schrödinger en sus trabajos sobre mecánica ondulatoria.

3. Teoría cinética de la materia

Entre 1902 y 1904, Einstein escribió varios trabajos en los que establecía en forma independiente la teoría de la mecánica estadística, de un modo análogo al que había empleado el gran físico norteamericano J. W. Gibbs. (La mecánica estadística o teoría cinética de la materia determina que las propiedades térmicas de la materia en su conjunto provienen de su naturaleza, compuesta por átomos que se mueven según las leyes mecánicas.) La secuela de significación mayor fue el tercer trabajo, muy importante, escrito en 1905: el que trata sobre el movimiento browniano. En ese estudio, y sobre la base de la teoría cinética, Einstein predijo el movimiento de partículas minúsculas suspendidas en un líquido. (Ese movimiento había sido observado unos cien años antes por el botánico inglés Robert Brown.) A la inversa, la investigación experimental de esos movimientos (en especial el trabajo del físico francés Perrin, que se había inspirado en la teoría de Einstein) condujo a la verificación de las hipótesis básicas de la teoría cinética de la materia.

PRINCIPIOS DE FÍSICA TEÓRICA

Discurso inaugural ante la Academia Prusiana de Ciencias en 1914. Einstein había sido nombrado miembro de la entidad el año anterior. En 1933, después del surgimiento del régimen de Hitler, renunció a su puesto. (Véase la correspondencia en las pp. 126-131 de este volumen.) Publicado por la propia Academia en 1914.

Caballeros:

En primer lugar debo a ustedes mi más sincero agradecimiento por haberme concedido el mayor honor que se puede conferir a un hombre como yo. Al elegirme miembro de esta Academia, me han liberado ustedes de las distracciones y exigencias de una vida profesional y han hecho posible mi entera dedicación a los estudios científicos. Solo les pido que continúen creyendo en mi gratitud y en mi celo, aun cuando mis esfuerzos puedan parecerles pobres.

Tal vez se me permitirá ahora hacer algunas consideraciones generales acerca de mi esfera de actividad, la física teórica, en relación con la física experimental. Hace unos días, un amigo mío, matemático, me comentaba en tono de broma: «Un matemático es capaz de hacer muchas cosas, pero nunca lo que tú quieres que haga en ese momento». A menudo esta misma observación puede aplicarse al físico teórico cuando el físico experimental acude a él.

¿Cuál es la causa de esta peculiar falta de adaptabilidad?

El método del teórico significa partir de la base de postulados generales o «principios» para deducir de ellos conclusiones. O sea que el trabajo se divide en dos partes. En primer lugar, ha de descubrir sus principios y después tendrá que extraer las conclusiones que se desprendan de ellos. Para esta segunda tarea, el físico ha recibido una excelente formación en la universidad. Por lo tanto, si el primer estadio de los problemas está ya resuelto para cierto campo o para cierto conjunto de fenómenos correlacionados, este científico puede estar seguro de su éxito, siempre y cuando su inteligencia y su capacidad de trabajo sean adecuadas. La primera de estas tareas, es decir, la de establecer los principios que deberán servir como punto de partida de sus deducciones, tiene una naturaleza muy especial. En este caso no existe un método que pueda aprenderse y aplicarse sistemáticamente para llegar al objetivo previsto. El científico debe extraer esos principios con habilidad de la naturaleza, percibiendo a partir de amplios conjuntos de hechos empíricos, ciertos rasgos generales que le permitan una formulación precisa.

Una vez cumplida con éxito esa formulación, una deducción seguirá a otra deducción y así, a menudo, se revelarán relaciones imprevistas, que se extienden mucho más allá del ámbito de la realidad que brindaran los principios iniciales. Pero en tanto no se descubran aquellos que sirven de base para extraer deducciones, el hecho empírico individual no tiene valor para el teórico, quien en rigor tampoco puede hacer nada con leyes generales aisladas descubiertas empíricamente. El físico teórico se hallará impotente frente a unos resultados inconexos, ofrecidos por la investigación empírica, hasta que no se le hayan revelado los principios que le servirán como base para el razonamiento deductivo.

Esta es la posición en que se encuentra la teoría, de momento, ante las leyes de la radiación térmica y del movimiento molecular a bajas temperaturas. Hasta hace unos quince años, nadie dudaba de la posibilidad de dar una explicación correcta de las propiedades eléctricas, ópticas y térmicas de la materia sobre la base de la mecánica de Galileo-Newton, aplicada al movimiento molecular, y de la teoría de Maxwell sobre el campo electromagnético. Pero Planck demostraría que, para establecer una ley de radiación térmica acorde con la experiencia, era necesario emplear un método de cálculo cuya incompatibilidad con los principios de la física clásica se hacía a cada instante más evidente. Con ese método de cálculo, Planck introdujo en la física la hipótesis cuántica, que ya ha recibido una brillante confirmación. Con esta hipótesis cuántica, Planck ha destronado la aplicación de la física clásica en los casos en que masas suficientemente pequeñas se muevan a velocidades lo bastante bajas y con niveles de aceleración lo bastante elevados; en consecuencia, las leyes del movimiento propuestas por Galileo y Newton solo pueden ser aceptadas como leyes de limitada validez. A pesar de sus esfuerzos perseverantes, los teóricos aún no han logrado reemplazar los principios de la mecánica por otros que concuerden con la ley de la radiación térmica, de Planck, o hipótesis cuántica. Por muy definitivamente que se haya establecido que el calor ha de ser explicado por el movimiento molecular, tendremos que reconocer que hoy nuestra posición ante las leyes fundamentales de este movimiento se asemeja a la de los astrónomos anteriores a Newton ante los movimientos de los planetas.

Me he referido a un grupo de hechos para cuyo análisis teórico carecemos de principios básicos. Pero bien podría ocurrir que unos principios claramente formulados nos condujeran a conclusiones que entera o casi enteramente fueran a dar fuera del ámbito de la realidad que hoy es accesible a nuestra experiencia. En este caso, se necesitaría quizá un largo período de investigación empírica para corroborar si los principios teóricos se corresponden con la realidad. De esto tenemos un ejemplo en la teoría de la relatividad.

Un análisis de los conceptos fundamentales de espacio y tiempo nos ha demostrado que el principio de la velocidad constante de la luz en el vacío, que surge de la óptica de los cuerpos en movimiento, no nos obliga a aceptar la teoría de un éter luminífero estático. Por el contrario, ha sido posible estructurar una teoría general que da cuenta de que los experimentos que se llevan a cabo sobre la tierra nunca revelan el movimiento de traslación de nuestro planeta. Esto implica la utilización del principio de la relatividad, que dice que las leyes de la naturaleza no alteran su forma cuando se pasa del sistema original (admisible) de coordenadas a uno nuevo por un movimiento de traslación uniforme con respecto al primero. Esta teoría ha logrado una confirmación sustancial por la experiencia y nos ha llevado a una simplificación de la descripción teórica de grupos de hechos vinculados entre sí.

Por otra parte, desde el punto de vista teórico esta teoría no es completamente satisfactoria, porque el principio de la relatividad que hemos formulado habla de un movimiento *uniforme*. Si es verdad que no se debe adjudicar un significado absoluto al movimiento *uniforme* desde el punto de vista físico, se plantea el problema de si esta aseveración debe o no ser extendida a los movimientos no uniformes. Pues bien, se ha comprobado que se llega a una extensión de la teoría de la relatividad si se parte del principio de relatividad ampliado en este sentido. De esta manera, llegamos a una teoría general de la gravedad, que incluye la dinámica. En el momento presente, no obstante, no poseemos el conjunto de hechos que nos permita comprobar la legitimidad de la introducción del principio postulado.

Hemos afirmado que la física inductiva plantea preguntas a la deductiva y viceversa, y para responder a esas preguntas debemos poner en juego todas nuestras energías. ¡Hago votos para que logremos un progreso permanente gracias a nuestros esfuerzos conjuntos!

PRINCIPIOS DE INVESTIGACIÓN

Discurso pronunciado durante la celebración del sexagésimo aniversario de Max Planck (1918), en la Sociedad de Física de Berlín. Publicado en *Mein Weltbild*, Querido Verlag, Amsterdam, 1934. Max Planck (1858-1947) fue durante muchos años catedrático de física teórica en la Univer sidad de Berlín. Su más importante contribución a la física es su teoría cuántica, que había formulado en 1900 y que conformó la base para el desarrollo de la moderna física atómica. Junto con Planck, Einstein fue el primero que trabajó en el nuevo campo, en particular en su teoría de los cuantos de luz o fotones (1905) y en la del calor específico (1907). Y fue él quien, más que otros científicos, comprendió el carácter fundamental y profundo del concepto de cuanto en todas sus proyecciones.

En el templo de la ciencia hay muchos tabernáculos, y muy distintos entre sí son, por cierto, quienes a ellos acuden, acuciados por motivos bien diversos. Muchos obtienen de la ciencia un gozoso sentimiento de poderío y superioridad intelectual; la ciencia es su deporte favorito y en ella buscan experiencias vívidas y la satisfacción de sus ambiciones. En ese mismo templo habrá otros que ofrecerán los productos de sus cerebros para sacrificarlos con propósitos utilitarios. Si un ángel del Señor llegara para arrojar del templo a todos los que pertenecen a esas dos categorías, quedarían solo unos pocos hombres, tanto del tiempo presente como del pasado. Nuestro homenajeado, Max Planck, sería uno de ellos y por tal motivo lo estimamos profundamente.

Soy consciente de que con esta imagen he expulsado a la ligera a muchos hombres excelentes que han contribuido —de forma importante y hasta crucial— a la construcción del templo de la ciencia. Y en muchos casos el ángel se encontraría con que le resulta muy difícil decidirse. Pero de algo estoy seguro: si los tipos de científicos que han sido desterrados fueran los únicos existentes, el templo jamás habría llegado a existir, tal como no podría haber un bosque donde solo crecen enredaderas. Para estas personas cualquier esfera de la actividad humana sería válida, llegado el caso. Que se conviertan en ingenieros, militares, comerciantes o científicos solo dependerá de las circunstancias. Pero echemos una mirada a aquellos que fueron favorecidos por el ángel. La mayoría de ellos son en cierta medida extravagantes, poco comunicativos y solitarios, muy poco parecidos entre sí, a pesar de estas características comunes y a diferencia de quienes fueron arrojados del templo. ¿Qué los ha llevado al templo? Esta es una pregunta muy difícil y no puede ser respondida con una única contestación. En principio, creo, junto con Schopenhauer, que una de las más fuertes motivaciones de los hombres para entregarse al arte y a la ciencia es el ansia de huir de la vida de cada día, con su dolorosa crudeza y su horrible monotonía, el deseo de escapar de las cadenas con que nos atan nuestros deseos siempre cambiantes. Una naturaleza de fino temple anhela huir de la vida personal para refugiarse en el mundo de la percepción objetiva y el pensamiento. Este deseo puede ser comparado con el ansia que experimenta el hombre de la ciudad por escapar de un entorno ruidoso y estrecho y dirigirse hacia el silencio de las altas montañas, donde los ojos pueden vagar en el aire tranquilo y puro y apreciar el paisaje sereno, que parece hecho de eternidad.

Junto a esta motivación negativa surge otra, positiva. El hombre intenta crear para sí mismo, del modo que más le convenga, una imagen del mundo simplificada e inteligible; después, y hasta cierto punto, intenta que su cosmos reemplace al mundo de la experiencia, porque cree que así se hará dueño de este. Así lo hacen, cada uno a su manera, el pintor, el poeta, el filósofo especulativo y el científico de la naturaleza. Cada uno hace que ese cosmos y su construcción sean el eje de su vida emotiva, para hallar a través de ese camino la paz y la seguridad que no es posible encontrar en la vorágine de la experiencia personal.

Entre todas esas posibles representaciones del mundo, ¿qué lugar ocupa la imagen del mundo que elabora el físico teórico? En primer lugar, esa imagen exige el nivel más alto posible de precisión y rigor en la descripción de las relaciones, un rigor que sólo el lenguaje matemático puede brindar. Por otra parte, en lo que se refiere al tema en sí, el físico ha de autolimitarse con severidad: tendrá que contentarse con la descripción de los hechos más simples que puedan presentarse en el campo de nuestra experiencia. Cualquier evento de índole compleja exigiría un poder intelectual mucho mayor que el del hombre para emprender una reconstrucción que posea la sutil precisión y la perfección lógica que exige la física teórica. Pureza suprema, claridad y certeza a expensas del conjunto. ¿Pero cuál puede ser el interés de llegar a conocer una porción de la naturaleza tan pequeña en forma exhaustiva, mientras se deja de lado, con cautela y timidez, todo lo que implique mayor sutileza y complejidad? ¿El producto de tales esfuerzos modestos puede recibir la orgullosa denominación de teoría del universo?

Creo que esta denominación está justificada, porque las leyes generales sobre las que se basa la estructura de la física teórica se definen como válidas para toda clase de fenómeno natural. Mediante esas leyes sería posible llegar a la descripción —o sea, a la teoría— de todo proceso natural, incluyendo la vida, a través de la pura deducción, si ese proceso de deducción no estuviera más allá de la capacidad del intelecto humano. Es decir, que la renuncia del físico a la totalidad de su cosmos no es una cuestión de principio fundamental.

La tarea fundamental del físico consiste en llegar hasta esas leyes elementales y universales que permiten construir el cosmos mediante pura deducción. No hay un camino lógico hacia esas leyes: solo la intuición, fundamentada en una comprensión de la experiencia, puede llevarnos a ellas. Ante esta incertidumbre metodológica, cualquiera podría suponer que existen un elevado número de sistemas posibles de física teórica, todos bien justificados por igual. Y, en teoría, esta opinión es correcta, sin duda. Pero el desarrollo de la física ha demostrado que en todo momento, más allá de todas las construcciones concebibles, un único sistema ha resultado ser superior a todos los demás. Ninguna persona que haya entrado en la materia con profundidad podrá negar que, en la práctica, el mundo de los fenómenos determina unívocamente el sistema teórico, a pesar de que no existe puente lógico entre los fenómenos y sus principios teóricos. Esto es lo que Leibnitz, con una feliz expresión, ha definido como «armonía preestablecida». A menudo los físicos acusan a los epistemólogos de no prestar la atención suficiente a este hecho. Según mi criterio, aquí está la raíz de la controversia que, hace algunos años, se desarrolló entre Mach y Planck.

El anhelo de abarcar esta armonía preestablecida es la fuente de la paciencia y perseverancia inagotables, que Planck ha puesto en su dedicación a los problemas más generales de nuestra ciencia, como bien sabemos, negándose a ser distraído hacia fines más gratos y más fáciles de obtener. Muchas veces he oído que algunos colegas tratan de atribuir esta actitud a la extraordinaria fuerza de voluntad y a la gran disciplina de nuestro homenajeado. En mi opinión, se equivocan. El estado mental que capacita a un hombre para llevar a cabo una tarea de esa índole es similar al de quien profesa una religión o al del hombre enamorado. El esfuerzo cotidiano no proviene de una intención deliberada, ni de un programa, sino del corazón, en forma directa.

Aquí está nuestro querido Planck, y se sonríe para sí mismo al ver mis infantiles jugueteos con la linterna de Diógenes. Nuestro afecto por él no necesita de explicaciones gastadas. Que el amor por la ciencia continúe iluminando su sendero, en el futuro, y que le conduzca a la solución del más importante problema de la física de hoy, ese problema que él mismo ha planteado y que tanto ha hecho por resolver. ¡Que tenga éxito en la empresa de unir la teoría del cuanto con la electrodinámica y la mecánica, en un único sistema lógico!

¿QUÉ ES LA TEORÍA DE LA RELATIVIDAD?

Escrito a petición del *London Times*. Publicado el 28 de noviembre de 1919.

He aceptado con gusto la petición que me formulara su colega para escribir unas líneas sobre la relatividad, para ser publicadas por el *Times*. Después de la lamentable interrupción del antiguo y activo intercambio de ideas entre los hombres de ciencia, me resulta grata esta oportunidad de expresar mis sentimientos de alegría y agradecimiento para los astrónomos y físicos de Inglaterra.

Con total respeto por las solemnes tradiciones del trabajo científico en ese país, los más eminentes hombres de ciencia han entregado su tiempo y su esfuerzo, y las instituciones científicas no han ahorrado para demostrar el alcance de una teoría que fue perfeccionada y publicada, durante la guerra, en el país de sus enemigos. Aun cuando la investigación de la influencia del campo gravitatorio del sol en los rayos de luz es un tema puramente objetivo, no puedo menos que expresar las gracias, de manera personal, a mis colegas ingleses por su trabajo. Sin esa labor es poco probable que se hubiera obtenido durante el curso de mi vida la comprobación de la más importante inferencia de mi teoría.

En física podemos diferenciar varias clases de teorías. La mayor parte de ellas son constructivas e intentan organizar un cuadro de los fenómenos más complejos a partir de materiales que provienen de un esquema formal relativamente simple, que sirve de punto de partida.

Así, la teoría cinética de los gases trata de reducir los procesos mecánico, térmico y de difusión al movimiento de las moléculas, o sea que intenta reproducirlos a partir de la hipótesis del movimiento molecular. Cuando decimos que hemos logrado comprender un grupo de procesos naturales, siempre queremos significar que hemos hallado una teoría constructiva que abarca el proceso en cuestión.

Junto con esta clase de teorías principales, existe un segundo tipo al que llamaré «teorías de principios». En estas se emplea el método analítico, no el sintético. Los elementos que configuran su base y punto de partida no se construyen por vía de hipótesis, sino que se descubren empíricamente; son características generales de procesos naturales, principios que dan origen a criterios formulados de modo matemático, que los distintos procesos o sus representaciones teóricas tendrán que satisfacer. La termodinámica, por ejemplo, por medios analíticos, a partir de la experiencia universalmente probada de que el movimiento perpetuo es imposible, trata de deducir las condiciones necesarias que habrán de satisfacer los distintos hechos.

Las ventajas de la teoría constructiva son la integridad, la adaptabilidad y la claridad; en el caso de la teoría de principios, nos encontramos con las ventajas de la perfección lógica y la seguridad de los fundamentos.

La teoría de la relatividad pertenece a esta segunda clase. Para captar su naturaleza es necesario, en primer lugar, conocer los principios en los que está fundamentada. Sin embargo, antes de referirme a ellos, debo recordar que la teoría de la relatividad reúne dos elementos distintos: la teoría especial y la teoría general. La teoría especial, sobre la que se apoya la teoría general, se aplica a todos los fenómenos físicos, exceptuada solo la gravitación. La teoría general ofrece la ley de la gravitación y sus relaciones con las otras fuerzas de la naturaleza.

Desde los tiempos de los antiguos griegos se sabe que, para describir el movimiento de un cuerpo, es preciso utilizar un segundo cuerpo al cual se ha de referir el movimiento del primero. El movimiento de un vehículo es considerado con referencia a la superficie de la Tierra, el de un planeta con respecto a la totalidad de las estrellas fijas visibles. En física, este cuerpo de referencia recibe el nombre de sistema de coordenadas. Las leyes mecánicas de Galileo y Newton, por ejemplo, solo pueden ser formuladas con la ayuda de un sistema de coordenadas.

No obstante, el movimiento de este sistema de coordenadas no puede ser elegido de modo arbitrario. Para que las leyes de la mecánica sean válidas, tendrá que estar libre de rotación y aceleración. Un sistema de coordenadas admitido en mecánica se denomina «sistema inercial». El estado de movimiento de un sistema inercial, según la mecánica, no está, sin embargo, determinado unívocamente por la naturaleza. Por el contrario, todo sistema de coordenadas que se mueve uniformemente y en línea recta con respecto a un sistema inercial es, asimismo, un sistema inercial. Con el nombre de «principio de relatividad restringida», se indica la generalización de esta definición a cualquier fenómeno natural: es decir, que toda ley universal válida en relación con un sistema de coordenadas C, también ha de ser válida en relación con un sistema de coordenadas C', siempre que este esté dotado de un movimiento uniforme de traslación con respecto a C.

El segundo principio en que se apoya la teoría de la relatividad restringida es «el principio de la constancia de la velocidad de la luz en el vacío». Este principio afirma que la luz en el vacío siempre tiene una determinada velocidad de propagación, independiente del estado de movimiento del observador o de la fuente de luz. La confianza que los físicos depositan en este principio surge de los éxitos obtenidos por la electrodinámica de Maxwell y Lorentz.

Estos dos principios están poderosamente apoyados por la experiencia, pero no parecen ser lógicamente conciliables. La teoría de la relatividad restringida, por fin, ha logrado unificarlos lógicamente, a través de una modificación de la cinemática, o sea, mediante la doctrina de las leyes que relacionan el espacio y el tiempo (desde el punto de vista de la física). Se comprobó que hablar de la simultaneidad de dos hechos no tiene sentido sino con relación a un sistema de coordenadas dado y que el tamaño de los patrones de medida y la velocidad a que da vueltas el reloj dependen de su estado de movimiento con respecto del sistema de coordenadas.

Pero la antigua física, incluidas las leyes del movimiento de Galileo y Newton, no encajan en la cinemática relativista. De esta última han surgido condiciones matemáticas generales a las que deben adecuarse las leyes naturales, si los dos principios antes mencionados son correctos. La física ha tenido, pues, que adaptarse. En particular, los científicos han llegado a una nueva ley de movimiento para puntos de masa a grandes velocidades, que ha sido confirmada de un modo admirable en el caso de las partículas con carga eléctrica. El resultado más importante de la teoría de la relatividad restringida se refiere a las masas inertes de los sistemas corpóreos. Se ha determinado que la inercia de un sistema depende necesariamente de su contenido de energía y esto conduce en forma directa a la noción de que la masa inerte es energía latente. El principio de conservación de la masa pierde su independencia y se fusiona con el de conservación de la energía.

La teoría de la relatividad restringida, que es simplemente un desarrollo sistemático de la electrodinámica de Lorentz y Maxwell, apunta más allá de sí misma. ¿La independencia de las leyes físicas del estado de movimiento del sistema de coordenadas ha de restringirse al movimiento uniforme de traslación de cada sistema de coordenadas? ¿Qué relación guarda la naturaleza con nuestros sistemas de coordenadas y su estado de movimiento? Si a fin de describir la naturaleza fuera necesario utilizar un sistema de coordenadas arbitrariamente introducido por nosotros, su estado de movimiento no tendría que estar sujeto a ninguna restricción. Las leyes tendrían que ser por completo independientes de esta elección (principio de la relatividad general).

Este principio de la relatividad general se ha establecido con cierta facilidad gracias a un hecho de la experiencia, conocido desde hace mucho tiempo: el peso y la inercia de un cuerpo se expresan por la misma constante (igualdad de la masa inerte y de la masa pesante). Imaginemos un sistema de coordenadas que mantiene un movimiento de rotación uniforme con respecto a un sistema inercial a la manera newtoniana. Las fuerzas centrífugas que se manifiestan en relación con este sistema, de acuerdo con las conclusiones de Newton, deben ser consideradas como efecto de la inercia. Pero estas fuerzas centrífugas son proporcionales a las masas de los cuerpos, tal como las fuerzas de la gravedad. ¿No sería posible en este caso considerar que el sistema de coordenadas está en reposo y que las fuerzas centrífugas son fuerzas gravitatorias? Esta interpretación parece muy clara, pero la mecánica clásica la prohíbe.

Esta rápida descripción deja entrever que una teoría de la relatividad general debe proporcionar las leyes de la gravitación, y la perseverancia en esta idea ha justificado nuestras esperanzas.

Pero el camino era más arduo de lo que habíamos supuesto, porque ha exigido el abandono de la geometría euclidiana; es decir, que las leyes según las cuales los cuerpos sólidos pueden estar dispuestos en el espacio no concuerdan por completo con las leyes espaciales atribuidas a los cuerpos por la geometría euclidiana. A esto nos referimos al hablar de «curvatura del espacio». Los conceptos fundamentales de «recta», de «plano», etcétera, pierden, por lo tanto, su significado preciso en física.

En la teoría de la relatividad general la ciencia del espacio y del tiempo, o cinemática, ya no se presenta como fundamento independiente del resto de la física. El comportamiento geométrico de los cuerpos y la marcha de los relojes dependen de los campos gravitatorios, que a su vez son producidos por la materia.

La nueva teoría de la gravitación, en lo que se refiere a principios, se diferencia considerablemente de la de Newton. Pero sus resultados prácticos concuerdan tan de cerca con los de la teoría de Newton que es difícil hallar criterios de diferenciación accesibles a la experiencia. Hasta el presente se han descubierto:

1. En la revolución de las elipses de las órbitas planetarias en torno al sol (confirmado en el caso de Mercurio).
2. En la curvatura de los rayos de luz por la acción de los campos gravitatorios (confirmado por las fotografías del eclipse solar de la expedición inglesa).
3. En un desplazamiento de las líneas espectrales hacia el extremo rojo del espectro en el caso de la luz transmitida a nosotros desde estrellas de considerable masa (no confirmado hasta el presente).[1]

El atractivo fundamental de la teoría radica en el hecho de que

1. Este criterio ha sido confirmado posteriormente. (*N. del autor.*)

es completa desde el punto de vista lógico. Si una sola de las conclusiones que se extraigan de ella resulta ser errada, tendremos que abandonarla, pues modificarla sin destruir toda su estructura parece ser imposible.

Que nadie suponga, sin embargo, que el importante trabajo de Newton puede ser invalidado por esta o por cualquier otra teoría. Sus grandes y lúcidas ideas retendrán para siempre su significación única como fundamentos de toda nuestra moderna estructura conceptual dentro de la esfera de la filosofía natural.

Nota: algunas de las afirmaciones aparecidas en su periódico y concernientes a mi vida y mi persona tienen origen en la vívida imaginación del articulista. Aquí también encontramos una aplicación más del principio de la relatividad, para gozo del lector: hoy, en Alemania, se me describe como «sabio alemán», en tanto que en Inglaterra se dice que soy un «judío suizo». Si mi destino me llevara a ser definido como una *bête noire,* me convertiría en un «judío suizo» para los alemanes y en un «sabio alemán» para los ingleses.

SOBRE LA TEORÍA DE LA RELATIVIDAD

Conferencia en el King's College, Londres, 1921. Publicada en *Mein Welt-bild*, Querido Verlag, Amsterdam, 1934.

Constituye para mí un gran placer tener el privilegio de hablar en la capital del país en el que han surgido las más importantes nociones fundamentales de física teórica. Me refiero a la teoría de los movimientos de masas y a la gravitación, estudiadas por Newton, y al concepto de campo electromagnético, que sirviera a Faraday y a Maxwell para situar la física sobre una nueva base. La teoría de la relatividad, bien puede decirse, ha puesto algo así como un toque final al importante edificio intelectual construido por Maxwell y Lorentz, intentando extender la teoría de campos a todos los fenómenos, incluido el de la gravitación.

Sobre el tema específico de esta charla, la teoría de la relatividad, quiero recalcar que esta teoría no tiene un origen especulativo, sino que debe por entero su nacimiento al deseo de hacer que la teoría física concuerde en la mayor medida posible con los hechos observados. No tenemos en ella un acto revolucionario, sino la continuación natural de una línea que puede trazarse a través de varios siglos. El abandono de ciertos conceptos de espacio, tiempo y movimiento, hasta el presente considerados como fundamentales, no ha de considerarse arbitrario, porque ha sido condicionado por hechos observados. La ley de la constancia de la velocidad de la luz en el vacío, que ha sido confirmada por el desarrollo de la electrodinámica y la óptica, y la equivalencia de todos los sistemas inerciales (principio de la relatividad restringida), que ha sido demostrada por el famoso experimento de Michelson, han hecho necesario, en primer lugar, que el concepto de tiempo se convierta en relativo, toda vez que a cada sistema inercial se le adjudica su propio tiempo especial. En la medida en que esta noción se ha desarrollado, ha quedado patente que la conexión entre experiencia inmediata por una parte y coordenadas y tiempo por la otra no ha sido pensada hasta el momento presente con la precisión suficiente.

Dicho de modo general, uno de los rasgos esenciales de la teoría de la relatividad es el esfuerzo que en ella se hace para descubrir las relaciones entre los conceptos generales y los hechos empíricos de una manera más precisa. El principio fundamental, en este caso, es que la justificación de un concepto físico estriba exclusivamente en su clara y precisa relación con hechos que pueden ser experimentados. De acuerdo con la teoría de la relatividad restringida, las coordenadas espaciales y el tiempo aún conservan un carácter absoluto, en tanto en cuanto son medibles por relojes estáticos y cuerpos rígidos. Pero son relativos en la medida en que dependen del estado de movimiento del sistema inercial seleccionado. Según la teoría de la relatividad restringida, el continuo cuatridimensional formado por la unión del espacio y del tiempo (Minkowski) retiene el carácter absoluto que, de acuerdo con la anterior teoría, pertenecía al espacio y al tiempo de manera separada. La influencia del movimiento, relativo al sistema de coordenadas, en la forma de los cuerpos y en la marcha de los relojes, así como la equivalencia de la energía y la masa inerte, surge de la interpretación de las coordenadas y el tiempo como productos de una medición.

En primer término, la teoría de la relatividad general debe su existencia al hecho empírico de la igualdad numérica entre la masa inerte y el peso de los cuerpos, un hecho fundamental para el que la mecánica clásica no proporciona ninguna interpretación. A su interpretación se ha llegado por una extensión del principio de la relatividad a sistemas de coordenadas acelerados los unos respecto de los otros. La introducción de sistemas de coordenadas acelerados respecto a un sistema inercial significa la aparición de campos gravitatorios respecto a este último. Como resultado de esto, la teoría general de la relatividad, que está basada sobre la igualdad de inercia y peso, proporciona una teoría del campo gravitatorio.

La introducción de los sistemas de coordenadas acelerados unos respecto a otros como sistemas igualmente legítimos, tal como exige la identidad de la inercia y del peso, en conjunción con los resultados de la teoría de la relatividad restringida, condujo a la conclusión de que las leyes que gobiernan la localización de los cuerpos rígidos en el espacio, cuando los campos gravitatorios es-

223

tán presentes, no guardan correspondencia con las leyes de la geometría euclidiana. Un resultado análogo ocurre con la marcha de los relojes. Esto nos lleva a la necesidad de una nueva generalización, aún, de la teoría del espacio y el tiempo, porque la interpretación directa de las coordenadas espaciales y temporales a través de mediciones obtenidas mediante reglas y relojes se desbarata. Esta generalización de la métrica, que ya ha sido realizada en la esfera de la matemática pura gracias a las investigaciones de Gauss y de Riemann, se basa esencialmente en el hecho de que la métrica de la teoría de la relatividad restringida, puede todavía reivindicar su validez para pequeñas regiones en el caso general.

El proceso de desarrollo aquí esbozado despoja a las coordenadas de espacio y tiempo de toda realidad independiente. Lo métricamente real ahora solo está dado mediante la combinación de las coordenadas de espacio-tiempo con las magnitudes matemáticas que describen el campo gravitatorio.

Existe, empero, un segundo origen del proceso de creación de la teoría de la relatividad general. Tal como señaló con insistencia Ernst Mach, la teoría newtoniana es insatisfactoria en lo siguiente: si se considera el movimiento desde un punto de vista puramente descriptivo y no desde un punto de vista causal, solo existe como movimiento relativo de las cosas, las unas con respecto de las otras. Pero la aceleración que aparece en las ecuaciones del movimiento de Newton es incomprensible si se parte del concepto del movimiento relativo. Esto obligó a Newton a inventar un espacio físico en relación con el cual se supone que existe la aceleración. Esta introducción *ad hoc* del concepto de espacio absoluto, en tanto que es lógicamente irrecusable, resulta en rigor poco satisfactoria. De aquí surgió el intento de Mach, que se propuso alterar las ecuaciones de la mecánica de tal manera que la inercia de los cuerpos pudiera reducirse a los propios movimientos relativos de estos, no con referencia al espacio absoluto, sino respecto a la totalidad de los demás cuerpos ponderables. En razón del estado del conocimiento por entonces existente, su intento estaba destinado al fracaso.

El planteamiento del problema, sin embargo, parece razonable por completo. Esta línea de argumentación se impone por sí misma con mayor fuerza en relación con la teoría de la relatividad general, toda vez que, de acuerdo con esa teoría, las propiedades físicas del espacio están afectadas por la materia ponderable. En mi opinión, la teoría de la relatividad general puede resolver este problema de modo satisfactorio solo si concibe el mundo como espacialmente cerrado. Los resultados matemáticos de la teoría son los que nos compelen a adoptar este punto de vista, si aceptamos que la densidad media de materia ponderable en el mundo posee cierto valor finito, por pequeño que sea.

GEOMETRÍA Y EXPERIENCIA

Conferencia pronunciada ante la Academia Prusiana de Ciencias, el 27 de enero de 1921. La última parte apareció por primera vez en una reimpresión de la editorial Springer (Berlín, 1921).

Una de las causas de la especial estima de que goza la matemática, por encima de todas las otras ciencias, es el hecho de que sus proposiciones son absolutamente ciertas e indiscutibles, en tanto que las de todas las otras ciencias son, hasta cierto punto, debatibles y corren el riesgo constante de ser invalidadas por el descubrimiento de nuevos hechos. A pesar de esto, el investigador de otro ámbito de la ciencia no tendría que envidiar al matemático si las proposiciones de la matemática se refiriesen a objetos de nuestra imaginación y no a objetos de la realidad. Porque no puede sorprender a nadie que personas distintas lleguen a las mismas conclusiones lógicas cuando ya se han puesto de acuerdo en cuanto a las proposiciones fundamentales (axiomas) y a los métodos mediante los que habrán de deducirse nuevos axiomas. Pero existe otra razón más que sustenta la elevada reputación de la matemática: esta ciencia es la que proporciona a las ciencias naturales exactas cierta medida de certeza, a la que no podrían llegar sin la matemática.

En este punto surge por sí mismo un enigma que en todos los tiempos ha preocupado a las mentes inquisitivas. ¿Cómo puede ser que la matemática —un producto del pensamiento humano independiente de la experiencia— se adecúe tan admirablemente a los objetos de la realidad? ¿La razón humana, pues, sin acudir a la experiencia, con solo entregarse al pensamiento, es capaz de desentrañar las propiedades de los objetos reales?

En mi opinión, la respuesta a esa pregunta es, brevemente, la siguiente: en la medida en que se refieren a la realidad, las proposiciones de la matemática no son seguras y, viceversa, en la medida en que son seguras, no se refieren a la realidad. Creo que esto no estuvo totalmente claro para todos hasta la llegada de esta formulación de las matemáticas que recibe el nombre de «axiomática». El progreso alcanzado por la axiomática consiste en haber logrado una neta separación entre lo lógico-formal y su objetivo o contenido intuitivo; de acuerdo con la axiomática, solo lo lógico-formal constituye el objeto de la matemática, que no tiene que ver con lo intuitivo ni con otro contenido asociado con lo lógico-formal.

Consideremos ahora, desde este punto de vista, cualquier axioma de la geometría; el siguiente, por ejemplo: por dos puntos en el espacio pasa siempre una recta y solo una. ¿Cómo debe interpretarse este axioma en el antiguo sentido y en el más moderno?

La interpretación antigua: todos saben qué es una recta y qué es un punto. No es el matemático quien ha de decidir si este conocimiento nace de una habilidad de la mente humana o de la experiencia, de algún tipo de unión de ambas o de alguna otra fuente. Este problema queda en manos del filósofo. Al basarse en el conocimiento que precede a toda matemática, el axioma citado es, como todos los axiomas, evidente de por sí, o sea que constituye la expresión de una parte de ese conocimiento aprioristico.

La interpretación más moderna: la geometría trata de objetos que son denominados por las expresiones recta, punto, etcétera. No se presupone ni conocimiento ni intuición de estos objetos, sino la validez de los axiomas, tal como el citado, que deben ser considerados en un sentido puramente formal, es decir, vacíos de todo contenido de intuición o experiencia. Estos axiomas son creación libre de la mente humana. Todas las otras proposiciones de la geometría son inferencias lógicas de los axiomas (que deben ser tomados solo en su sentido nominal). Los axiomas *definen* los objetos acerca de los cuales trata la geometría. En su tratado de epistemología, Schlick ha caracterizado los axiomas como «definiciones implícitas», con una expresión muy adecuada.

Este criterio acerca de los axiomas, sostenido por la axiomática moderna, libera a la matemática de todos los elementos extraños y así disipa la oscuridad mística que antes rodeaba la base de la ciencia matemática. Pero esta expurgada visión de la matemática también pone en evidencia que esta disciplina científica, como tal, no puede enunciar nada acerca de objetos de la intuición o de objetos reales. En la geometría axiomática las palabras «punto», «recta», etc., solo aluden a esquemas conceptuales vacíos. Aquello que les otorga contenido no es relevante para la matemática.

Por otra parte, sin embargo, es innegable que la matemática, por lo general, y la geometría en especial, debe su existencia a la sentida necesidad de conocer algo acerca del comportamiento de los objetos reales. La misma palabra geometría —que, como sabe-

mos, significa «medición de la tierra»— es prueba de ello. La medición de la tierra se fundamenta en las posibilidades de localización de ciertos objetos físicos en relación con otros: partes de la tierra, líneas y varas de medir, etc. Sin duda el sistema de conceptos de la geometría axiomática por sí solo no permite afirmación alguna en cuanto al comportamiento de los objetos reales de esta clase, es decir, de lo que denominaremos cuerpos prácticamente rígidos. Para poder hacer alguna afirmación, la geometría debe ser desprovista de su carácter meramente lógico-formal mediante la coordinación de los objetos reales de la experiencia con los esquemas conceptuales vacíos de la geometría axiomática. Para lograrlo, solo debemos agregar la siguiente proposición: los cuerpos rígidos están relacionados, con respecto a su posible localización, tal como lo están los cuerpos en la geometría euclidiana de tres dimensiones. Y ahora, las proposiciones de Euclides ya contienen afirmaciones en cuanto al comportamiento de los cuerpos prácticamente rígidos.

Así completada, la geometría es evidentemente una ciencia natural y, de hecho, debemos considerarla la más antigua rama de la física. Sus afirmaciones descansan esencialmente en la inducción a partir de la experiencia y no tan solo en inferencias lógicas. Denominaremos «geometría práctica» a esta geometría completada, a la que distinguiremos en adelante de la «geometría puramente axiomática». La pregunta acerca de si la geometría práctica del universo es o no euclidiana tiene un sentido claro y la respuesta solo puede proporcionárnosla la experiencia. Todas las mediciones de longitud en física constituyen una aplicación de la geometría práctica en este sentido, así como también las mediciones de longitud en geodesia y astronomía, si se utiliza la ley empírica que dice que la luz se propaga en línea recta, entendiendo la línea recta en el sentido de la geometría práctica.

Concedo especial importancia a la visión de la geometría que acabo de esbozar, porque sin ella no me hubiera sido posible formular la teoría de la relatividad. Sin ella hubiera sido imposible la siguiente reflexión: en un sistema de referencia que posee un movimiento de rotación con respecto a un sistema inercial, las leyes de la localización de los cuerpos rígidos no corresponden a las reglas de la geometría euclidiana, de acuerdo con la contracción de Lorentz. De modo que si admitimos los sistemas no inerciales en un pie de igualdad, debemos abandonar la geometría euclidiana. Sin la interpretación anterior, el paso decisivo en la transición hacia las ecuaciones generalmente covariantes con toda probabilidad no se hubiera producido. Si rechazamos la relación entre el cuerpo axiomático de la geometría euclidiana y el cuerpo prácticamente rígido de la realidad, llegaremos de inmediato, como el agudo y profundo pensador Henry Poincaré, al siguiente enunciado: la geometría euclidiana se distingue por encima de toda otra geometría axiomática concebible gracias a su simplicidad. Dado que la geometría axiomática en sí misma no contiene afirmaciones sobre la realidad, que solo pueden experimentarse en combinación con las leyes de la física, debe ser posible y razonable —sea cual fuere la naturaleza de la realidad— conservar la geometría euclidiana. Porque si aparecen contradicciones entre la teoría y la experiencia, tendremos que decidirnos a cambiar las leyes físicas antes que a cambiar la geometría euclidiana axiomática. Si rechazamos la relación entre el cuerpo prácticamente rígido y la geometría, no nos liberaremos con facilidad de la convención que considera que la geometría euclidiana debe conservarse por ser la más simple.

¿Por qué la equivalencia del cuerpo prácticamente rígido y del cuerpo de la geometría —que surge tan fácilmente— es rechazada por Poincaré y otros investigadores? Simplemente porque una mirada de inspección revela que los cuerpos sólidos en la naturaleza no son rígidos, puesto que su comportamiento geométrico —es decir, sus posibilidades de localización relativa— depende de la temperatura, las fuerzas externas, etc. De esta manera, la relación original e inmediata entre la geometría y la realidad física se ve destruida y así nos vemos impulsados a aceptar otro punto de vista, más general, que caracteriza la posición de Poincaré. Dicho punto de vista es el siguiente:

- La geometría (G) no predica nada acerca del comportamiento de las cosas reales y solo la geometría unida a la totalidad (F) de las leyes físicas puede hacerlo.
- Si utilizamos los símbolos, podemos decir que solo la suma de (G) + (F) está sujeta a verificación experimental.
- Puede elegirse (G) de manera arbitraria y otro tanto puede hacerse con partes de (F); todas estas leyes son convenciones.
- Para evitar contradicciones lo único que se necesita es elegir el resto de (F), de modo tal que (G) y todo el conjunto de (F) estén de acuerdo con la experiencia.

Enfocadas así, la geometría axiomática y las leyes naturales convencionales se nos muestran como epistemológicamente equivalentes. *Sub specie aeterni,* en mi opinión, Poincaré está en lo cierto. La idea de la vara de medición y la idea del reloj coordinado con ella en la teoría de la relatividad no encuentran su correspondencia exacta en el mundo real. También está claro que el sólido rígido y el reloj, dentro del edificio conceptual de la física, no juegan el papel de elementos irreducibles, sino el de estructuras compuestas, que no deben desempeñar ningún papel independiente en la física teórica. Con todo, es mi convicción que en el actual estadio de desarrollo de la física teórica estos conceptos aún pueden emplearse como conceptos independientes. Estamos todavía muy lejos de poseer un conocimiento tan seguro de los principios teóricos de la estructura atómica que nos capacite para construir teóricamente cuerpos sólidos y relojes a partir de conceptos elementales.

Además, en cuanto a la objeción de que no existen cuerpos realmente rígidos en la naturaleza y de que por ello las propiedades predicadas acerca de los cuerpos rígidos no se corresponden con la realidad física, se puede decir que no es tan radical como podría parecer luego de una consideración precipitada. En rigor, no es una tarea difícil determinar el estado físico de un cuerpo de medición, con la exactitud necesaria para que su comportamiento con respecto a otros cuerpos de medición esté tan libre de ambigüedad que le permita ser sustituido por el cuerpo «rígido». Las afirmaciones acerca de los cuerpos rígidos deben estar referidas a cuerpos de medición de este tipo.

Toda la geometría práctica está basada en un principio accesible a la experiencia y que ahora intentaremos abordar. Supongamos que tenemos dos señales en un cuerpo prácticamente rígido. Llamaremos a este par de señales «distancia». Imaginemos esos dos cuerpos prácticamente rígidos, cada uno con una distancia marcada en él. Esas dos distancias serán «una igual a la otra» si las señales de una distancia pueden hacerse coincidir permanentemente con las señales de la otra. Ahora supondremos que:

Si dos distancias han sido halladas iguales una vez y en alguna circunstancia, son iguales siempre y en todas las circunstancias.

No solo la geometría práctica de Euclides, sino también su más reciente generalización, la geometría práctica de Riemann, y la teoría general de la relatividad descansan sobre esta afirmación. Mencionaré solo una de las razones experimentales que fundamentan esta afirmación. El fenómeno de la propagación de la luz en el vacío determina una distancia (el correspondiente camino de la luz) para cada intervalo de tiempo local. De aquí se sigue que el supuesto sobre distancias antes señalado debe ser válido también para intervalos de tiempo de reloj en la teoría de la relatividad. Por lo tanto, podemos establecer la siguiente formulación: si dos relojes ideales marchan a igual velocidad en cualquier momento y en cualquier lugar (próximos el uno del otro) siempre funcionarán a igual velocidad, sin que importe cuándo y dónde vuelvan a ser comparados. Si esta ley no fuera válida para los relojes naturales, las frecuencias propias de los distintos átomos de un mismo elemento químico no estarían en tan perfecta relación como lo demuestra la experiencia. La existencia de líneas espectrales agudas es una convincente prueba experimental del principio antes mencionado de geometría práctica. En último análisis, esta es la razón que nos permite hablar con propiedad de una métrica riemanniana del continuo cuatridimensional espacio-tiempo.

Según el punto de vista aquí invocado, el problema de si el continuo tiene una estructura euclidiana, riemanniana u otra de naturaleza distinta, es una cuestión estricta de la física, que ha de ser contestada por la experiencia y no una cuestión de convención elegida sobre la base de la mera conveniencia. La geometría de Riemann tendrá validez si las leyes de localización de los sólidos prácticamente rígidos se acercan a las de la geometría euclidiana tanto más de cerca cuanto menores sean las dimensiones de la región de espacio-tiempo que se tome en consideración.

Es verdad que esta interpretación física de la geometría se desbarata cuando se la aplica inmediatamente a espacios de orden de magnitud submolecular. Pero no obstante, aun en cuestiones tales como la constitución de partículas elementales, retiene una parte de su significación. Porque incluso cuando se trata de describir las partículas elementales eléctricas que constituyen la materia, se puede hacer el intento de otorgar significado físico a esos conceptos de campo, que han sido definidos físicamente con el fin de describir el comportamiento geométrico de los cuerpos que son grandes en comparación con la molécula. Solo el éxito puede justificar ese intento, que postula realidad física para los principios fundamentales de la geometría de Riemann, fuera del dominio de sus definiciones físicas. Es posible que se descubra que esta extrapolación no tiene más fundamento que la extrapolación del concepto de temperatura a partes de un cuerpo de orden de magnitud molecular.

Resulta menos problemático extender los conceptos de geometría práctica a espacios de orden cósmico de magnitud. Por supuesto, se podría objetar que una construcción compuesta de varas sólidas se aparta de la rigidez ideal tanto más cuanto más grande sea su extensión espacial. Pero creo que sería poco posible asignar un significado fundamental a esta objeción. Por ende, la pregunta acerca de si el universo es espacialmente finito o no me parece una pregunta plena de significación en el sentido de la geometría práctica. Ni siquiera considero imposible que la astronomía dé respuesta a esta pregunta dentro de un plazo no muy largo. Recordemos aquí lo que la teoría de la relatividad general nos dice al respecto. Las posibilidades que ofrece son dos:

- El universo es espacialmente infinito. Esto es posible solo si en el universo la densidad espacial media de la materia, concentrada en las estrellas, se anula, es decir, si la razón entre la masa total de las estrellas y el volumen del espacio en el cual estos cuerpos están dispersos se aproxima a cero indefinidamente, cuanto mayores sean los volúmenes considerados.
- El universo es espacialmente finito. Esto ha de ser así si la densidad media de la materia ponderable en el universo es distinta de cero. Cuanto menor sea esta densidad media, mayor será el volumen del universo.

Estoy en la obligación de mencionar que se puede aducir un argumento teórico en favor de la hipótesis de un universo finito. La teoría de la relatividad general enseña que la inercia de un cuerpo dado es mayor cuando existen en su proximidad mayores masas ponderables. De modo que parece muy natural reducir la inercia total de un cuerpo a la interacción entre este y los otros cuerpos en el universo; así es como, desde los tiempos de Newton, la gravedad ha sido reducida por completo a la interacción entre los cuerpos. A partir de las ecuaciones de la teoría de la relatividad general se puede deducir que esta reducción de la inercia a interacción entre masas —tal como lo exigía E. Mach, por ejemplo— solo es posible si el universo es espacialmente finito.

Muchos físicos y astrónomos no se dejan impresionar por este argumento. En un último análisis, solo la experiencia será la que decida cuál de las dos posibilidades tiene cumplimiento en la naturaleza. ¿Cómo puede proporcionar una respuesta la experiencia? En principio, puede parecer posible determinar la densidad media de la materia observando la porción de universo que nos es accesible. Esta es una esperanza ilusoria. La distribución de las estrellas visibles es extremadamente irregular, de modo que de ninguna manera podríamos aventurarnos a determinar que la densidad media de la materia estelar en el universo es igual, digamos, a la densidad media en nuestra galaxia. En cualquier caso, por muy grande que pueda ser el espacio examinado, no podemos abrigar la convicción de que existan otras estrellas más allá de ese espacio. O sea que parece imposible arriesgar una estimación de esa densidad media.

Pero existe otro camino, que considero más practicable, aun cuando presente grandes dificultades. Observemos las consecuencias de la teoría de la relatividad general (aquellas accesibles a la experiencia) y analicemos cuánto se han desviado de las consecuencias de la teoría de Newton. En primer lugar, hallaremos una desviación que se manifiesta en la proximidad de una masa gravitante y que ha sido confirmada en el caso del planeta Mercurio. Pero si el universo es espacialmente finito, ha de existir una segunda desviación de la teoría newtoniana que, dentro del lenguaje de esta misma teoría, podrá expresarse así: el campo gravitatorio es de índole tal que se le puede considerar producido no solo por las masas ponderables, sino además por una densidad de masa de signo negativo, distribuida uniformemente en el espacio. Dado que esta densidad de masa tendría que ser en extremo pequeña, solo podría ser captada en sistemas gravitatorios de enorme extensión.

Dado el caso de que conociéramos, por ejemplo, la distribución estadística y las masas de las estrellas en nuestra galaxia, podríamos calcular, según la ley de Newton, el campo gravitatorio y las velocidades medias que han de tener las estrellas, para que la galaxia no se desintegre bajo la atracción mutua de sus estrellas y continúe manteniendo su actual extensión. Si las velocidades reales de las estrellas —que pueden ser medidas— fueran menores que las velocidades calculadas, tendríamos una prueba de que las atracciones a grandes distancias son menores que las previstas por la ley de Newton. A partir de esta desviación, se puede demostrar indirectamente que el universo es finito. Incluso se podrían llegar a estimar sus dimensiones espaciales.

¿Somos capaces de visualizar un universo tridimensional que sea finito y, a pesar de ello, sin límites?

La respuesta habitual a esta pregunta es «no», pero no se trata de la respuesta correcta. El propósito de las siguientes reflexiones es demostrar que la respuesta tendría que ser «sí». Quiero demostrar que sin ninguna dificultad extraordinaria podemos ilustrar la teoría de un universo finito a través de una representación mental a la que, con un poco de práctica, pronto podremos acostumbrarnos.

En primer término, corresponde hacer una observación de naturaleza epistemológica. Una teoría geométrico-física como tal no puede ser directamente ilustrada, toda vez que se trata meramente de un sistema de conceptos. Pero estos conceptos tienen por objeto aportar a la mente una multiplicidad de experiencias sensoriales reales o imaginarias. Por lo tanto, «visualizar» una teoría significa proporcionar a la mente esa abundancia de experiencias sensibles con respecto a las cuales la teoría ofrece una ordenación esquemática. En el presente caso hemos de preguntarnos cómo podemos representar ese comportamiento de los cuerpos sólidos con respecto a su mutua disposición (contacto) que corresponde a la teoría de un universo finito. En realidad no hay nada nuevo en lo que he de decir sobre este tema, pero las innumerables preguntas que he recibido en diversas ocasiones prueban que la curiosidad de quienes están interesados en estas cuestiones no ha sido satisfecha por completo todavía. De modo que pido disculpas a los iniciados, porque incurriré en la repetición de cosas que son conocidas desde hace ya mucho tiempo.

¿Qué queremos expresar al decir que nuestro espacio es infinito? Tan solo que podríamos disponer cualquier cantidad de cuerpos de igual tamaño, unos junto a otros, sin llegar a cubrir ese espacio. Figurémonos que disponemos de un gran número de cajas cúbicas, todas del mismo tamaño. De acuerdo con la geometría euclidiana, podemos ponerlas unas por encima, por debajo y junto a las otras hasta cubrir, arbitrariamente, una amplia parte del espacio. Pero esta construcción jamás llegaría a estar terminada: podríamos seguir y seguir agregando cubos sin encontrarnos jamás con que no nos queda ya sitio. Esto es lo que queremos significar al decir que el espacio es infinito. Sería mejor decir que el espacio es infinito en relación con los cuerpos prácticamente rígidos, suponiendo que la geometría euclidiana proporciona las leyes de localización de estos cuerpos.

Otro ejemplo de un continuo infinito es el plano. Sobre una superficie plana podemos colocar cuadrados de cartón de modo tal que cada lado de cada cuadrado sea adyacente a otro lado de otro cuadrado. La construcción nunca terminará; siempre podremos continuar colocando cuadrados, si sus leyes de localización se corresponden con las que la geometría euclidiana postula para las figuras planas. El plano es infinito, por lo tanto, con respecto a los cuadrados de cartón. Por consiguiente, decimos que el plano es un continuo infinito de dos dimensiones y que el espacio es un continuo infinito de tres dimensiones. Creo que puedo dar por sabido el significado del número de dimensiones aquí aludido.

Ahora elijamos un ejemplo de un continuo bidimensional que es finito pero sin límites. Imaginemos la superficie de un gran globo y una cantidad de pequeños discos de papel, todos del mismo tamaño. A continuación, ponemos uno de los discos en cualquier parte, sobre la superficie del globo. Si movemos el disco hacia cualquier dirección, sobre la superficie del globo, no tropezaremos con ningún límite en ningún momento. Por consiguiente, decimos que la superficie de la esfera es un continuo sin límites. Por otra parte, la superficie esférica es un continuo finito. Lo podemos comprobar colocando discos de papel sobre la esfera, de modo que ningún disco se superponga a otro; la superficie de la esfera llegará a estar tan cubierta que será ya imposible situar otro disco. Esto significa exactamente que la superficie esférica del globo es finita en relación con los discos de papel. Por otra parte, la superficie esférica es un continuo no euclidiano de dos dimensiones, es decir, que las leyes de localización de figuras rígidas puestas sobre ella no concuerdan con las del plano euclidiano. Esto puede demostrarse de la siguiente forma: tomemos un disco y rodeémoslo, en círculo, por otros seis discos, cada uno de los cuales debe estar rodeado, a su vez, por otros seis discos y así sucesivamente. Si esta construcción se realiza sobre una superficie plana, se obtendrá una colocación ininterrumpida en la que hay seis discos que tocan a cada disco, con excepción de los que estén en la parte externa.

Figura 1

Sobre una superficie esférica esta construcción también promete cierto éxito en el primer momento y cuanto menor sea el radio del círculo en proporción al de la esfera, tanto más posible parecerá la tarea. Pero en la medida en que progrese la construcción, más claro se verá que la colocación de los discos según la localización indicada, sin interrupción, no es posible como lo era en el caso de la geometría euclidiana del plano. Así, quienes no puedan abandonar la superficie esférica y ni siquiera puedan echar una mirada fuera de la superficie esférica hacia el espacio tridimensional, podrían llegar a descubrir, por simple experimentación con los discos, que su «espacio» bidimensional no es euclidiano, sino esférico.

Según los últimos resultados de la teoría de la relatividad, es probable que nuestro espacio tridimensional sea también aproximadamente esférico, o sea que las leyes de localización en él de cuerpos rígidos no están dadas por la geometría euclidiana, sino, y en forma aproximada, por la geometría esférica, si consideramos partes del espacio que sean suficientemente extensas. Este es el momento en que la imaginación del lector vacila. «Nadie puede imaginar semejante cosa» nos dirá, lleno de indignación. «Se puede decir una cosa así, pero no es posible pensarla. Puedo imaginar bastante bien una superficie esférica, pero nada análogo a ella que posea tres dimensiones.» Debemos hacer el intento de superar esta barrera mental y el lector paciente verá que no se trata de una tarea de excepcional dificultad. Con este fin, en primer lugar atenderemos una vez más a la geometría de las superficies esféricas bidimensionales. En la figura adjunta, K representa la superficie esférica, que en S toca al plano E, en este caso representado como una superficie limitada, por razones de facilidad de presentación. Denominemos L un disco sobre la superficie esférica. Ahora imaginemos que en el punto N de la superficie esférica, diametralmente opuesto a S, existe un punto luminoso que proyecta una sombra L' (la del disco L) sobre el plano E.

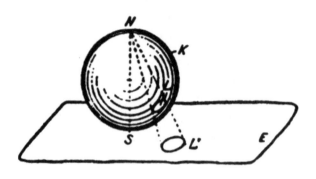

Figura 2

Si el disco sobre la esfera K es movido, también se moverá su sombra L' sobre el plano E. Cuando el disco L está en S, coincide casi exactamente con su sombra. Si se mueve sobre la superficie esférica alejándose de S hacia arriba, la sombra del disco, L', sobre el plano también se aleja de S, hacia la parte externa del plano y se agranda a medida que se aleja del punto citado. Si el disco L se aproxima al punto luminoso N, la sombra se desplaza hacia el infinito y se agranda infinitamente.

Ahora nos planteamos una pregunta: ¿cuáles son las leyes de localización de las sombras L' sobre el plano E? Es evidente que son las mismas que las leyes de localización de los discos L sobre la superficie esférica. Para cada figura original sobre K existe una sombra, una figura correspondiente sobre E. Si sobre K dos discos se tocan, sus sombras sobre E también se tocan. La geometría de la sombra sobre el plano concuerda con la geometría del disco sobre la esfera. Si denominamos a los discos-sombra figuras rígidas, la geometría esférica es válida sobre el plano E con respecto a estas figuras rígidas. En particular, el plano es finito con respecto a los discos-sombra, porque solo un número finito de sombras puede tener lugar dentro del plano.

En este punto, alguien dirá: «Eso no tiene sentido. Los círculos proyectados no son figuras rígidas. Con solo colocar una regla sobre el plano E podremos convencernos de que las sombras aumentan de tamaño constantemente, a medida que se alejan, sobre el plano, del punto S hacia el infinito». ¿Pero qué sucedería si la regla en cuestión se comportara sobre el plano E de la misma manera que los discos-sombra L? Sería imposible, en ese caso, demostrar que las sombras crecen de tamaño a medida que se alejan de S. Tal aseveración no tendría, pues, ninguna significación. En realidad, la única afirmación objetiva que se puede enunciar acerca de los discos-sombra es la siguiente: estos discos están relacionados exactamente de la misma manera en que lo están los discos rígidos sobre la superficie esférica, en el sentido de la geometría euclidiana.

Debemos tener bien claro que nuestra afirmación con respecto al crecimiento de los discos-sombra a medida que se alejan de S hacia el infinito no tiene en sí significación objetiva, en cuanto no seamos capaces de comparar los discos-sombra con los cuerpos rígidos euclidianos que se pueden mover sobre el plano E. Con respecto a las leyes de localización de las sombras L', el punto S no tiene privilegios especiales sobre el plano ni sobre la superficie esférica.

La representación que hemos visto de la geometría esférica sobre el plano es importante para nosotros, porque nos permite fácilmente transferirla al ámbito tridimensional.

Imaginemos un punto S de nuestro espacio y una gran cantidad de pequeñas esferas L', a las que es posible hacer coincidir las unas con las otras. Pero estas esferas no han de ser rígidas en el sentido de la geometría euclidiana; sus radios han de aumentar (en el sentido de la geometría euclidiana) cuando se muevan alejándose de S y hacia el infinito; ese aumento se ha de producir de acuerdo con la misma ley que determinaba el crecimiento de los radios de los discos-sombra L' sobre el plano.

Después de habernos forjado una imagen vívida del comportamiento geométrico de las esferas L', supongamos que en nuestro espacio no existen cuerpos rígidos en el sentido de la geometría euclidiana, sino solo cuerpos que se comportan como las esferas L'. Así tendremos una clara imagen del espacio esférico tridimensional o, mejor aún, de la geometría esférica tridimensional. Ahora, las esferas deben ser llamadas «rígidas». Su aumento de tamaño a medida que se alejan de S no puede ser detectado mediante mediciones realizadas con reglas de medición, tal como en el caso de los discos-sombra sobre el plano E, porque los patrones de medida se comportan del mismo modo que las esferas. El espacio es homogéneo, lo que equivale a decir que las mismas configuraciones esféricas son posibles en las cercanías de cada punto.[2] Nuestro espacio es finito porque, a causa del «crecimiento» de las esferas solo un número finito de ellas puede tener cabida en el espacio.

De esta manera, utilizando como punto de apoyo la práctica que para pensar y para visualizar nos ha dado la geometría euclidiana, hemos configurado una imagen mental de la geometría esférica. Nos sería posible, sin demasiadas dificultades, otorgar mayor profundidad y vigor a estas ideas realizando construcciones imaginarias espe-

---

2. Esto es comprensible sin necesidad de cálculos —pero solo para el ejemplo bidimensional— si volvemos una vez más al caso del disco sobre la superficie de la esfera. (*N. del autor.*)

ciales. Tampoco sería difícil representar, de una manera análoga, lo que se ha denominado geometría elíptica. Hoy, mi único objetivo ha sido demostrar que la facultad humana de visualización no está condenada a rendirse ante la geometría no euclidiana.

LA CAUSA DE LA FORMACIÓN DE MEANDROS EN LOS CURSOS DE LOS RÍOS Y LA DENOMINADA LEY DE BAER

Conferencia leída ante la Academia Prusiana el 7 de enero de 1926. Publicada en el periódico alemán *Die Naturwissenschaften*, volumen 14, 1926.

Es conocido por todos el hecho de que las corrientes de agua tienden a curvarse en líneas sinuosas, en lugar de seguir la línea de máxima pendiente del terreno. También es bien sabido por los geógrafos que los ríos del hemisferio norte tienden a erosionar, en especial, su ribera derecha. Los ríos del hemisferio sur se comportan de la manera opuesta (ley de Baer). Se han llevado a cabo muchos intentos de explicar este fenómeno y no estoy seguro de que lo que he de decir a continuación sea nuevo para el experto: algunas de mis consideraciones son, por cierto, conocidas. No obstante, dado que he visto que no es fácil cruzarse con alguien que conozca a fondo las relaciones causales de estos hechos, creo que no está fuera de lugar hacer una breve exposición cualitativa de ellos.

En primer término, está claro que la erosión ha de ser mayor cuanto mayor sea la velocidad de la corriente en la orilla correspondiente, o cuantos más sean los obstáculos que la hagan caer a cero en algún punto particular de esta orilla. Esto es cierto por igual en todas las circunstancias, ya se trate de una erosión que dependa de factores mecánicos o de otros de naturaleza físico-química (disolución del suelo). Por lo tanto, debemos concentrar nuestra atención en las circunstancias que afectan a la rapidez con que disminuye la velocidad en la orilla.

En ambos casos, la asimetría en la caída de la velocidad se debe, en forma indirecta, a la formación de un movimiento circular al que hemos de dirigir de inmediato nuestra atención.

Comenzaré refiriéndome a un pequeño experimento que cualquiera puede repetir con facilidad. Imaginemos una taza de fondo plano, llena de té. En el fondo hay algunas hojas de té, que permanecen allí porque son más pesadas que el líquido al que han desplazado. Si se imprime un movimiento de rotación al líquido, mediante una cuchara, las hojas se agruparán rápidamente en el centro del fondo de la taza. La explicación de este fenómeno es la siguiente: la rotación del líquido genera una fuerza centrífuga que actúa sobre él. En sí mismo, esto no originaría ningún cambio en la corriente del líquido si la rotación de los líquidos fuera igual a la de los sólidos. Pero en la cercanía de las paredes de la taza, el líquido es frenado por la fricción, con lo que su velocidad angular es menor allí que en otros lugares cercanos al centro.

En particular la velocidad angular, y por consiguiente la fuerza centrífuga, cerca del fondo será menor que en las zonas superiores. El resultado será un movimiento circular del líquido, del tipo del que se ilustra en la figura 1, que va en aumento hasta que, bajo la influencia de la fricción del fondo, queda frenado. Las hojas de té son barridas hacia el centro por el movimiento circular y prueban la existencia de dicho movimiento.

Algo similar ocurre con una corriente de forma curva (figura 2). En cada sección transversal de su curso, donde este se curva, opera

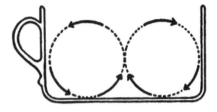

Figura 1

una fuerza centrífuga en dirección a la parte exterior de la curva (desde *A* hacia *B*). Cerca del fondo, donde la velocidad de la corriente es reducida por la fricción, esta fuerza tiene menos intensidad que en la parte superior. A partir de tal hecho, se origina un movimiento circular del tipo ilustrado en el diagrama. Aun cuando no haya curvas en el río, se producirá un movimiento circular del tipo ilustrado en la figura 2, siquiera en pequeña escala, a causa del movimiento de rotación de la Tierra. Este movimiento produce una fuerza de Coriolis, transversal con respecto a la dirección de la corriente, cuya componente derecha horizontal equivale a $2\,v\,\Omega\,sen$ ψ por unidad de masa del líquido, donde v es la velocidad de la corriente, Ω la velocidad de rotación de la Tierra y ψ la latitud geográfica. Así como la fricción del suelo reduce esta fuerza en la parte del fondo, del mismo modo esta fuerza da origen a un movimiento circular del tipo indicado en la figura 2.

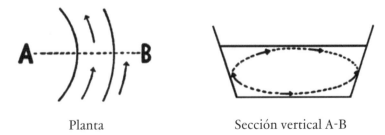

Planta   Sección vertical A-B

Figura 2

Después de estas discusiones preliminares, vamos a volver al problema de la distribución de las velocidades sobre la sección transversal de la corriente, que es el factor de control en la erosión. A este fin, debemos comprender en primer lugar cómo se origina y se mantiene la (turbulenta) distribución de las velocidades. Si el agua en reposo de un río fuera puesta de pronto en movimiento por la acción de una fuerza de aceleración uniformemente distribuida, la distribución de las velocidades sobre la sección transversal sería uniforme en un primer momento. Solo al cabo de cierto tiempo, bajo la influencia de la fricción en las orillas, se establecería por sí misma una distribución de las velocidades, gradualmente creciente desde las paredes laterales hacia el centro de la sección transversal. Tras la perturbación, la distribución (más o menos) estacionaria de las velocidades sobre la sección transversal solo se restablecería en forma gradual, una vez más, bajo la influencia de la fricción del fluido.

La hidrodinámica representa el proceso por el cual se restablece esta distribución estacionaria de las velocidades del siguiente modo: en un flujo plano (potencial), todos los remolinos están concentrados en las paredes del lecho. De allí se separan y se mueven con lentitud hacia el centro de la sección transversal de la corriente, distribuyéndose por sí mismos en una capa de creciente grosor. Disminuye, con ello, la caída de velocidad en las proximidades de las paredes. Bajo la acción de la fricción interna del líquido, los remolinos en el interior de la sección transversal son gradualmente absorbidos y su puesto es ocupado por otros nuevos, que se forman junto a las paredes. Se produce de esta manera una distribución de las velocidades casi-estacionaria. Lo importante para nosotros es que la distribución estacionaria de velocidades se alcanza lentamente. Por esta razón, causas relativamente insignificantes, operando constantemente, son capaces de ejercer una considerable influencia sobre la distribución de velocidades en la sección transversal.

Consideremos ahora qué influencia está destinada a ejercer sobre la distribución de velocidades en la sección transversal del río el movimiento circular debido a una curva del río o a la fuerza de Coriolis, tal como está ilustrado en la figura 2. Las partículas del líquido que se mueven con mayor rapidez estarán más alejadas de las paredes, es decir, en la parte superior del centro del fondo. Estas partículas de agua que se mueven a mayor velocidad serán llevadas por la circulación hacia la orilla derecha, en tanto que la orilla izquierda recibe el agua que viene de la región cercana al fondo y tiene una velocidad menor. Así, en el caso representado en la figura 2, la erosión es necesariamente más fuerte sobre el lado derecho que sobre el izquierdo. Es de notar que esta explicación está basada, de modo esencial, en el hecho de que el movimiento lento de circulación del agua ejerce una considerable influencia sobre la distribución de velocidades, porque la igualación de las velocidades por la fricción interna, que neutraliza esta consecuencia del movimiento de circulación, es también un proceso lento.

Aquí tenemos, pues, explicadas las causas de la formación de los meandros. Con todo, ciertos detalles podrían ser deducidos sin dificultad de estos hechos. La erosión, no solo será comparativamente mayor en la orilla derecha, sino también en todo el lado derecho del cauce, de modo que existirá una tendencia a que se produzca un perfil como el ilustrado en la figura 3.

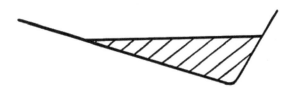

Figura 3

Además, el agua de la superficie proviene de la orilla izquierda y por lo tanto, y especialmente en el lado izquierdo, se moverá con menor velocidad que el agua que fluya a mayor profundidad. Esto ha sido observado en la realidad. Hay que indicar, por otra parte, que el movimiento circular posee una inercia. La circulación solo alcanzará su máximo, pues, más allá del punto de mayor curvatura y esto mismo se aplica, naturalmente, a la asimetría de la erosión. En el curso de la erosión, pues, se ha de producir un avance de la línea ondulatoria de la formación de los meandros en el sentido de la corriente. Por último, cuanto más amplia sea la sección transversal del río, más lentamente será absorbido el movimiento circular por la fricción. La línea ondulatoria de la formación de meandros aumentará, por lo tanto, con la sección transversal del río.

LA MECÁNICA DE NEWTON Y SU INFLUENCIA EN EL DESARROLLO DE LA FÍSICA TEÓRICA

Con ocasión del bicentenario de la muerte de Newton. Publicado en el volumen 15 de la revista alemana *Die Naturwissenschaften*, 1927.

Hace doscientos años moría Isaac Newton. En este momento nos sentimos obligados a recordar a este brillante genio, que ha determinado el curso del pensamiento y la investigación en Occidente como nadie lo había hecho antes ni nadie lo ha hecho después. No solo fue genial como inventor de ciertos métodos clave, sino que poseyó una maestría única sobre el material empírico conocido en sus días y también fue dueño de una maravillosa inventiva en lo que se refiere a métodos de demostración matemáticos y físicos. Por todos estos motivos Newton merece nuestro más profundo respeto. No obstante, su figura tiene una importancia mayor que la derivada simplemente de sus cualidades porque el destino lo situó en un punto crucial en la historia de la civilización. Para comprenderlo de manera clara, hemos de tomar en cuenta que antes de Newton no existía un sistema completo de causalidad física, capaz de representar cualquiera de las características profundas del mundo empírico.

Sin duda, los grandes materialistas de la antigua Grecia habían insistido en que todos los sucesos materiales pueden explicarse por el movimiento estrictamente regulado de los átomos, sin admitir como una causa independiente la voluntad de ninguna criatura viva. Y sin duda, a su modo, Descartes había recogido una vez más esa tradición. Pero solo se trataba de una ambición audaz, del ideal intangible de una escuela de filósofos. Unos resultados objetivos que permitieran creer en la existencia de una cadena completa de causalidad física apenas existieron en época prenewtoniana.

La finalidad de Newton estribaba en responder a esta pregunta: ¿existe alguna regla simple por la que sea posible calcular por completo los movimientos de los cuerpos celestes en nuestro sistema planetario, si se conoce, en un determinado momento, su estado dinámico? Newton solo tenía ante sí las leyes empíricas de Kepler sobre el movimiento planetario, deducidas de las observaciones de Tycho Brahe, y esas leyes exigían explicación. Hoy todos sabemos qué prodigiosa habilidad fue necesaria para descubrir estas leyes a partir de las órbitas fijadas de modo empírico. Pero son pocos los que se detienen a reflexionar acerca del brillante método gracias al cual Kepler dedujo las órbitas reales a partir de la observación de las aparentes, es decir, a partir de los movimientos tal como eran observados desde la tierra. Es bien cierto que estas leyes brindaron una respuesta completa a la pregunta de *cómo* se mueven los planetas en torno al sol: la forma elíptica de la órbita, con igualdad de las áreas recorridas por los radios en tiempos iguales, la relación entre los semiejes mayores y los períodos de revolución. Pero estas normas no aportan una explicación causal. Son tres reglas lógicamente independientes que no revelan ninguna conexión interna entre sí. La tercera ley no puede ser simplemente transferida, en términos cuantitativos, a otros cuerpos centrales que no sean el sol (por ejemplo, no existe relación entre el período de revolución de un planeta en torno al sol y el de la luna alrededor de su planeta). Sin embargo, lo más importante es lo siguiente: estas leyes se refieren al movimiento como conjunto y no a la manera en que el estado dinámico de un sistema da origen al estado dinámico inmediatamente posterior. Ahora podríamos decir que estas son leyes integrales y no leyes diferenciales.

La ley diferencial es la única forma que brinda completa satisfacción a las exigencias de causalidad del físico moderno. La clara concepción de la ley diferencial es uno de los más grandes logros intelectuales de Newton. No se necesitaba tan solo este concepto, sino también un formalismo matemático, que tenía ya una existencia rudimentaria, pero debía adquirir una forma sistemática. Newton la halló en el ámbito del cálculo diferencial e integral. No es imprescindible que nos detengamos aquí en el problema de si Leibnitz recurrió o no a los mismos métodos, independientemente de Newton. En cualquier caso, era por completo necesario que Newton los perfeccionara, toda vez que solo así podía expresar sus ideas.

Galileo ya había avanzado brillantemente hacia el conocimiento de las leyes del movimiento; había descubierto las leyes de inercia y la ley de caída libre de los cuerpos en el campo gravitatorio de la tierra, es decir, que una masa (con mayor precisión, un punto material) que no esté afectada por otras masas se mueve de manera uniforme y en línea recta. La velocidad vertical de un cuerpo libre en el campo gravitatorio aumenta proporcionalmente con el tiempo. Es posible que hoy nos parezca muy pequeña la distancia que separa los descubrimientos de Galileo de las leyes del movimiento de Newton. Pero ha de tenerse en cuenta que las dos proposiciones anteriores están formuladas de manera tal que se refieren al movimiento como un todo, en tanto que las leyes del movimiento de Newton proporcionan una respuesta a la siguiente pregunta: ¿cómo cambia, en un tiempo infinitamente breve, el estado dinámico de un punto material bajo la influencia de una fuerza externa? Solo al considerar lo que ocurría durante un tiempo infinitamente breve (ley diferencial), pudo Newton llegar a la formulación de leyes válidas para cualquier tipo de movimiento. Tomó el concepto de fuerza de la estática, que ya había alcanzado un nivel muy alto de desarrollo. Estuvo en condiciones de conectar fuerza y aceleración solo al introducir el nuevo concepto de masa que, por extraño que parezca, se basaba en una definición ilusoria. Hoy estamos tan habituados a formar conceptos que corresponden a cocientes diferenciales, que apenas si somos capaces de llegar a comprender qué enorme poder de abstracción era necesario para obtener la ley diferencial general del movimiento mediante un doble proceso al límite, en el curso del cual debía inventarse por añadidura el concepto de masa.

Pero aún quedaba muy lejos la posibilidad de alcanzar una concepción causal de movimiento. Porque el movimiento solo era determinado por su ecuación en los casos en que se conocía la fuerza. Sin duda inspirado por las leyes de los movimientos planetarios, Newton concibió la idea de que la fuerza que opera sobre una masa está determinada por la posición de todas las masas situadas a una distancia lo suficientemente pequeña de la masa en cuestión. Solo se llegaría a la formulación de una concepción completamente causal del movimiento al establecer dicha conexión. Es bien conocida la forma en que Newton, a partir de las leyes de Kepler referidas al movimiento de los planetas, investigó la gravitación y llegó a descubrir que las fuerzas motrices que actúan sobre los astros y la gravedad son de igual naturaleza. La combinación

Ley del movimiento + Ley de atracción

es lo que constituye esa maravillosa construcción intelectual que permite el cálculo de los estados pasados y futuros de un sistema, a partir de su estado en un momento particular, en la medida en que los hechos se produzcan bajo la influencia única de la fuerza de la gravedad. La armonía lógica del sistema conceptual de Newton estriba en que las únicas causas de la aceleración de las masas de un sistema son las propias masas.

Sobre la base que hemos esbozado aquí brevemente, Newton logró explicar los movimientos de los planetas, lunas y cometas hasta en sus menores detalles, así como las mareas y el movimiento de la Tierra que origina la precesión de los equinoccios: una proeza deductiva de extraordinaria magnificencia. Tuvo que ser muy impresionante descubrir que la causa del movimiento de los cuerpos celestes es idéntica a la gravedad, con la que todos estamos tan familiarizados en la vida cotidiana.

Pero la importancia de la obra de Newton no se reduce al hecho de haber creado una base útil y lógicamente satisfactoria de la mecánica. Hasta finales del siglo XIX, esos descubrimientos fueron parte del programa de todo investigador en el campo de la física teórica. Todos los fenómenos físicos debían ser referidos a masas sujetas a las leyes del movimiento descubiertas por Newton. La ley de la fuerza debía ser simplemente extendida y adaptada al tipo de fenómeno que se fuera a estudiar. El mismo Newton trató de aplicar este programa a la óptica, suponiendo que la luz está compuesta por corpúsculos inertes. Incluso la teoría ondulatoria ha hecho uso de la ley del movimiento de Newton, aplicándola a masas distribuidas continuamente. Las ecuaciones del movimiento de Newton fueron la base única de la teoría cinética del calor que, si por una parte preparó a la gente para el descubrimiento de la ley de la conservación de la energía, por otra condujo a una teoría de los gases que ha sido posteriormente confirmada hasta su último detalle y, por fin, nos ha permitido una visión más profunda de la naturaleza de la segunda ley de la termodinámica.

El desarrollo de la electricidad y el magnetismo ha seguido hasta los tiempos modernos las indicaciones newtonianas (sustancia eléctrica y magnética, fuerzas que actúan a distancia). Incluso la revolución que propiciaron Faraday y Maxwell en la electrodinámica y la óptica, y que ha constituido el primer gran avance fundamental en la física teórica después de Newton, se originó completamente a la sombra de las ideas de Newton. Maxwell, Boltzmann y lord Kelvin jamás dejaron de referir los campos electromagnéticos y sus interacciones dinámicas a la acción mecánica de hipotéticas masas de distribución continua. No obstante, como resultado de la falta de éxito, o de la falta de éxitos visibles como coronación de todos aquellos esfuerzos, a partir de finales del siglo XIX se produjo un cambio en nuestras nociones fundamentales. La física teórica ha sobrepasado el marco newtoniano que le había otorgado estabilidad y había servido de guía intelectual a la ciencia durante casi doscientos años.

Los principios fundamentales de Newton eran tan satisfactorios desde el punto de vista lógico que el estímulo necesario para revisarlos solo pudo nacer de los hechos empíricos. Antes de proseguir, quiero insistir en que Newton conocía las debilidades de su edificio intelectual mejor que las generaciones de científicos que le siguieron. Este hecho siempre ha provocado mi más profunda admiración y por ello querría ahora extenderme sobre este tema por unos momentos.

- Son evidentes los esfuerzos de Newton por representar su sistema como necesariamente condicionado por la experiencia y por introducir el menor número posible de conceptos no directamente referidos a objetos empíricos. A pesar de esto, establecería las nociones de espacio absoluto y tiempo absoluto, cosa por la que a menudo ha sido criticado en estos últimos años. Pero en este punto Newton es particularmente consistente. Había comprendido que las cantidades geométricas observables (distancias entre puntos materiales) y su curso en el tiempo no caracterizan por completo el movimiento en sus aspectos físicos, tal como demostró con su famoso experimento del cubo de agua rotatorio. Por ello, además de las masas y sus distancias, debe de existir algo más que determina el movimiento. Newton consideró que ese «algo» debía ser la relación con el «espacio absoluto»; sabía que el espacio debe poseer una especie de realidad física si sus leyes del movimiento poseen algún significado, una realidad de la misma clase que la de los puntos materiales y sus distancias. Comprender a fondo todo esto nos llevará a advertir la sabiduría de Newton y, al mismo tiempo, el lado débil de su teoría, cuya estructura lógica sería más satisfactoria, sin duda, si pudiera prescindir de este concepto tan vago; en tal caso, solo los conceptos relacionados de manera más clara con la percepción (puntos de masa, distancias) entrarían en sus leyes.

- La introducción de fuerzas que actúan en forma directa e instantánea a distancia para representar los efectos de la gravedad, no concuerdan con la mayoría de los procesos que nos son familiares en la vida cotidiana. Newton confronta esta objeción señalando el hecho de que su ley de la interacción gravitatoria no constituye una explicación final, sino una regla derivada de la experiencia por un proceso de inducción.

- La teoría de Newton no proporciona ninguna explicación para el curioso hecho de que el peso y la inercia de un cuerpo

255

están determinados por la misma magnitud (su masa), aunque el propio Newton había reparado en la peculiaridad de esta circunstancia.

Ninguno de estos tres puntos puede clasificarse como una objeción lógica a la teoría. En cierto sentido, solo son deseos insatisfechos de la mente científica, en su lucha por una visión conceptual uniforme y completa de los fenómenos naturales.

Considerada como un programa de todo el conjunto de la física teórica, la teoría del movimiento de Newton recibió su primer golpe de la teoría de la electricidad de Maxwell. Se había llegado a comprender con claridad que las interacciones eléctricas y magnéticas entre los cuerpos no eran debidas a fuerzas que operaran de modo instantáneo y a distancia, sino a procesos que se propagan a través del espacio a una velocidad finita. Junto con el punto de masa y su movimiento, aquí surgió, de acuerdo con el concepto de Faraday, una nueva especie de realidad física, esto es, «el campo».

En una primera instancia, bajo la influencia del punto de vista de la mecánica se intentó interpretar el campo como un estado mecánico (de movimiento o tensión) de un medio hipotético (el éter) que llena el espacio. Pero cuando esta interpretación no resultó adecuada, a pesar de los más obstinados esfuerzos, se fue gradualmente adoptando la idea de considerar que el «campo electromagnético» es el elemento final irreductible de la realidad física. Debemos agradecer a H. Hertz el haber liberado definitivamente el concepto de campo de todos los impedimentos derivados del arsenal conceptual de la mecánica, y a H. A. Lorentz el liberarlo de su sustrato material. De acuerdo con este último, el único sustrato del campo es el espacio físico vacío (o éter), que incluso en la mecánica de Newton no estaba desprovisto de toda función física. Llegados a este punto, nadie creía ya en la acción inmediata a distancia ni siquiera en la esfera de la gravitación, aunque ninguna teoría de campo de esta última estaba perfilada con claridad, en razón de la carencia de un conocimiento empírico suficiente. El desarrollo de la teoría del campo electromagnético —una vez que fueron abandonadas las hipótesis de Newton de las fuerzas actuando a distancia— condujo también al intento de explicar las leyes newtonianas del movimiento a través de electromagnetismo o bien a reemplazarlas por otras más precisas, basadas en la teoría de campos. A pesar de que estos esfuerzos no alcanzaron un éxito completo, los conceptos fundamentales de la mecánica dejaron de ser considerados como los elementos fundamentales del cosmos físico.

La teoría de Maxwell y Lorentz condujo en forma inevitable a la teoría de la relatividad restringida, que, al abandonar la noción de absoluta simultaneidad, excluía la existencia de fuerzas que actúan instantáneamente a distancia. Se deduce de esta teoría que la masa no es una magnitud constante, sino que depende de (en rigor, es equivalente a) la cantidad de energía. También demostró esta teoría que las leyes del movimiento de Newton solo eran válidas para pequeñas velocidades; en su lugar, estableció una nueva ley del movimiento en la cual la velocidad de la luz en el vacío aparece como velocidad límite.

La teoría de la relatividad general constituyó el último paso en el desarrollo del programa de la teoría de campos. Desde el punto de vista cuantitativo, solo modifica la teoría de Newton en forma mínima, pero desde el punto de vista cualitativo, en cambio, la modificación es profunda. La inercia, la gravitación y el comportamiento métrico de los cuerpos y relojes fueron reducidos a una única cualidad del campo. Dicho campo, a su vez, fue definido como dependiente de los cuerpos (generalización de la ley de la gravedad de Newton, o mejor aún, de la ley de campo que corresponde a ella, tal como la formulara Poisson). El espacio y el tiempo quedaban, pues, despojados no de su realidad, sino de la capacidad causal absoluta que Newton se había visto obligado a atribuirles para poder formular las leyes conocidas entonces, es decir, que pasaron de ser afectantes a afectados. La ley generalizada de la inercia asume la función de la ley newtoniana del movimiento.

Esta breve sinopsis basta para mostrar que los elementos de la teoría de Newton pasaron a la teoría de la relatividad general, con lo que los tres defectos que antes he mencionado quedaron salvados. Al parecer, dentro del esquema de la teoría de la relatividad general, las leyes del movimiento pueden ser deducidas de las leyes de campo correspondientes a la ley newtoniana de fuerzas. Solo cuando se haya alcanzado por completo este objetivo será posible hablar de una teoría de campos pura.

En un sentido más formal, también la mecánica de Newton ha preparado el camino para la teoría de campos. La aplicación de la mecánica de Newton a las masas distribuidas de manera continua llevaba inevitablemente al descubrimiento y aplicación de las ecuaciones diferenciales parciales, que a su vez proporcionaron por primera vez el lenguaje para enunciar las leyes de la teoría de campos. En este sentido formal, la concepción de Newton acerca de la ley diferencial constituye el primer paso decisivo en el desarrollo posterior. Toda la evolución de nuestras ideas acerca de los procesos de la naturaleza —los que hasta el presente nos han preocupado— puede ser considerada como un desarrollo orgánico del pensamiento de Newton. No obstante, en pleno proceso de perfeccionamiento de la teoría de campos, la radiación térmica, los espectros, la radiactividad, etcétera, revelaron los límites de aplicabilidad de este sistema conceptual, límites que todavía hoy nos parecen imposibles de superar, a pesar de los muchos éxitos obtenidos. No son pocos los físicos que sostienen —y esgrimen argumentos de peso en su favor— que ante estos hechos se ha derrumbado no solo la ley diferencial, sino también la misma ley de causación, que hasta el presente ha sido el postulado básico final de las ciencias de la naturaleza. Incluso se ha negado la posibilidad de una construcción espacio-temporal, que pueda ser coordinada sin ambigüedades con los fenómenos físicos. A primera vista parece difícil deducir de la teoría de campos, que opera con ecuaciones diferenciales, un sistema mecánico con solo valores discretos o estados de energía, como lo demuestra la experiencia. El método de Broglie-Schrödinger, que en cierto sentido tiene el carácter de una teoría de campos, deduce ciertamente la existencia exclusiva de estados discretos, en sorprendente acuerdo con los hechos empíricos, sobre la base de ecuaciones diferenciales que utilizan un tipo de argumento de resonancia, aunque esto exija renunciar a la localización de las partículas y a leyes estrictamente causales. ¿Quién podría tener hoy la presunción de decidir que han de ser definitivamente abandonadas la ley de causación y la ley diferencial, primeras premisas en la visión newtoniana de la naturaleza?

JOHANNES KEPLER

En ocasión del tricentenario de la muerte de Kepler. Publicado en el *Frankfurter Zeitung* (Alemania), el 9 de noviembre de 1930.

En tiempos de ansiedad e incertidumbre como los nuestros, cuando tan difícil es sentir satisfacción por el curso de la humanidad, resulta particularmente consolador pensar en un hombre tan excepcional y sereno como Kepler. Johannes Kepler vivió en una época en la que aún no se consideraba seguro el reino de la ley en la naturaleza. La profundidad de su fe en la existencia de una ley natural ha de haberle brindado la fuerza necesaria para dedicar décadas de duro y paciente trabajo a la investigación empírica de los movimientos planetarios y de las leyes matemáticas de esos movimientos; todo ello, sin ningún apoyo y con la comprensión de pocos. Si hemos de honrar dignamente su memoria, tendremos que describir de la manera más clara su problema y las etapas necesarias para su solución.

Copérnico había abierto los ojos de los más inteligentes al hecho de que la mejor manera de lograr una clara comprensión de los movimientos aparentes de los planetas en el cielo era interpretarlos como movimientos en torno al sol, al que concebía como un cuerpo inmóvil. Si los planetas se hubieran desplazado de modo uniforme, en círculo en torno al sol, hubiera sido comparativamente fácil descubrir qué aspecto debían tener estos movimientos vistos desde la tierra. Sin embargo, como estos fenómenos son mucho más complejos, la tarea resultaba mucho más ardua. En primer lugar, había que determinar los movimientos empíricamente a partir de las observaciones de Tycho Brahe. Solo entonces podía pensarse en el descubrimiento de leyes generales acordes con esos movimientos.

Constituía una tarea de extraordinaria dificultad determinar los verdaderos movimientos en torno al sol; para percatarnos de esto con exactitud, debemos comprender que nunca se ve la posición verdadera de un planeta en un momento determinado, y que solo se advierte en qué dirección puede ser visto en ese momento desde la tierra, que también se está moviendo en torno al sol, de una manera desconocida. Las dificultades parecían, pues, insuperables.

Kepler tenía que descubrir un método por el cual se pudiera poner orden en semejante caos. Desde el primer momento advirtió que era necesario, antes que nada, determinar el movimiento de la propia tierra. Esto habría resultado sencillamente imposible si solo hubiera existido el sol, la tierra, las estrellas fijas y ningún otro planeta. En tal caso, por la vía empírica, solo se hubiera podido determinar el cambio de dirección de la línea recta sol-tierra durante el curso del año (movimiento aparente del sol con respecto a las estrellas fijas). De esta forma, fue posible descubrir que las direcciones sol-tierra eran todas trazables dentro de un plano estacionario con referencia a las estrellas fijas, al menos según las observaciones de aquellos tiempos en que no existían los telescopios. De esta misma manera también se pudo determinar de qué modo la línea sol-tierra gira en torno al sol. Se comprobó que la velocidad angular de este movimiento varía en forma regular a lo largo del transcurso del año. Pero esto no servía de mucho, toda vez que por entonces se ignoraba en cuánto se altera la distancia entre la tierra y el sol en el curso del año. Solo cuando estos cambios fueron conocidos se pudo determinar la verdadera forma de la órbita de la tierra y del recorrido de este planeta.

Kepler halló una maravillosa forma de solucionar este problema. En primer lugar, de sus observaciones del sol dedujo que la aparente trayectoria solar con respecto a las estrellas fijas cambiaba de velocidad en las distintas épocas del año, pero que la velocidad de ese movimiento era siempre la misma en el mismo momento del año astronómico y, por consiguiente, que la velocidad de rotación de la recta tierra-sol era siempre la misma cuando apuntaba a la misma zona de las estrellas fijas. Es decir, que resultaba lícito suponer que la órbita de la tierra era cerrada y descrita por nuestro planeta del mismo modo cada año, cosa que de ningún modo era evidente *a priori*. Para quienes se adherían al sistema de Copérnico, esta explicación debía aplicarse con toda seguridad a las órbitas del resto de los planetas. Lo cual, sin duda, fue una gran simplificación.

¿Pero cómo determinar la verdadera forma de la órbita de la tierra? Imaginemos una linterna, *M*, encendida, y brillando en algún punto del plano de la órbita. Supongamos que sabemos que esta linterna permanece permanentemente en su lugar y que, de ese modo, constituye una especie de punto de triangulación para determinar la órbita de la tierra, un punto que los habitantes del planeta pueden observar en cualquier momento del año. Y también supongamos que esta linterna *M* está más lejos del sol que de la tierra. Con la ayuda de este punto, resultaba posible determinar la órbita de la tierra de la siguiente manera:

En primer término, cada año llega un momento en que la tierra *T* pasa exactamente por la línea que une el sol *S* y la linterna *M*. Si en ese momento miramos desde la tierra, *T*, hacia la linterna *M*, nuestra línea de visión coincidirá con la línea SM (sol-linterna). Supongamos que esta última está visible en el firmamento. Ahora imaginemos a la tierra en una posición diferente y en un momento diferente. Dado que el sol *S* y la linterna *M* pueden ser vistos desde la tierra, el ángulo *T* del triángulo *STM* es conocido. Pero también conocemos la dirección de *ST* en relación con las estrellas fijas, a través de observaciones solares directas, en tanto que la dirección de la línea *SM* en relación con las estrellas fijas ha sido previamente obtenida en forma definitiva. En el triángulo *STM*, también nos es conocido el ángulo *S*. Por lo tanto, con la base *SM* arbitrariamente dibujada sobre un trozo de papel, en virtud de nuestro conocimiento de los ángulos de los vértices *T* y *S*, podemos construir el triángulo *STM*. Debemos hacer esto mismo en varias ocasiones durante el año; cada vez obtendremos una posición de la tierra, *T*, con su correspondiente fecha y una determinada posición con respecto a la base *SM* permanentemente fija. La órbita de la tierra quedará, así, determinada de manera empírica, dejando de lado su tamaño absoluto, desde luego.

Sin duda, habrá quien pregunte: ¿pero de dónde podía sacar Kepler esa linterna *M*? Su genio y naturaleza —benévola en este caso— se la proporcionaron. Por ejemplo, allí estaba el planeta Marte y la duración del año marciano (o sea, una rotación del planeta en torno al sol) era conocida. En cierto punto, puede ocurrir que el sol, la tierra y Marte se hallen casi en una línea recta. Esta posición de Marte se repite con regularidad después de uno, dos, y más años marcianos, porque Marte se mueve en una órbita cerrada. En esos momentos conocidos, pues, *SM* siempre presenta la misma base, en tanto que la tierra siempre está en un punto diferente en su órbita. Las observaciones del sol y de Marte en esos momentos constituyen así un medio para determinar la verdadera órbita de la tierra, en vista de que Marte juega en esos momentos el papel de nuestra linterna imaginaria. De esta manera Kepler descubrió la verdadera forma de la órbita de la tierra y el modo en que la tierra la describe, y nosotros, los que hemos venido detrás de él —europeos, alemanes o suavos—, debemos admirarle y rendirle honores.

Una vez que la órbita de la tierra ha sido empíricamente determinada, conocida la verdadera posición y longitud de la línea *ST* en cualquier momento, ya no le resultó a Kepler tan terriblemente difícil calcular las órbitas y movimientos del resto de los planetas a partir de la observación. No obstante, se trataba de una inmensa tarea, en especial si se considera el desarrollo de la matemática en esos tiempos.

Así se iniciaría la segunda parte, y no la menos ardua, de la vida de investigador de Kepler. Las órbitas eran empíricamente conocidas, pero sus leyes también debían ser deducidas de los datos empíricos. En primer lugar tenía que conjeturar la naturaleza matemática de la curva descrita por la órbita y después contrastarla con un inmenso número de datos. Si este intento fallaba, era preciso plantear una nueva hipótesis y verificarla otra vez. Después de una vasta investigación, se comprobó que la conjetura de que la órbita era una elipse con el sol en uno de sus focos era la adecuada. Kepler también descubrió la ley de la variación de la velocidad a lo largo de cada revolución, según la cual la línea sol-planeta recorre áreas iguales en iguales períodos de tiempo. Por fin, descubrió asimismo que los cuadrados de los períodos de revolución en torno al sol son proporcionales a las terceras potencias de los ejes mayores de las elipses.

Nuestra admiración por este hombre está acompañada por otro sentimiento de admiración y respeto producido no por un hombre, sino por la misteriosa armonía de la naturaleza dentro de la cual hemos nacido. Los antiguos ya habían ideado las regularidades más simples. Entre estas, junto a la recta y a la circunferencia, las más importantes eran la elipse y la hipérbole. Estas dos últimas las vemos realizadas —o muy poco menos— en las órbitas de los cuerpos celestes.

Al parecer, la mente humana ha de construir primero las formas de modo independiente, para luego poder hallarlas en las cosas. Las verdaderas proezas de Kepler son un ejemplo magnífico de esta aserción: el conocimiento no puede surgir de la experiencia tan solo, sino de la comparación de las invenciones del intelecto con los hechos observados.

LA INFLUENCIA DE MAXWELL EN LA EVOLUCIÓN DE LA IDEA DE LA REALIDAD FÍSICA

En ocasión del centenario del nacimiento de Maxwell. Publicado en 1931 en *James Clerk Maxwell: A Commemoration Volume*, Cambridge University Press.

La creencia en un mundo exterior, independiente del sujeto perceptor, es la base de toda la ciencia natural. No obstante, dado que la percepción sensorial solo brinda una información indirecta de ese mundo exterior o «realidad física», únicamente podemos captar a esta última por medios especulativos. De aquí se concluye que nuestras nociones de la realidad física nunca podrán ser definitivas. Debemos estar siempre preparados para cambiar esas nociones —es decir, la base axiomática de la física— para mantener una relación adecuada con los hechos percibidos, de la manera más lógicamente perfecta. Por cierto que una mirada al desarrollo de la física nos muestra que esta ciencia ha pasado por cambios profundos a lo largo del tiempo.

El cambio mayor en la base axiomática de la física —en otras palabras: de nuestra concepción de la estructura de la realidad—, desde el momento en que Newton sentara las bases de la física teórica, fue provocado por los trabajos de Faraday y Maxwell en el campo de los fenómenos electromagnéticos. Trataremos de explicarlo en las siguientes líneas, manteniendo a la vista tanto los desarrollos iniciales como los posteriores.

Según el sistema de Newton, la realidad física se caracteriza por los conceptos de espacio, tiempo, punto material y fuerza (acción recíproca de los puntos materiales). Los fenómenos físicos, según el punto de vista de Newton, deben ser considerados como movimientos, gobernados por leyes fijas, de puntos materiales en el espacio. El punto material es nuestro único modo de representar la realidad cuando nos enfrentamos con cambios que se producen en ella; es el representante solitario de lo real, en la medida en que lo real es capaz de cambiar. Los cuerpos perceptibles son el origen evidente del concepto de punto material; este, por lo común, es concebido como análogo a los cuerpos móviles, a los que se despoja de las características de extensión, forma, orientación en el espacio y de todas las cualidades «internas», y se les concede tan solo la inercia y la traslación, añadiendo el concepto de fuerza. Los cuerpos materiales, que psicológicamente nos condujeron a la formación de nuestro concepto del «punto material», deben ser considerados, en sí mismos, como sistemas de puntos materiales. Hay que subrayar que este esquema teórico es, en esencia, un esquema atomístico y mecánico. Todos los hechos debían ser interpretados de una manera puramente mecánica, es decir, como movimientos de puntos materiales según las leyes newtonianas del movimiento.

El aspecto menos satisfactorio de este sistema —aparte de las dificultades intrínsecas al concepto de «espacio absoluto», que hace muy poco se han planteado una vez más— está en su descripción de la luz, que Newton también concibió como compuesta por puntos materiales, de acuerdo con su teoría. Ya en el momento en que se planteara, inquietaba la cuestión acerca de lo que ocurría con los puntos materiales que componen la luz, en el caso de que la luz fuera absorbida. Por otra parte, es sin duda poco satisfactorio introducir en la discusión puntos materiales de naturaleza muy distinta, como los que deben ser utilizados para la representación de la materia ponderable y de luz. Más tarde, a estas dos clases se sumaron los corpúsculos eléctricos, con lo cual se constituía una tercera de características por completo diferentes. Por otra parte, constituía también una debilidad fundamental el hecho de que las fuerzas de acción recíproca, por las cuales se determinan los fenómenos, debieran suponerse hipotéticamente de una manera perfectamente arbitraria. Con todo, esa concepción de la realidad dio mucho de sí. ¿Cómo se llegó a tener la impresión de que había que abandonarla?

Con el fin de expresar matemáticamente su sistema, Newton tuvo que crear el concepto de cocientes diferenciales y expresar las leyes del movimiento en la forma de ecuaciones diferenciales totales: quizá el mayor avance intelectual realizado por una sola persona. Las ecuaciones diferenciales parciales no eran necesarias para estos fines, y tampoco Newton hizo un uso sistemático de ellas, pero fueron imprescindibles para la formulación de la mecánica de los cuerpos deformables. Esto está conectado con el hecho de que, en principio, no es importante, en estos problemas, la manera como se supone que los cuerpos están construidos a partir de los puntos materiales.

Así fue como la ecuación diferencial parcial entró en la física teórica como servidora, aunque gradualmente se ha ido convirtiendo en soberana. Esto se inició en el siglo XIX, al imponerse la teoría ondulatoria bajo la presión de los hechos observados. La luz en el espacio vacío fue explicada como un fenómeno ondulatorio del éter y por lo tanto parecía innecesario considerarla como un conglomerado de puntos materiales. En este momento, por primera vez, la ecuación diferencial parcial se mostró como la expresión natural de las realidades primarias de la física. En este ámbito particular de la física teórica, el campo continuo se convertía, junto con el punto material, en representante de la realidad física. Este dualismo persiste aún hoy, por muy molesto que resulte para cualquier mentalidad ordenada.

Aun cuando la idea de la realidad física había dejado de ser puramente atómica, continuaba siendo, de momento, puramente mecánica; en general, todavía se seguía intentando explicar todos los fenómenos como movimientos de masas inertes y, por cierto, ningún otro enfoque de los hechos parecía concebible. Se produce entonces el gran cambio, que para siempre estará asociado a los nombres de Faraday, Maxwell y Hertz. En esta revolución, la parte del león corresponde a Maxwell. Demostró que el conjunto de lo que por entonces era conocido acerca de la luz y de los fenómenos electromagnéticos se podía expresar mediante su conocido doble sistema de ecuaciones diferenciales parciales, en las que los campos eléctrico y magnético aparecen como las variables dependientes. Maxwell trató, por cierto, de explicar o justificar esas ecuaciones mediante un modelo mecánico.

Construyó varios pero sin tomarse demasiado en serio ninguno de ellos, y al final quedaron las ecuaciones como lo esencial y las intensidades de campo como las entidades irreductibles. Hacia finales del Ochocientos, la concepción del campo electromagnético como entidad última había sido aceptada de manera general y muchos científicos serios habían abandonado los intentos de dar una explicación mecánica a las ecuaciones de Maxwell. Y antes de que transcurriera mucho tiempo ocurrió, al contrario, que se intentaron explicar los puntos materiales y su inercia por medio de la teoría de campo de Maxwell; no obstante, este intento no alcanzó un éxito total.

Si dejamos a un lado los importantes resultados individuales que produjo la investigación de Maxwell a lo largo de toda su vida en importantes ámbitos de la física y si nos concentramos en los cambios que él aportara a la concepción de la naturaleza de la realidad física, podemos decir lo siguiente: antes de Maxwell, los investigadores concebían la realidad física —en la medida en que se supone que representa los fenómenos naturales— como puntos materiales, cuyos cambios solo consistían en movimientos que podían formularse mediante ecuaciones diferenciales totales. Después de Maxwell, se concibió la realidad física como representada por campos continuos, que no podían ser explicados mecánicamente, sino que debían representarse mediante ecuaciones diferenciales parciales.

Este cambio en la concepción de la realidad es el más profundo y fructífero que se ha producido en la física desde los tiempos de Newton; con todo, debemos admitir al mismo tiempo, que el programa no ha sido desarrollado aún en todas sus partes. Los sistemas satisfactorios de la física que a partir de entonces se han desarrollado representan compromisos entre estos dos esquemas, que por esta misma razón ofrecen un carácter provisional, lógicamente incompleto, a pesar de que han facilitado grandes adelantos en algunos de los aspectos investigados.

En primer lugar, llama la atención el trabajo que realizara Lorentz para establecer su teoría de los electrones, en la cual el campo y los corpúsculos eléctricos se revelan como elementos de idéntico valor para la comprensión de la realidad. A continuación han surgido las teorías especial y general de la relatividad que, a pesar de estar basadas por completo en ideas que se conectan con la teoría de campo, hasta el presente parecen incapaces de evitar la introducción independiente de los puntos materiales de las ecuaciones diferenciales totales.

La última creación de la física teórica, y la de mayor éxito, es decir, la mecánica cuántica, difiere de manera fundamental tanto del esquema newtoniano como del esquema maxwelliano, si se nos permite el uso de estos neologismos en aras de la concisión. La diferencia estriba en que las magnitudes que figuran en las leyes de la teoría cuántica no pretenden describir la misma realidad física, sino tan solo las probabilidades de que se produzca una determinada realidad física. Dirac, a quien en mi opinión debemos la exposición más perfecta —desde el punto de vista lógico— de esta teoría, señala con acierto que quizá sería difícil, por ejemplo, proporcionar una descripción teórica de un fotón tal que nos brindara la información necesaria para decidir si pasará por un polarizador situado (oblicuamente) en su camino, o no.

Todavía me siento proclive a sostener el criterio de que los físicos no se contentarán, a largo plazo, con este tipo de descripción indirecta de la realidad, aun cuando la teoría pueda ser adaptada al postulado de la relatividad general de forma satisfactoria. Estoy seguro de que en esas circunstancias nos veremos obligados a volver a intentar la realización del programa que bien podría definirse como maxwelliano: la descripción de la realidad física en términos de campos que satisfagan, sin singularidades, a ecuaciones diferenciales parciales.

EL PROBLEMA DEL ESPACIO, EL ÉTER
Y EL CAMPO, EN LA FÍSICA

Mein Weltbild, Querido Verlag, Amsterdam, 1934.

El pensamiento científico es un desarrollo del pensamiento precientífico. Toda vez que el concepto del espacio ya era fundamental para este, empezaremos con el concepto del espacio en el pensamiento precientífico. Existen dos modos de considerar los conceptos, y ambos son indispensables para la comprensión. El primero es el análisis lógico, que responde a la pregunta: ¿en qué situación de dependencia mutua se encuentran los juicios y los conceptos? Al contestar, nos hallaremos en un terreno relativamente seguro: es la seguridad que tanto nos impresiona de la matemática. Pero esta certidumbre se obtiene al precio de vaciar el contenido. Los conceptos solo pueden adquirir contenido cuando están conectados con la experiencia sensorial, aunque sea de forma indirecta. Pero ninguna investigación lógica puede revelar esta conexión, que únicamente puede advertirse a través de la experimentación. No obstante, este nexo es el que determina el valor cognoscitivo de los sistemas conceptuales.

Analicemos un ejemplo. Supongamos que un arqueólogo de una cultura posterior a la nuestra descubre un texto que explica la geometría euclidiana sin figuras. El arqueólogo descubrirá cuál es el uso de las palabras «punto», «recta» o «plano» en los enunciados. También advertirá de qué manera cada uno de los conceptos es deducido del anterior. Incluso llegará a ser capaz de establecer nuevos enunciados de acuerdo con las reglas descubiertas. Pero la estructura de esos enunciados será un juego de palabras vacío, porque las expresiones «punto», «recta» o «plano» no significan nada para él. Tan solo en el momento en que esas expresiones signifiquen algo, la geometría llegará a tener un contenido para ese hipotético arqueólogo. Otro tanto ocurriría con la mecánica analítica y con cualquier otra exposición de una ciencia lógicamente deductiva.

¿Qué quiere decir que expresiones o palabras como «recta», «punto» o «intersección» signifiquen algo? Quiere decir que con ellas se indican experiencias sensoriales a las que esas palabras están referidas. Este problema extralógico es el problema de la naturaleza de la geometría, que el arqueólogo podrá resolver de manera intuitiva tratando de encontrar en el conjunto de su experiencia algo que se corresponda con esos términos primarios de la teoría y de los axiomas formulados. Solo en este sentido se puede proponer en forma razonable la cuestión de la naturaleza de una entidad descrita mediante conceptos. Frente a nuestros conceptos precientíficos estamos en una posición muy similar a la que ocupa nuestro arqueólogo con respecto al problema ontológico. Por así decirlo, hemos olvidado los rasgos del mundo de la experiencia que nos han inducido a estructurar esos conceptos y tenemos muchas dificultades para recordar el mundo de la experiencia sin los cristales de la interpretación conceptual establecida desde antiguo. La subsiguiente dificultad estriba en que nuestro lenguaje está obligado a operar con palabras inseparablemente conectadas con aquellos conceptos primitivos.

Nos enfrentamos, pues, con estos obstáculos cuando intentamos describir la naturaleza del concepto precientífico de espacio.

Antes de entregarnos al análisis del problema del espacio, he de señalar algo más acerca de los conceptos en general. Los conceptos tienen la experiencia sensorial como punto de referencia, pero, en un sentido lógico, jamás pueden ser deducidos a partir de ella. Por este motivo, jamás me ha sido posible comprender la búsqueda de un *a priori* en el sentido kantiano. En cualquier problema ontológico nuestro único interés estará en descubrir, dentro del conjunto de las experiencias sensoriales, aquellas características a las cuales se refieren los conceptos.

Por lo que respecta al concepto de espacio, al parecer este presupone la idea de objeto material. La naturaleza de las complejas impresiones sensoriales que, posiblemente, son responsables de tal concepto ha sido descrita a menudo. La correspondencia entre ciertas impresiones visuales y táctiles, el hecho de que puedan ser seguidas a través del tiempo en forma continua y de que puedan ser repetidas en cualquier momento (tacto, vista) son algunas de sus características. A partir del momento en que el concepto de objeto material ha adquirido forma en conexión con las experiencias antes mencionadas —concepto que de ninguna manera presupone el de espacio o el de relación espacial—, el deseo de lograr una captación intelectual de las relaciones de esos objetos dará origen a conceptos que correspondan a las relaciones espaciales existentes entre ellos. Dos cuerpos sólidos pueden tocarse entre sí o estar distantes el uno del otro. En el segundo caso, un tercer cuerpo puede ser situado entre los dos primeros sin alterarlos de ninguna manera; en el primer caso, eso es imposible.

Estas relaciones espaciales son obviamente reales, tal como los objetos en sí mismos. Si dos cuerpos son equivalentes para llenar uno de esos espacios intermedios, también resultarán equivalentes para otros intervalos distintos. Así vemos que el intervalo es independiente del cuerpo elegido para llenarlo. Esto mismo es universalmente verdadero en lo que respecta a las relaciones espaciales. Resulta evidente que esta independencia, como condición principal de la utilidad de establecer conceptos puramente geométricos, no es *a priori* necesaria. Según mi opinión, este concepto de intervalo, independiente del tipo de cuerpo que lo llene, es el punto de partida del concepto del espacio.

Por lo tanto, considerado desde el punto de vista de la experiencia sensorial, el desarrollo del concepto de espacio parece asociado, según estas breves indicaciones, al esquema: objeto material, relaciones entre las posiciones de los objetos materiales, espacio intermedio, espacio. Así considerado, el espacio se nos muestra como algo real, en el mismo sentido en que lo son los objetos materiales.

Está claro que el concepto de espacio como un algo real ya existía en el mundo conceptual extracientífico. Sin embargo, la matemática de Euclides no tenía conocimiento de este concepto como tal y se limitaba a los conceptos de objeto y de las relaciones espaciales entre objetos. El punto, el plano, la recta, el segmento, son objetos sólidos idealizados. Todas las relaciones espaciales se originan a partir del concepto de contacto (la intersección de rectas y planos, los puntos que están sobre una recta, etc.). El espacio como un continuo no aparece en ningún momento dentro del sistema conceptual. El concepto de espacio fue introducido por Descartes, al describir un punto en el espacio mediante sus coordenadas. Aquí, por primera vez, las figuras geométricas aparecen, en cierto modo, como partes de un espacio infinito, que es concebido como un continuo de tres dimensiones.

La gran superioridad del tratamiento cartesiano del espacio no está en absoluto limitada al hecho de que aplique el análisis con fines geométricos. La cuestión fundamental estriba en lo siguiente: en sus descripciones geométricas, los griegos privilegiaron objetos particulares (la recta, el plano); otros objetos (por ejemplo, la elipse) solo son accesibles para esa descripción a través de su construcción o definición con la ayuda del punto, la recta y el plano. Por otra parte, en el tratamiento cartesiano, todas las superficies, por ejemplo, aparecen en principio en un pie de igualdad, sin ninguna preferencia arbitraria para las estructuras lineales.

En la medida en que la geometría ha sido concebida como la ciencia de las leyes que gobiernan las relaciones espaciales mutuas de los cuerpos prácticamente rígidos, debe ser considerada como la rama más antigua de la física. Como ya he mencionado, esta ciencia ha sido capaz de avanzar sin disponer del concepto de espacio como tal: fueron suficientes para sus necesidades las formas corpóreas ideales, como el punto, la recta, el plano, el segmento. Por otra parte, el espacio como conjunto, tal como fuera concebido por Descartes, constituía una necesidad absoluta para la física newtoniana. Ya sabemos que la dinámica no puede trabajar solo con los conceptos de punto de masa y de distancia variable entre puntos de masa. En las ecuaciones newtonianas del movimiento, el concepto de aceleración desempeña un papel fundamental, que no puede ser definido solo por las distancias variables con el tiempo entre los puntos. La aceleración de Newton solo puede concebirse o definirse en relación con el espacio como un todo. Así hubo de agregarse a la realidad geométrica del concepto de espacio una nueva función determinadora de la inercia del espacio. Cuando Newton describía el espacio como absoluto, sin duda se refería a esta significación real del espacio, que le obligó a atribuirle un estado de movimiento definido, que todavía no estaba por completo determinado por los fenómenos de la mecánica. Este espacio era concebido como un absoluto también en otro sentido; su efecto inercial era concebido como autónomo, o sea, como no influenciable por ninguna clase de circunstancia física; el espacio, pues, afectaba a las masas, pero, por su parte, no era afectado por nada.

En las mentes de los físicos el espacio ha seguido siendo, hasta tiempos muy recientes, el receptáculo pasivo de todos los fenómenos, que por sí mismo no participaba en los hechos físicos. Nuestro esquema de pensamiento solo comenzó a tomar una nueva vertiente con la teoría ondulatoria de la luz y con la teoría del campo electromagnético de Faraday y Maxwell. A través de ellas se comprobó que existían en el espacio libre estados que se propagan en ondas, y asimismo campos localizados que eran capaces de ejercer fuerzas sobre masas eléctricas o polos magnéticos que se situaran en el punto exacto. En razón de que a los físicos del siglo XIX les hubiera resultado por completo absurdo atribuir funciones o estados físicos al espacio mismo, se inventó un medio que ocupaba todo el espacio, según el modelo de la materia ponderable: el éter, al que se consideraba como un vehículo de los fenómenos electromagnéticos y, por ende, también de los fenómenos luminosos. Los estados de este medio, que se suponían ser los de los campos electromagnéticos, en un primer momento fueron concebidos desde un punto de vista mecánico, sobre la base del modelo de las deformaciones elásticas de los cuerpos sólidos. Pero esta teoría mecánica del éter nunca obtuvo una aceptación total, y así se fue dejando de lado como interpretación detallada de la naturaleza de los campos etéreos. De este modo, el éter se convirtió en una especie de materia a la que se adjudicaba una única función: la de actuar como sustrato de los campos eléctricos que por la índole de su naturaleza no resultaban analizables. El cuadro general era el que sigue: el espacio está invadido por el éter; en este flotan los corpúsculos materiales o átomos de la materia ponderable, cuya estructura atómica había sido firmemente establecida a finales de siglo.

En vista de que se suponía que la interacción de los cuerpos se realizaba a través de los campos, también debía existir un campo gravitatorio en el éter, cuya ley de campo no había tomado aún por entonces una forma clara. Se imaginaba que el éter era solo asiento de todas las fuerzas que actúan en el espacio. La inercia también era vista como una acción de campo localizada en el éter, porque se había comprobado que las masas eléctricas en movimiento producen un campo magnético cuya energía proporciona un modelo de inercia.

Hasta el gran descubrimiento de H. A. Lorentz, las propiedades mecánicas del éter constituían un misterio. Todos los fenómenos del electromagnetismo por entonces conocidos podían ser explicados sobre la base de dos supuestos; el primero afirma que el éter está firmemente fijado en el espacio, es decir, que no es capaz de ningún movimiento, y el segundo sostiene que la electricidad está firmemente fijada en las partículas elementales móviles. Hoy el descubrimiento de Lorentz puede ser expresado de la siguiente forma: el espacio físico y el éter son solo términos diferentes para referirse a una misma cosa; los campos son los estados físicos del espacio. Si no es posible adjudicar al éter un estado de movimiento, no existe ningún motivo para introducirlo como una entidad especial junto al espacio. Pero los físicos estaban aún muy lejos de esa forma de pensar; para ellos el espacio seguía siendo algo rígido, homogéneo, incapaz de cambiar o de asumir estados distintos.

Tan solo el genio de Riemann, solitario e incomprendido, había marcado un camino, a mediados del siglo pasado, hacia una nueva concepción del espacio, en la cual este resultaba despojado de su rigidez y así se reconocía la posibilidad de su participación en los fenómenos físicos. Esta verdadera proeza intelectual es acreedora de nuestra admiración, muy en especial porque ha precedido a la teoría del campo eléctrico de Faraday y Maxwell. Más tarde surgió la teoría de la relatividad restringida, con su reconocimiento de la equivalencia física de todos los sistemas inerciales.

El carácter inseparable del tiempo y el espacio emergió en conexión con la electrodinámica, con la ley de la propagación de la luz. Hasta entonces se había supuesto sin mayor análisis que el continuo cuatridimensional de los hechos puede ser dividido en tiempo y espacio de manera objetiva, es decir, que se había adjudicado una significación absoluta al «ahora» en el mundo de los hechos. Con el descubrimiento de la relatividad de la simultaneidad, el tiempo y el espacio fueron fusionados en un único continuo, de un modo similar al empleado anteriormente para fusionar en un único continuo las tres dimensiones del espacio. Así, el espacio físico fue extendido a un espacio de cuatro dimensiones que también incluye la dimensión del tiempo. El espacio cuatri-dimensional de la teoría de la relatividad restringida es tan rígido y absoluto como lo fuera en su momento aquel espacio concebido por Newton.

La teoría de la relatividad constituye un excelente ejemplo del carácter fundamental del desarrollo moderno de la ciencia teórica. Las hipótesis iniciales se van haciendo cada vez más abstractas y más alejadas de la experiencia. Por otro lado, nos vamos acercando al gran objetivo de toda ciencia, que consiste en abarcar por deduc-ción lógica el mayor número posible de hechos empíricos a partir del menor número de hipótesis o axiomas. Entretanto, la cadena de pensamiento que procede desde los axiomas hacia los hechos empíricos o hacia las consecuencias verificables va alargándose y adquiere un carácter más sutil. En su búsqueda de una teoría, el científico teórico se ve compelido a guiarse, en grado creciente, por consideraciones puramente matemáticas, formales, porque la ex-periencia física del experimentador no puede conducirle hasta las más elevadas regiones de la abstracción. Los métodos predomi-nantemente inductivos, apropiados para una etapa temprana de la ciencia, están dejando paso libre al tanteo deductivo. Una estructu-ra teórica de este tipo necesita haber tenido una profunda elabora-ción antes de estar en condiciones de conducirnos a conclusiones que puedan ser comparadas con la experiencia. También en este caso el hecho observado es el árbitro supremo, aunque no podrá pronunciar sentencia hasta tanto no se haya construido un puente de intensa y sostenida actividad pensante para atravesar la amplia brecha que separa los axiomas de sus consecuencias verificables. El teórico habrá de emprender esta tarea hercúlea con la plena con-vicción de que sus esfuerzos solo pueden estar destinados a asestar un golpe de muerte a su propia teoría. El teórico que emprenda esa labor no tendrá que ser acusado de «caprichoso», sino que, por el contrario, se le tendrá que garantizar su derecho a dar rienda suelta a su capricho, porque no existe otro camino hacia su objetivo. De todas maneras, su trabajo no será una ensoñación vana, sino una búsqueda de las posibilidades de mayor simplicidad lógica y de sus consecuencias.

Esta *captatio benevolentiae* era imprescindible para que el oyente o el lector de estas palabras se sintiera más inclinado a seguir con atención el hilo argumental que se expondrá a continuación. Este hilo argumental es el que ha conducido desde la teoría de la relatividad restringida a la general y desde esta hasta su más reciente retoño, la teoría de campo unificado. En esta exposición no es posible evitar por completo la utilización de símbolos matemáticos.

En primer término, nos detendremos en el examen de la teoría de la relatividad restringida, una teoría que todavía está basada directamente en una ley empírica: la de la constancia de la velocidad de la luz. Consideremos que P es un punto en el espacio vacío y que P' es otro punto infinitamente cercano, a una distancia $d\sigma$. Supongamos que se emite un haz de luz desde P en el tiempo t y que llega a P' en un tiempo $t + dt$. Luego:

$$d\sigma^2 = c^2 dt^2 .$$

Si dx_1, dx_2, dx_3 son las proyecciones ortogonales de $d\sigma$ y se introduce la coordenada de tiempo imaginaria $\sqrt{-1}\, ct = x_4$, entonces la ley de la constancia de la velocidad de la propagación de la luz adquiere esta forma:

$$ds^2 = dx_1^2 + dx_2^2 + dx_3^2 + dx_4^2 = 0.$$

Dado que esta fórmula expresa una situación real, podemos atribuir un significado real a la cantidad ds, aun cuando los puntos cercanos del continuo cuatridimensional estén elegidos de tal modo que el correspondiente valor *ds* no sea cero. Tal vez esto podría expresarse diciendo que el espacio de cuatro dimensiones (con una coordenada de tiempo imaginaria) de la teoría de la relatividad restringida posee una métrica euclidiana.

El hecho de que esta métrica reciba el nombre de euclidiana está relacionado con lo siguiente: la postulación de tal métrica dentro de un continuo de tres dimensiones es completamente equivalente a la postulación de los axiomas de la geometría euclidiana. Por lo tanto, la ecuación definitoria de esta métrica no es sino el teorema de Pitágoras aplicado a las diferenciales de las coordenadas.

En la teoría de la relatividad restringida esos cambios de coordenadas (por transformación) están permitidos porque también en el nuevo sistema de coordenadas la cantidad ds^2 (invariante fundamental) es igual a la suma de los cuadrados de las coordenadas diferenciales. Estas transformaciones reciben el nombre de transformaciones de Lorentz.

El método práctico de la teoría de la relatividad restringida está caracterizado por el siguiente principio: solo son admisibles como expresión de las leyes naturales aquellas ecuaciones que no alteran su forma al cambiar las coordenadas usando una transformación de Lorentz (covarianza de las ecuaciones con respecto a las transformaciones de Lorentz).

Este método condujo al descubrimiento de la conexión necesaria entre impulso y energía, entre potencia del campo eléctrico y del magnético, entre fuerzas electrostáticas y electrodinámicas, entre masa inerte y energía. Con esto, el número de conceptos independientes y de ecuaciones fundamentales en física se ha reducido.

Este método apuntaba más lejos. ¿Es verdad que las ecuaciones que expresan leyes naturales son covariantes con respecto a las transformaciones de Lorentz solamente y no con respecto a otras transformaciones? Pues bien: formulada en esos términos, la pregunta realmente carece de sentido, porque cada sistema de ecuaciones puede ser expresado en coordenadas generales. Lo que hemos de preguntar es esto: ¿no están constituidas las leyes de la naturaleza de tal modo que no se simplifican por la elección de un conjunto *particular* de coordenadas?

Dicho sea de paso, nuestra ley empírica de la igualdad de la masa inercial y pesante nos empuja a responder a esa pregunta de manera afirmativa. Si convertimos en principio la equivalencia de todos los sistemas de coordenadas para la formulación de las leyes naturales, llegaremos a la teoría de la relatividad general, a condición de que consideremos que la ley de la constancia de la velocidad de la luz es inamovible o, en otras palabras, que lo es la hipótesis de la significación objetiva de la métrica euclidiana al menos para porciones infinitamente pequeñas del espacio de cuatro dimensiones.

Esto quiere decir que para regiones finitas del espacio la existencia (físicamente significativa) de una métrica general riemanniana es postulada de acuerdo con la siguiente fórmula:

$$ds^2 = \sum_{\mu\nu} g_{\mu\nu}\, dx_\mu\, dx_\nu,$$

donde el sumatorio abarca todas las combinaciones de índices, desde 1,1 hasta 4,4.

La estructura de ese espacio presenta una diferencia básica con respecto a la del espacio euclidiano. Los coeficientes $g_{\mu\nu}$, de momento, representan funciones arbitrarias de las coordenadas x_1 hasta x_4, y la estructura del espacio no está determinada de verdad hasta tanto lleguen a conocerse estas funciones $g_{\mu\nu}$. También se puede decir que la estructura de ese espacio como tal es completamente indeterminada. Solo puede ser determinada de manera más exacta mediante leyes específicas que satisfacen el campo métrico de $g_{\mu\nu}$. Sobre bases físicas se llegó al convencimiento de que el campo métrico era al mismo tiempo el campo gravitatorio.

En razón de que el campo gravitatorio está determinado por la configuración de las masas y de sus correspondientes cambios, la estructura geométrica de ese espacio también depende de factores físicos. Es decir que, de acuerdo con esta teoría —y tal como lo había conjeturado Riemann—, el espacio ya no es absoluto: su estructura depende de influencias físicas. La geometría (física) ya ha dejado de ser una ciencia encerrada y completa en sí misma, como lo era la geometría de Euclides.

Así, el problema de la gravitación se vio reducido a un problema matemático: se requería hallar las ecuaciones fundamentales más simples que fueran covariantes con respecto a una transformación arbitraria de coordenadas. Este era un problema claramente definido que, al menos, podía ser resuelto.

No hablaré aquí de la confirmación experimental de esta teoría, pero he de explicar los motivos por los cuales no se podía dar definitivamente por satisfecha con tal éxito. Es verdad que la gravitación había sido deducida de la estructura del espacio, pero además del campo gravitacional existe el campo electromagnético. En primer lugar, este debió ser introducido en la teoría como una entidad independiente de la gravitación. Hubo que agregar a las ecuaciones fundamentales de campo unos términos que dieran cuenta de la existencia del campo electromagnético. Pero resulta intolerable para el espíritu teórico la idea de que existan dos estructuras espaciales que sean independientes la una de la otra, la métrico-gravitacional y la electromagnética. Uno se siente impulsado a creer que ambos tipos de campos deben corresponder a una estructura unificada del espacio.

NOTAS SOBRE EL ORIGEN DE LA TEORÍA DE LA RELATIVIDAD GENERAL

Mein Weltbild, Querido Verlag, Amsterdam, 1934.

Accedo gustosamente al ruego de que diga algo acerca de la historia de mi propio trabajo científico. No es que conceda un gran valor a mis esfuerzos personales, pero escribir la historia del trabajo de otras personas exige un grado de profundización en el pensamiento ajeno más propio de la clase de tarea que desarrolla un historiador. En cambio, arrojar un poco de luz sobre las primeras ideas que uno mismo ha sustentado parece muy sencillo. En este caso, gozo de una enorme ventaja frente a cualquier otra persona y no es lícito desechar tal oportunidad por un prurito de modestia.

En el año 1905 había llegado yo, gracias a la teoría de la relatividad restringida, a la equivalencia de todos los llamados sistemas inerciales para la formulación de las leyes de la naturaleza. En esos momentos surgió de modo natural el problema de si no existiría una equivalencia adicional para los sistemas de coordenadas. Para expresarlo con otras palabras: si solo se puede adjudicar un significado relativo al concepto de velocidad, ¿debemos, con todo, seguir considerando la aceleración como un concepto absoluto?

Desde el punto de vista puramente cinemático no existe ninguna clase de duda en cuanto al carácter relativo de todos los movimientos; pero hablando desde el punto de vista de la física, el sistema inercial parecía ocupar una posición privilegiada, lo que daba un aire artificial al uso de sistemas coordenados en movimiento.

Desde luego que yo estaba familiarizado con la posición de Mach, según la cual la resistencia inercial contrarresta no a la aceleración como tal, sino a la aceleración con respecto a las masas de otros cuerpos que existen en el mundo. En esa idea había algo que me resultaba fascinante, pero a pesar de ello no surgió de allí una base de trabajo adecuada para formular una nueva teoría.

Logré avanzar un paso hacia la solución cuando traté de trabajar con la ley de la gravedad dentro del esquema fundamental de la teoría de la relatividad restringida. Como la mayoría de escritores de aquel tiempo, intenté enunciar una ley de campo para la gravitación, en vista de que no resultaba posible —al menos de manera natural— introducir la acción directa a distancia a causa de la abolición del concepto de simultaneidad absoluta.

Lo más sencillo, desde luego, era mantener el potencial escalar de la gravitación de Laplace y completar la ecuación de Poisson de una manera obvia, mediante un término diferenciado con respecto al tiempo, de tal modo que quedara satisfecha la teoría especial de la relatividad. La ley del movimiento de un punto de masa en un campo gravitatorio también debía ser adaptada a la teoría especial de la relatividad. El sendero no estaba marcado de forma inequívoca, en este caso, porque la masa inerte de un cuerpo puede depender del potencial gravitatorio. En rigor era de esperar en vista del principio de inercia de la energía.

Estas investigaciones, sin embargo, desembocaron en unos resultados que despertaron mis más fuertes sospechas. De acuerdo con la mecánica clásica, la aceleración vertical de un cuerpo en un campo gravitatorio vertical es independiente de la componente horizontal de su velocidad. En tal campo gravitatorio, pues, la aceleración vertical de un sistema mecánico o de su centro de gravedad opera en forma independiente de su energía cinética interna. Pero en la teoría que yo he presentado, la aceleración de un cuerpo que cae no es independiente de su velocidad horizontal o energía interna del sistema.

Esto no encajaba con el antiguo hecho experimental que demuestra que todos los cuerpos sometidos a un mismo campo gravitatorio adquieren la misma aceleración. Esta ley, que también puede formularse como la ley de la igualdad de las masas inerte y pesante, adquirió entonces para mí su plena significación. Mi asombro ante la existencia de esta ley era máximo y conjeturaba yo que en ella debía estar encerrada la clave para una profunda y total comprensión de la gravitación y la inercia. No experimenté por entonces serias dudas acerca de su estricta validez, incluso sin saber de los resultados del admirable experimento de Eötvös que —si mi memoria no falla— solo llegaría a conocer más tarde. Abandoné, pues, considerándolo inadecuado, el intento de tratar el problema de la gravitación —tal como he mencionado antes— dentro de la estructura de la teoría de la relatividad restringida. Era claro que fallaba en cuanto a la propiedad fundamental de la gravitación. El principio de la igualdad de las masas inerte y pesante podía formularse tal como sigue: en un campo gravitatorio homogéneo todos los movimientos referidos a un sistema de coordenadas uniformemente acelerado son equivalentes a los movimientos que se efectúan en ausencia de campo gravitatorio. Si este principio era adecuado para todos los fenómenos posibles (el «principio de equivalencia»), eso constituía un indicio de que el principio de relatividad debía ser extendido a los sistemas coordenados con aceleración variable entre sí, para llegar a una teoría natural de los campos gravitatorios. Estas reflexiones me mantuvieron ocupado desde 1908 hasta 1911 e intenté derivar de ellas ciertas conclusiones especiales, de las que no me propongo tratar aquí. De momento, lo importante era haber descubierto que una teoría de la gravitación razonable solo podría conseguirse a través de una extensión del principio de la relatividad.

Por todo esto, era necesario forjar una teoría cuyas ecuaciones conservaran su forma en el caso de transformaciones no lineales de las coordenadas. En aquellos momentos me era imposible determinar si esta teoría se podría aplicar para transformaciones arbitrarias (continuas) de las coordenadas o si solo se aplicaría para algunas de ellas.

Pronto llegué a comprender que la inclusión de las transformaciones no lineales —tal como exigía el principio de la equivalencia— era inevitablemente fatal para la interpretación física simple de las coordenadas. Ya no podía exigirse que las diferencias de coordenadas reflejaran resultados directos de medición con patrones o relojes ideales. Mi perplejidad ante esto fue muy grande, porque me llevó un tiempo largo llegar a descubrir cuál era el significado de las coordenadas en la física. Y no encontré la salida de este dilema hasta el año 1912, cuando se me presentó después de las siguientes consideraciones:

Era necesario hallar una nueva formulación de la ley de la inercia, que en caso de ausencia de un «campo real de gravitación» pudiera transformarse en la formulación de Galileo del principio de la inercia, si un sistema inercial se utilizaba como sistema de coordenadas. La formulación de Galileo es como sigue: un punto material sobre el que no actúa ninguna fuerza, será representado en el espacio de cuatro dimensiones mediante una línea recta, es decir, por la línea más corta o, dicho de un modo más correcto, por una línea extrema. Este concepto presupone el de la longitud de un elemento lineal, o sea, una métrica. En la teoría de la relatividad restringida, como ha demostrado Minkowski, esta métrica era casi-euclidiana, lo que significa que el cuadrado de la «longitud» ds^2 de un elemento linear era una cierta función cuadrática de las diferenciales de las coordenadas.

Si se introducen otras coordenadas por medio de una transformación no lineal, ds^2 sigue siendo una función homogénea de las diferenciales de las coordenadas, pero los coeficientes de esta función dejan de ser constantes y se convierten en funciones de las coordenadas. En términos matemáticos, esto significa que el espacio físico (de cuatro dimensiones) tiene una métrica riemanniana. Las líneas extremas temporales de esta métrica proporcionan la ley de movimiento de un punto material sobre el cual no actúa fuerza alguna distinta de la fuerza de gravedad. Los coeficientes $(g_{\mu\nu})$ de esta métrica, al mismo tiempo describen el campo gravitatorio con referencia al sistema de coordenadas elegido. Así, se ha hallado una formulación natural del principio de equivalencia, cuya extensión a cualquier campo gravitatorio constituye una hipótesis perfectamente natural.

La solución del dilema al que me he referido antes debía ser, pues, la siguiente: no se adjudica significado físico a las diferenciales de las coordenadas, sino tan solo a la métrica riemanniana que les corresponde. De este modo se obtiene una base de trabajo adecuada para la teoría de la relatividad general. Sin embargo, aún restaba resolver otros dos problemas.

- Si una ley de campo se expresa en términos de la teoría de la relatividad restringida, ¿cómo puede ser transferida al caso de una métrica riemanniana?
- ¿Cuáles son las leyes diferenciales que determinan la propia métrica riemanniana (es decir, $g_{\mu\nu}$)?

Me entregué al estudio de estos problemas desde 1912 hasta 1914, junto con mi amigo Marcel Grossmann. Comprendimos que los métodos matemáticos para resolver el problema número 1 ya estaban en nuestras manos: el cálculo diferencial absoluto de Ricci y Levi-Civita.

Por lo que se refiere al problema número 2, era obvio que su solución requería la construcción de las ecuaciones diferenciales de segundo orden de las $g_{\mu\nu}$. Pronto vimos que estas ya habían sido establecidas por Riemann (el tensor de curvatura). Ya habíamos obtenido las ecuaciones de campo para la gravitación dos años antes de la publicación de la teoría de la relatividad general, pero nos era imposible determinar cómo se podrían utilizar en física. Además, mi intuición me decía que su contrastación empírica sería un fracaso. Por otra parte, creí que me resultaría posible demostrar, sobre la base de consideraciones generales, que una ley de la gravitación invariante con respecto a transformaciones arbitrarias de las coordenadas no era compatible con el principio de causalidad. Estos fueron errores que me costaron dos años de trabajo excesivamente duro, hasta que me decidí a reconocerlo así, hacia finales de 1915; después de haber retornado con cierta tristeza a la curvatura de Riemann pude establecer la conexión entre teoría y los hechos de la experiencia astronómica.

A la luz del conocimiento obtenido, ese feliz logro parece casi evidente, de ahí que cualquier estudiante inteligente pueda entenderlo sin demasiados problemas. Pero habían sido muchos los años de ansiosa búsqueda en la oscuridad, años llenos de intensa ansiedad, de fases de plena confianza y de total agotamiento antes de llegar a emerger a la luz. Y esto solo puede comprenderlo quien también lo haya vivido.

LOS FUNDAMENTOS DE LA FÍSICA TEÓRICA

Tomado de *Science*, Washington, D. C., 24 de mayo de 1940.

La ciencia es un intento de lograr que la diversidad caótica de nuestras experiencias sensoriales corresponda a un sistema de pensamiento lógicamente uniforme. En este sistema cada experiencia debe estar en correlación con la estructura teórica de tal modo que la relación resultante sea única y convincente.

Las experiencias sensoriales representan lo dado. Pero la teoría que tendrá que interpretarlas está hecha por el hombre. Se trata del resultado de un proceso de adaptación de carácter extremadamente arduo: hipotético, nunca definitivo, siempre sujeto a la crítica y a la duda.

La manera científica de formar conceptos se distingue de la que utilizamos en la vida de cada día no sustancialmente, sino solo en la mayor precisión de las definiciones de los conceptos y las conclusiones; una elección más esmerada y sistemática del material experimental; una mayor economía lógica. Esto último significa el esfuerzo por reducir todos los conceptos y correlaciones a la menor cantidad posible de conceptos y axiomas básicos lógicamente independientes.

Lo que denominamos física abarca ese grupo de ciencias naturales que fundamentan sus conceptos en mediciones, y cuyos conceptos y proposiciones se prestan a una formulación matemática. Por consiguiente, su campo se define como aquella parte de la suma total de nuestro conocimiento que es capaz de ser expresada en términos matemáticos. Con el progreso de la ciencia, el campo de la física se ha expandido tanto que solo parece estar limitado por las limitaciones del propio método.

La mayor parte de la investigación física está dedicada al desarrollo de las diversas ramas de la física, en cada una de las cuales el objeto es la comprensión teórica de campos de experiencia más o menos restringidos, y en cada una de las cuales las leyes y los conceptos permanecen unidos a la experiencia lo más estrechamente posible. Esta disciplina científica, con su siempre creciente especialización, es la que ha evolucionado la vida práctica en los últimos siglos y ha dado nacimiento a la posibilidad de que el hombre se haya visto liberado, por fin, del duro peso del esfuerzo físico.

Por otra parte, desde el comienzo mismo, siempre ha estado presente el intento de hallar una base teórica unificadora de todas estas ramas, que consista en un mínimo de conceptos y relaciones fundamentales, y de la que todos los conceptos y las relaciones de cada rama puedan ser derivados por un proceso lógico. A esto nos referimos al hablar de la búsqueda de un fundamento para toda la física. La firme creencia de que ese objetivo último puede ser alcanzado es la fuente principal de la devoción apasionada que siempre ha animado al investigador. En este sentido se orientan las siguientes observaciones sobre los fundamentos de la física.

De lo ya dicho surge con claridad que la palabra fundamentos en este contexto no tiene exactamente el mismo significado que los fundamentos de un edificio. Desde el punto de vista lógico, por supuesto, las diversas leyes de la física se asientan sobre esos fundamentos. Pero en tanto que un edificio puede verse seriamente dañado por una fuerte tormenta o unas inundaciones y, sin embargo, sus fundamentos permanecen intactos, en el ámbito de la ciencia el fundamento lógico está siempre expuesto al gran peligro que proviene de las nuevas experiencias o del nuevo conocimiento; este peligro es mucho mayor que el que corren las distintas ramas, a causa del mayor contacto que estas guardan con la experiencia. En la conexión entre el fundamento y cada una de las partes se asienta su gran significación y, asimismo, el mayor de los peligros ante cualquier nuevo factor. Cuando comprendemos esto, nos sorprende que las llamadas épocas revolucionarias de la física no hayan cambiado sus fundamentos más a menudo de un modo más integral.

El primer esfuerzo por establecer una fundamentación teórica uniforme fue la obra de Newton. En su sistema todo se reduce a los siguientes conceptos:

- puntos de masa con masa invariable;

- acción a distancia entre cualquier par de puntos de masa;
- ley del movimiento para el punto de masa.

Si hablamos en términos estrictos, no se trata de un fundamento que lo abarque todo, porque se formuló una ley explícita solo para las acciones a distancia de la gravedad; en tanto que nada se estableció *a priori* por otras acciones a distancia, a excepción de la ley de igualdad de acción y reacción. Además, el mismo Newton comprendió en todo su alcance que el tiempo y el espacio eran elementos esenciales de su sistema, como factores efectivos desde el punto de vista físico, aunque solo lo fueran por inferencia.

Esta base newtoniana resultó muy fructífera y fue considerada definitiva hasta finales del siglo xix. No solo proporcionó resultados precisos en el caso de los movimientos de los cuerpos celestes, sino que también ofreció una teoría de la mecánica de masas discretas y continuas, una explicación simple del principio de conservación de la energía y una teoría térmica completa y brillante. La explicación de los fenómenos electrodinámicos dentro de los límites del sistema de Newton era más forzada. Y lo menos convincente, desde un primer momento, fue la teoría de la luz.

No es sorprendente que Newton prestara oídos sordos a una teoría ondulatoria de la luz, porque tal teoría resultaba poco acorde con sus fundamentos teóricos. El supuesto de que el espacio estaba ocupado por un medio formado por puntos materiales que propagaban las ondas luminosas, sin exhibir ninguna otra propiedad mecánica, debe de haberle parecido muy artificial. Los argumentos empíricos más poderosos en favor de la naturaleza ondulatoria de la luz, velocidades de propagación fijas, interferencia, difracción, polarización, o bien eran desconocidos o bien no se conocían en una síntesis bien ordenada. La adhesión de Newton a su teoría corpuscular de la luz estaba justificada.

A lo largo del siglo xix la disputa fue dirimida en favor de la teoría ondulatoria; sin embargo, no surgió ninguna duda seria con respecto a los fundamentos mecánicos de la física, en primer lugar porque nadie sabía dónde hallar un fundamento de otro tipo. Solo con mucha lentitud, bajo la irresistible presión de los hechos, se desarrolló una nueva fundamentación: la física de campos.

A partir de la época de Newton, la teoría de la acción a distancia fue constantemente puesta en entredicho. No faltaron los esfuerzos para explicar la gravedad mediante una teoría cinética, es decir, una teoría basada en las fuerzas de colisión de hipotéticas partículas de masa. Pero los intentos fueron superficiales y no rindieron frutos. El extraño papel desempeñado por el espacio (o sistema inercial) dentro del fundamento mecánico fue también claramente reconocido y criticado con especial lucidez por Ernst Mach.

El gran cambio lo aportaron Faraday, Maxwell y Hertz, en realidad de una manera casi inconsciente e incluso en contra de sus voluntades. Los tres investigadores, durante sus vidas, se consideraron adherentes de la teoría mecánica. Hertz halló la forma más simple de las ecuaciones del campo electromagnético y declaró que toda teoría que llevara a esas ecuaciones era una teoría maxwelliana. Sin embargo, hacia el fin de su breve vida, escribió un ensayo en el que presentaba como fundamento de la física una teoría mecánica liberada del concepto de fuerza.

Para nosotros, los que —por así decirlo— mamamos las ideas de Faraday junto con la leche materna, es difícil apreciar la grandeza y audacia de esos hombres. Faraday debió de comprender con un instinto infalible, la naturaleza artificial de todos los intentos de referir los fenómenos electromagnéticos a acciones a distancia entre partículas que reaccionen entre sí. En un papel cubierto de limaduras de hierro, ¿cómo podía saber cada una de ellas de la existencia de partículas eléctricas moviéndose en un conductor cercano? Todas esas partículas eléctricas unidas parecían crear a su alrededor un estado que a su vez producía cierto ordenamiento de las limaduras. Estos estados espaciales, hoy llamados campos, en el caso de ser correctamente conocidos en su estructura geométrica y en su acción interdependiente, proporcionarían la clave para comprender las misteriosas interacciones electromagnéticas. Y de esto Faraday estaba convencido. Concibió, pues, estos campos como estados de tensión mecánica en un medio que llenaba el espacio, similar a los estados de tensión en un cuerpo elásticamente distendido. Por aquel tiempo esta era la única manera de concebir estados aparentemente distribuidos de modo continuo en el espacio. La peculiar interpretación mecánica de estos campos permaneció en un segundo plano: una especie de aplacamiento de la conciencia científica en vista de la tradición mecánica de la época de Faraday. Con el auxilio de estos nuevos conceptos de campo, Faraday estuvo en condiciones de formar una idea cualitativa de todo el conjunto de efectos electromagnéticos descubiertos por él y sus predecesores. La formulación precisa de las leyes de espacio-tiempo de esos campos fue obra de Maxwell. ¡Los sentimientos que debió de experimentar al comprobar que las ecuaciones diferenciales que él había formulado indicaban que los campos electromagnéticos se expandían en forma de ondas polarizadas y a la velocidad de la luz! A muy pocos hombres en el mundo les ha sido concedida una experiencia de esa índole. En ese momento crucial seguro que no se le ocurrió que la enigmática naturaleza de la luz, en apariencia resuelta por completo, seguiría desconcertando a las generaciones posteriores. Entretanto, llevó todavía varias décadas comprender el pleno significado del descubrimiento de Maxwell: tan enorme era el salto que su genio había obligado a dar a la física. Solo después de que Hertz hubo demostrado experimentalmente la existencia de las ondas electromagnéticas de Maxwell, se quebrantó la resistencia ante la nueva teoría.

Pero si el campo electromagnético puede existir como una

onda independiente de la fuente material, la interacción electrostática ya no puede ser explicada como acción a distancia. Y lo que era verdad para la acción eléctrica no podía ser negado para la gravedad. En todas partes, las acciones a distancia de Newton daban origen a campos que se expandían a velocidad finita.

De los fundamentos de Newton quedaban ahora solo los puntos materiales de masa, sujetos a las leyes del movimiento. Pero J. J. Thomson señaló que un cuerpo en movimiento que lleva una carga eléctrica, según la teoría de Maxwell, posee un campo magnético cuya energía se comporta precisamente como un aumento de energía cinética sobre el cuerpo. Si una parte de la energía cinética consiste, pues, en energía de campo, ¿no podría ser esto verdad para toda la energía cinética? ¿Tal vez sería posible explicar dentro de la teoría de campos la propiedad básica de la materia, su inercia? Esta pregunta condujo hacia una interpretación de la materia en términos de la teoría de campos, que habría de proporcionar una explicación de la estructura atómica de la materia. Prontamente se advirtió que la teoría de Maxwell no podía cumplir con ese programa. A partir de entonces, muchos científicos han empeñado todo su esfuerzo en tratar de completar la teoría de campos mediante alguna generalización que incluyera una teoría de la materia. Pero hasta el presente esos esfuerzos no han sido coronados con el éxito. Cuando se trata de forjar una teoría, no basta tener una clara concepción del objetivo. También se ha de fijar un punto de vista formal que restrinja suficientemente la ilimitada variedad de posibilidades. Hasta estos momentos no se ha hallado; por ello, la teoría de campos no ha podido proporcionar una fundamentación de toda la física.

A lo largo de varias décadas, la mayoría de físicos se aferraron a la convicción de que se encontraría una subestructura mecánica a la teoría de Maxwell. Pero los resultados insatisfactorios de sus esfuerzos condujeron a una gradual aceptación de los nuevos conceptos de campo como fundamentales e irreductibles; en otras palabras: los físicos se resignaron a dejar de lado la idea de una fundamentación mecánica.

Y así, los físicos se remitieron a un programa basado en la teoría de campos. Pero no podía llamarse un fundamento, en razón de que nadie podía decir si una teoría de campos consistente llegaría a explicar la gravedad, por un lado, y los componentes elementales de la materia, por otro. En ese estado de cosas, era necesario considerar las partículas materiales como puntos de masa sujetos a las leyes del movimiento de Newton. Este fue el procedimiento seguido por Lorentz al crear su teoría del electrón y la teoría de los fenómenos electromagnéticos de los cuerpos en movimiento.

A este punto habían llegado las concepciones fundamentales a finales del siglo pasado. Se había logrado un inmenso progreso en la penetración y comprensión de importantes grupos de fenómenos nuevos; pero la creación de un fundamento unificado para la física parecía, sin duda, muy remota. Y esto se ha visto agravado, incluso, por los avances posteriores. Lo ocurrido en este siglo se caracteriza por dos sistemas teóricos esencialmente independientes el uno del otro: la teoría de la relatividad y la teoría cuántica. Los dos sistemas no se contradicen entre sí en forma directa, pero parecen estar muy alejados de poder fundirse en una teoría unificada. Debemos discutir las ideas básicas de esos dos sistemas.

La teoría de la relatividad ha surgido de los esfuerzos realizados para mejorar, en el ámbito de la economía lógica, los fundamentos de la física tal como existían a finales del siglo pasado. La llamada teoría de la relatividad especial o restringida está basada en el hecho de que las ecuaciones de Maxwell (y así la ley de la propagación de la luz en el espacio vacío) se convierten en ecuaciones de la misma forma cuando son sometidas a la transformación de Lorentz. Esta propiedad formal de las ecuaciones de Maxwell se complementa con el buen conocimiento empírico de que las leyes de la física son las mismas con respecto a todos los sistemas inerciales. Por esta vía se llega al siguiente resultado: la transformación de Lorentz —aplicada a las coordenadas de espacio y tiempo— debe regir la transición de un sistema inercial a otro. El contenido de la teoría de la relatividad restringida puede, en consecuencia, resumirse en una sola expresión: todas las leyes naturales deben estar condicionadas de tal manera que resulten covariantes con respecto a las transformaciones de Lorentz. De esto se concluye que la simultaneidad de los sucesos distantes no es un concepto invariante y que las dimensiones de los cuerpos rígidos y la marcha de los relojes dependen de sus estados dinámicos respectivos. Otra consecuencia posterior fue la modificación de las leyes del movimiento de Newton, en los casos en que la velocidad de un cuerpo dado no era pequeña comparada con la velocidad de la luz. De aquí se dedujo el principio de la equivalencia de masa y energía; las leyes de conservación de la masa y de la energía se convirtieron en una sola y la misma. Una vez que se hubo demostrado que la simultaneidad era relativa y dependía del marco de referencia, desapareció toda posibilidad de mantener las acciones a distancia dentro de los fundamentos de la física, porque ese concepto presuponía el carácter absoluto de la simultaneidad (debe ser posible establecer la posición de dos puntos de masa que estén en interacción «al mismo tiempo»).

La teoría de la relatividad general debe su origen al esfuerzo por explicar un hecho conocido desde los tiempos de Galileo y Newton pero que hasta el presente eludía toda interpretación teórica: la inercia y el peso de un cuerpo, dos cosas en sí mismas por completo distintas, son medidas por una misma constante, la masa. A partir de esta correspondencia se sigue que es imposible descubrir por medios experimentales si un sistema dado de coordenadas es acelerado o si su movimiento es recto y uniforme y los efectos observados deben su origen al campo gravitatorio (este es el principio de equivalencia de la teoría de la relatividad general). Esto destroza los conceptos del sistema inercial, tan pronto como aparece la gravedad. Debemos señalar aquí que el sistema inercial es un punto débil de la mecánica galileico-newtoniana. Se presupone en ella una misteriosa propiedad del espacio físico, que condiciona el tipo de sistemas de coordenadas para el que resultan válidas la ley de la inercia y las leyes newtonianas del movimiento.

Estas dificultades son evitables gracias al siguiente postulado: las leyes naturales deben formularse de tal manera que su forma sea idéntica para sistemas de coordenadas de cualquier clase de estados dinámicos. Llevar esto a cabo es la tarea de la teoría de la relatividad general. Por otra parte, deducimos de la teoría restringida la existencia de una métrica de Riemann dentro del continuo espacio-tiempo que, de acuerdo con el principio de equivalencia, describe tanto el campo gravitatorio como las propiedades métricas del espacio. Si suponemos que las ecuaciones de campo de la gravedad son diferenciales de segundo orden, la ley de campos quedará determinada de un modo claro.

Además de este resultado, la teoría libera a la física de campos de los problemas —en común con la mecánica de Newton— derivados de la adscripción al espacio de aquellas propiedades físicas independientes que hasta entonces habían quedado ocultas por el uso de un sistema inercial. Pero no se puede aducir que estas partes de la teoría de la relatividad general, que hoy pueden ser consideradas definitivas, hayan aportado a la física una fundamentación completa y satisfactoria. En primer lugar, el campo total aparece en ella compuesto por dos partes lógicamente inconexas, la gravitatoria y la electromagnética. Y en segundo término esta teoría, tal como las primeras teorías de campos, de momento no ha proporcionado una explicación de la estructura atómica de la materia. Este fracaso está, quizá, conectado con el hecho de que hasta el presente no haya contribuido en nada a la comprensión de los fenómenos cuánticos. Para abarcar estos fenómenos, los físicos se han visto obligados a adoptar métodos enteramente nuevos, cuyas características básicas analizaremos a continuación.

En el año 1900, en el curso de una investigación puramente teórica, Max Planck hizo un descubrimiento muy importante: la ley de la radiación de los cuerpos como función de la temperatura no podía ser derivada en forma exclusiva de las leyes de la electrodinámica de Maxwell. Para llegar a resultados coherentes con la experiencia, la radiación de una frecuencia dada debía ser tratada como si estuviera integrada por átomos de energía con energía hv, donde h es la constante universal de Planck. Durante los años posteriores, se demostró que la luz era siempre producida y absorbida en esos cuantos de energía. En particular, Niels Bohr fue capaz de comprender la estructura del átomo, bajo el supuesto de que los átomos solo pueden poseer valores discretos de energía y de que las transiciones discontinuas entre ellos están conectadas con la emisión o la absorción de esos cuantos de energía. Esto arrojó alguna luz sobre el hecho de que en su estado gaseoso los elementos y sus componentes solo irradian y absorben luz de ciertas frecuencias muy definidas. Esto era por completo inexplicable dentro del esquema de las teorías que existían por entonces. Estaba claro que, al menos dentro del campo de los fenómenos atómicos, el carácter de todo lo que sucede está determinado por estados discretos y por transiciones aparentemente discontinuas entre ellos, donde la constante h de Planck jugaba un papel decisivo.

El siguiente paso lo dio De Broglie, quien se preguntó cómo podían entenderse los estados discretos mediante la ayuda de los conceptos corrientes, encontrando un paralelo con las ondas estacionarias, como por ejemplo en el caso de las frecuencias adecuadas de los tubos de órgano y de las cuerdas, en acústica. Es cierto que las acciones de las ondas del tipo aquí requerido eran desconocidas, pero podían ser construidas y sus leyes matemáticas formuladas mediante el uso de la constante h de Planck. De Broglie concibió un electrón que giraba en torno al núcleo atómico como si estuviera conectado con un hipotético tren de ondas y así hizo comprensible, hasta cierto punto, el carácter discreto de las trayectorias «permitidas» de Bohr por el carácter estacionario de las ondas correspondientes.

Ahora bien, en la mecánica, el movimiento de los puntos materiales está determinado por fuerzas o campos de fuerza que actúan sobre ellos. Debía esperarse, pues, que esos campos de fuerza también influenciaran los campos ondulatorios de De Broglie de manera análoga. Erwin Schrödinger demostró de qué modo debía ser tomada en cuenta esta influencia, volviendo a interpretar ciertas formulaciones de la mecánica clásica con un ingenioso método. Incluso consiguió extender la teoría ondulatoria mecánica hasta el punto de que, sin la introducción de ninguna hipótesis adicional, se hizo aplicable a cualquier sistema mecánico compuesto por un número arbitrario de puntos de masa, es decir, poseedor de un número arbitrario de grados de libertad. Esto era posible porque un sistema mecánico que consista en n puntos de masa es matemáticamente equivalente, en un grado considerable, a un único punto de masa que se mueva en un espacio de $3\,n$ dimensiones.

Sobre la base de esta teoría fue posible obtener una representación sorprendentemente buena de una inmensa variedad de hechos que, de otro modo, se mostraban por completo incomprensibles. Pero curiosamente, se fracasó en un punto: se comprobó que era imposible asociar con estas ondas de Schrödinger movimientos precisos de los puntos de masa; y esto, después de todo, había sido el objetivo original de todo el esfuerzo.

La dificultad parecía insuperable, hasta el momento en que fue solucionada por Max Born, con un método tan simple como inesperado. Los campos ondulatorios de De Broglie-Schrödinger no debían interpretarse como descripciones matemáticas de cómo se produce de verdad un hecho en el tiempo y el espacio, aun cuando —por supuesto— tienen que ver con ese hecho. En realidad, esos campos son una descripción matemática de lo que realmente podemos saber acerca del sistema, y solo sirven para hacer afirmaciones estadísticas y predicciones de los resultados de todas las mediciones que podamos llevar a cabo sobre el sistema.

Ilustraré ahora estas características generales de la mecánica cuántica por medio de un ejemplo sencillo. Consideraremos un punto de masa que está dentro de una región restringida G porque sobre él se ejercen fuerzas de valor finito. Si la energía cinética de ese punto de masa está por debajo de cierto límite, de acuerdo con los principios de la mecánica clásica nunca podrá salir de la región G. Pero de acuerdo con la mecánica cuántica el punto en cuestión, después de un período que no es predecible inmediatamente, está en condiciones de abandonar la región G en una dirección imprevisible y huir hacia el espacio lindante. De acuerdo con Gamow, este es un modelo simplificado de la desintegración radiactiva.

El tratamiento teórico cuántico de este caso es el siguiente: en el tiempo t_o tenemos un sistema de ondas de Schrödinger completamente dentro de G. Pero a partir del tiempo t_o y en adelante, las ondas abandonan el interior de la región G en todas las direcciones, de tal manera que la amplitud de la onda de salida es pequeña si se la compara con la amplitud inicial del sistema de ondas dentro de G. Cuanto más se extienden estas ondas, tanto más disminuye la amplitud de las que se hallan dentro de G y, por tanto, la intensidad de las últimas que salen de G. Solo después de que haya transcurrido un tiempo infinito se agotará la provisión de ondas dentro de G, ya que las ondas exteriores se habrán extendido sobre un espacio creciente.

¿Pero qué relación guarda este proceso ondulatorio con el primer objeto de nuestro interés, la partícula originalmente encerrada en G? Para responder a esta pregunta debemos imaginar algún sistema que nos permita efectuar mediciones sobre la partícula. Por ejemplo: imaginemos que en algún punto del espacio circundante hay una pantalla de tal naturaleza que la partícula, al ponerse en contacto con ella queda adherida. Después, a partir de la intensidad de las ondas que choquen contra la pantalla en determinado punto, extraeremos conclusiones acerca de la probabilidad de que la partícula haya chocado contra la pantalla en ese lugar y en ese momento. Tan pronto como la partícula ha chocado contra algún punto particular de la pantalla, la totalidad del campo ondulatorio pierde toda su significación física; su único fin era hacer predicciones en términos de probabilidad del lugar y del momento en que la partícula chocaría contra la pantalla (o, por ejemplo, de su momento en el instante en que chocara contra la pantalla).

Todos los demás casos son análogos. El objetivo de la teoría es determinar la probabilidad de los resultados de la medición sobre un sistema en un momento determinado. Por otra parte, no pretende proporcionar una representación matemática de lo que realmente está presente o sucede en el espacio y el tiempo. En este punto, la teoría cuántica de hoy difiere en forma fundamental de todas las teorías previas de la física, tanto las mecánicas como las de campos. En lugar de un modelo de los hechos espacio-temporales reales, brinda las distribuciones de probabilidad de posibles mediciones como funciones del tiempo.

Debe admitirse que la nueva concepción teórica se debió no a la fantasía de unos científicos, sino al peso de los hechos empíricos. Todos los esfuerzos por representar las características ondulatorias de partícula observados en la luz y la materia, recurriendo en forma directa al modelo espacio-tiempo, hasta el presente han desembocado en el fracaso. Y Heisenberg ha demostrado de modo convincente, desde un punto de vista empírico, que cualquier decisión en cuanto a una estructura de la naturaleza rigurosamente determinista queda descartada de manera definitiva, en razón de la estructura atómica de nuestro aparato experimental. Por ello es probable que esté descartado que algún conocimiento futuro pueda obligar a la física a abandonar su fundamento actual teórico de carácter estadístico, en favor de otro determinista, que tratara con la realidad física en forma directa. Desde el punto de vista lógico, el problema parece ofrecer dos posibilidades, frente a las cuales, en principio, estamos en condiciones de elegir. En última instancia, la elección se hará de acuerdo con el tipo de descripción que produzca la formulación más simple de los fundamentos, hablando en términos de lógica. De momento, carecemos de toda teoría determinista que describa directamente los propios sucesos y esté en consonancia con los hechos.

Tal como están las cosas, debemos admitir que no poseemos ninguna base teórica para la física, ninguna base a la que se pueda considerar el fundamento lógico de esta disciplina. La teoría de campos, hasta el momento presente, ha fracasado en la esfera molecular. Comúnmente se acepta que el único principio que podría servir de base a la teoría cuántica sería el que representara una traslación de la teoría de campos a un esquema de la estadística cuántica. Nadie está hoy en condiciones de aventurarse a asegurar si tal cosa podrá producirse de manera satisfactoria.

Algunos físicos, y yo mismo entre ellos, no pueden creer que debamos abandonar para siempre la idea de una representación directa de la realidad física en el espacio y en el tiempo; o que tengamos que aceptar el criterio que sostiene que los sucesos naturales son análogos a un juego de azar. Cada hombre debe elegir la dirección de sus esfuerzos; y también cada hombre puede encontrar solaz en la magnífica frase de Lessing que asegura que la búsqueda de la verdad es más preciosa que su posesión.

$E = Mc^2$

Tomado de *Science Illustrated*, Nueva York, abril de 1946.

Con el fin de comprender la ley de la equivalencia de la masa y la energía, debemos remontarnos a dos principios de conservación o «equilibrio» que, independientes el uno del otro, han ocupado un elevado lugar en la física anterior a la teoría de la relatividad. Se trata del principio de la conservación de la energía y del principio de la conservación de la masa. El primero, enunciado por Leibnitz en tiempos tan lejanos como el siglo XVII, fue desarrollado en el siglo XIX esencialmente como corolario de un principio de la mecánica.

Consideremos, por ejemplo, un péndulo cuya masa oscila entre los puntos *A* y *B*. En esos puntos la masa *m* es mayor que en *C* por la cantidad *h*; *C* (véase el dibujo) es el punto más bajo del recorrido.

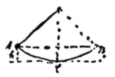

Dibujo manuscrito de Albert Einstein.

En *C*, por otra parte, la altura de elevación es cero y la masa tiene una velocidad *v*. Es como si la altura de elevación pudiera ser convertida por completo en velocidad y viceversa. La relación exacta se expresaría así: $mgh = \frac{m}{2} v^2$, con *g* representando la aceleración de la gravedad. Aquí es interesante señalar que esta relación es independiente tanto de la longitud del péndulo como de la forma de la trayectoria que describe la masa.

El significado es que algo permanece constante a través del proceso y que ese algo es la energía. En A y B se trata de una energía de posición o «potencial»; en C tenemos una energía de movimiento o energía «cinética». Si este concepto es correcto, la suma $mgh + m\frac{v^2}{2}$ tendrá que tener el mismo valor para cualquier posición del péndulo, si se determina que h representa la altura por encima de C y v representa la velocidad en ese punto de la trayectoria del péndulo. Se ha demostrado que esa es, precisamente, la situación. Al generalizar este principio se ha obtenido la ley de la conservación de la energía mecánica. ¿Pero qué sucede cuando la fricción detiene al péndulo?

La respuesta a tal pregunta fue obtenida en el estudio de los fenómenos térmicos. Basado sobre el supuesto de que el calor es una sustancia indestructible que fluye desde un objeto más caliente hacia otro más frío, este estudio nos proporcionó un principio de «conservación del calor». Por otra parte, desde tiempos inmemoriales se sabe que el calor puede ser producido por fricción, tal como hacían los indios con un par de palos. Durante largo tiempo los físicos han sido incapaces de dar cuenta de este tipo de «producción» de calor. Sus dificultades fueron superadas cuando se estableció en forma satisfactoria que para cada cantidad de calor producida por fricción, debe consumirse una cantidad exactamente proporcional de energía debe ser consumida. Así se ha llegado al principio de la «equivalencia de trabajo y calor». Con nuestro péndulo, por ejemplo, la energía mecánica se convierte en calor merced a la fricción, y de manera gradual.

De esta forma los principios de la conservación de las energías mecánica y térmica se fundieron en uno solo. A raíz de esto, los físicos se convencieron de que el principio de conservación podía ser extendido aún más, para llegar a abarcar los procesos químicos y electromagnéticos, es decir, que podía ser aplicado a todos los campos. Se supuso que en nuestro sistema físico existía una suma total de energías, que se mantenía constante a través de todos los cambios que se produjeran.

Por lo que respecta al principio de conservación de la masa, esta se define como la resistencia que un cuerpo opone a su aceleración (masa inerte). También se la puede medir por el peso del cuerpo (masa pesante). Que estas dos definiciones, tan radicalmente diferentes, conduzcan a un mismo valor de la masa de un cuerpo es un hecho en verdad asombroso. De acuerdo con aquel principio —es decir, que las masas permanecen invariables a través de los cambios químicos o físicos— la masa representa la cualidad esencial (por invariable) de la materia. El calentamiento, la fusión, la vaporización o las combinaciones en compuestos químicos no llegarán a alterar la masa total.

Los físicos habían aceptado este principio hasta hace unas pocas décadas. Pero frente a la teoría de la relatividad especial este principio resultó poco satisfactorio. Por consiguiente, fue fusionado con el principio de energía, tal como, hace unos sesenta años, el principio de conservación de la energía mecánica se había combinado con el principio de la conservación del calor. Podemos decir que el principio de conservación de la energía, después de haberse tragado el de conservación del calor, ahora se disponía a tragar el de conservación de la masa y erigirse en único señor.

Es muy corriente expresar la equivalencia de masa y energía (aunque un tanto inexactamente) mediante la fórmula $E = mc^2$, donde c representa la velocidad de la luz, sobre unos 300.000 kilómetros por segundo. E es la energía que está contenida en un cuerpo fijo, m es la masa. La energía que pertenece a la masa m es igual a esta masa multiplicada por el cuadrado de la enorme velocidad de la luz, lo que equivale a decir una enorme cantidad de energía para cada unidad de masa.

Pero si cada gramo de materia contiene esa tremenda energía, ¿por qué no ha sido advertida durante tanto tiempo? La respuesta es bastante simple: en la medida en que la energía no se pierde externamente, resulta imposible que sea observada. Es como si un hombre dueño de grandes riquezas no pudiera jamás gastar ni dar un céntimo; nadie sabría cuán rico es.

Ahora podemos invertir la relación y decir que un aumento de E en la cantidad de energía debe estar acompañado por un aumento de $\frac{E}{c^2}$ en la masa. Es posible suministrar energía a la masa con facilidad: por ejemplo, calentándola diez grados. ¿Y por qué no medir el aumento de la masa, o el aumento del peso, relacionado con este cambio? El problema estriba en que en el aumento de la masa el enorme factor c^2 se presenta en el denominador de la fracción. En tal caso, el aumento es demasiado pequeño para ser medido en forma directa, incluso con la más sensible de las balanzas.

Para que un aumento de masa sea detectable, el cambio de energía por unidad de masa tendrá que ser enormemente grande. Sabemos solo de una esfera en la que tales cantidades de energía por unidad de masa son liberadas: la desintegración radiactiva. Por describirlo de manera esquemática, podemos decir que el proceso es así: un átomo de masa M se divide en dos átomos de masas M' y M'', que se separan con una tremenda energía cinética. Si imaginamos a esas dos masas en reposo —es decir, si extraemos de ellas esa energía de movimiento—, entonces, consideradas en conjunto, son esencialmente más pobres en energía que el átomo original. De acuerdo con el principio de equivalencia, la suma de las masas $M' + M''$, de los productos de la desintegración, debe también ser algo más pequeña que la masa original, M, del átomo a punto de desintegrarse, en contradicción con el viejo principio de la conservación de la masa. La diferencia relativa de los dos está dentro del orden de un décimo del uno por ciento.

En realidad, no estamos en condiciones de pesar los átomos en forma individual. Sin embargo, hay métodos indirectos para medir sus pesos con exactitud. Asimismo, estamos en condiciones de determinar las energías cinéticas que son transferidas a los productos M' y M'' de la desintegración. De esta manera ha sido posible comprobar y confirmar la fórmula de la equivalencia. También la ley nos permite calcular con anticipación, a partir de pesos atómicos determinados en forma precisa, qué cantidad exacta de energía será liberada con cualquier desintegración atómica. Las leyes, desde luego, nada dicen acerca de si se producirá la reacción de desintegración o acerca de cómo se producirá.

Lo que ocurre puede ser ilustrado con la ayuda del ejemplo de nuestro hombre rico. El átomo M es un rico avaro que, durante el transcurso de su vida, no gasta dinero (*energía*). Pero en su testamento lega su fortuna a sus hijos M' y M'', con la condición de que ellos entreguen a la comunidad una suma mínima, menos de la milésima parte de todos los bienes (*energía o masa*). En conjunto, los hijos tendrán algo menos que lo que tenía el padre (*la suma de masas $M' + M''$ es algo menor que la masa M del átomo radiactivo*). Pero la parte entregada a la comunidad, aun siendo relativamente pequeña, es aún tan tremendamente grande (*considerada como energía cinética*), que conlleva una gran amenaza. Evitar esta amenaza se ha convertido en el problema más urgente de nuestro tiempo.

EN MEMORIA DE MAX PLANCK

Leído en los Max Planck Memorial Services, 1948. Publicado en *Out of My Later Years*, Philosophical Library, Nueva York, 1950.

Un hombre al que se le ha otorgado dar al mundo una gran idea creadora, no tiene necesidad alguna de las alabanzas de la posteridad. Su propio logro significa ya un premio superior.

Es bueno, sin embargo (indispensable, realmente), el que se reúnan hoy aquí procedentes de todos los lugares del mundo, representantes de todos los que persiguen la verdad y el conocimiento. Han venido para dar testimonio de que, incluso en esta época nuestra en la que la pasión política y la fuerza bruta cuelgan como espadas sobre las angustiadas y temerosas cabezas de los hombres, la norma de nuestra búsqueda ideal de la verdad se mantiene en alto, incólume. Max Planck encarnó con rara perfección este ideal, un lazo que une siempre a científicos de todas las épocas y lugares.

Los griegos habían concebido ya la naturaleza atomística de la materia y los científicos del siglo XIX elevaron su probabilidad en alto grado. Pero fue la ley de la radiación de Planck la que proporcionó la primera determinación exacta (independiente de otros supuestos) de las magnitudes absolutas de átomos. Planck demostró convincentemente que además de la estructura atómica de la materia hay una especie de estructura atómica de la energía gobernada por la constante universal h, que él mismo introdujo.

Este descubrimiento se convirtió en base de todas las investigaciones del siglo XX en el campo de la física, y ha condicionado casi por completo su desarrollo.

Sin este descubrimiento no habría sido posible construir una teoría plausible de moléculas y átomos y de los procesos energéticos que rigen sus transformaciones. El descubrimiento ha hecho tambalearse toda la estructura de la mecánica clásica y de la electrodinámica, y ha planteado a la ciencia una nueva tarea: la de hallar una base conceptual nueva para toda la física. Pese a notables avances parciales, aún estamos muy lejos de dar una solución satisfactoria al problema. Al homenajear a este hombre, la Academia

Nacional Norteamericana de Ciencias expresa su esperanza de que la investigación libre, la búsqueda del conocimiento puro, pueda proseguir sin obstáculos ni trabas.

ÍNDICE DE ARTÍCULOS

RELIGIÓN

DEFENSA DE LA PAZ Y LA LIBERTAD

CIENCIA

Las doce ilustraciones que conforman mi trabajo recrean un universo tridimensional, finito e ilimitado. Einstein, junto a otros pensadores habló de esta posibilidad, pero en un cosmos cuatridimensional. Por tanto, tal vez hubiera sido mejor encartar en el libro una pelota hinchable en vez de un póster. Sin embargo, podemos imaginar a los soldaditos bidimensionales que salen de la bomba atómica recorriendo toda la esfera sin llegar a comprender cómo es posible que, dirigiéndose en línea recta hacia cualquier dirección, vuelvan al punto de partida. Esa misma perplejidad y extrañamiento son los que experimenté al ilustrar estos textos.

CINTA FOSCH